Integrationsstufen des angelsächsischen Trusts innerhalb der Heimatrechtsordnung am Beispiel der Schweiz, Frankreich sowie Liechtenstein und Monaco

AF828441

Europäische Hochschulschriften
Publications Universitaires Européennes
European University Studies

Reihe II
Rechtswissenschaft

Série II Series II
Droit
Law

Bd./Vol. 4882

PETER LANG
Frankfurt am Main · Berlin · Bern · Bruxelles · New York · Oxford · Wien

Christopher Hahn

Integrationsstufen des angelsächsischen Trusts innerhalb der Heimatrechtsordnung am Beispiel der Schweiz, Frankreich sowie Liechtenstein und Monaco

Eine rechtsvergleichende Analyse am Beispiel des aktuellen Integrationsprozesses und Überlegungen für Deutschland de lege ferenda

PETER LANG
Internationaler Verlag der Wissenschaften

Bibliografische Information der Deutschen Nationalbibliothek
Die Deutsche Nationalbibliothek verzeichnet diese Publikation in der Deutschen Nationalbibliografie; detaillierte bibliografische Daten sind im Internet über <http://www.d-nb.de> abrufbar.

Zugl.: Leipzig, Univ., Diss., 2008

15
ISSN 0531-7312
ISBN 978-3-631-59107-9

© Peter Lang GmbH
Internationaler Verlag der Wissenschaften
Frankfurt am Main 2009
Alle Rechte vorbehalten.

Das Werk einschließlich aller seiner Teile ist urheberrechtlich geschützt. Jede Verwertung außerhalb der engen Grenzen des Urheberrechtsgesetzes ist ohne Zustimmung des Verlages unzulässig und strafbar. Das gilt insbesondere für Vervielfältigungen, Übersetzungen, Mikroverfilmungen und die Einspeicherung und Verarbeitung in elektronischen Systemen.

www.peterlang.de

INHALTSVERZEICHNIS

LITERATURVERZEICHNIS

Atias, Christian	Droit Civil, Les Biens, 8. Auflage, Paris, 2005
Audit, Bernard	Droit international privé, 3. Auflage, Paris, 2000
Balleyguier, Dina/ Sorrosal, Azucena	Trust-Übereinkommen und Finanzplatz Schweiz, in: Das Haager Trust-Übereinkommen und die Schweiz, Europa Institut Zürich, Zürich, Basel, Genf, 2003, S. 165 ff., zit.: Balleyguier/Sorrosal, HTÜ-CH
Bassenge, Peter	Palandt, BGB, 67. Auflage, München, 2008, zit.: Palandt/Bassenge
Barrière, Francois	La réception du trust au travers de la fiducie, Thèse, Paris, 2004
Baur, Georges S.	Beitritt des Fürstentums Liechtenstein zum Haager Trust-Übereinkommen?, Jus & News 2003, S. 263 ff.
Becker, Rainer	Grundsätze europäischen trust- und Treuhandrechts, ZEuP 2000, S. 162-165
Béraudo, Jean-Paul	Les trusts anglo-saxons et le droit français, Paris, 1992, zit.: Béraudo, Les trusts anglo-saxons
Biedermann, Klaus	Die Treuhänderschaft des liechtensteinischen Rechts, dargestellt an ihrem Vorbild, dem Trust des Common Law, Abhandlungen zum schweizerischen Recht, Bern, 1981, zit.: Biedermann
ders.	Der Trust des Common Law und dessen Rezeption in Liechtenstein durch Art. 897 ff. des Personen- und Gesellschaftsrechtes (PGR), LJZ 1981, S. 9 ff.

Bösch, Harald — Die liechtensteinische Treuhänderschaft zwischen trust und Treuhand, Eine rechtsdogmatische und –vergleichende Untersuchung aufgrund der Weisungsbestimmun ges Art. 918 liecht. PGR, Schriften zum liechtensteinischen Recht, Band 2, Mauren, 1995, zit.: Bösch, Treuhänderschaft

ders. — Bemerkungen zur Haftung des Treuhänders für falsche Angaben und zu anderen aktuellen Fragen des liechtensteinischen Treuhandrechts, LJZ 1999, S. 73 ff.

ders. — Liechtensteinische Trustrezeption und Anwendungsbereich der Bestimmungen über die Treuhänderschaft – Neue Erkenntnisse oder nur alter Wein in neuen Schläuchen? – Teil 2, LJZ 2001, S. 73 ff.

Bouteiller, Patrice — Loi no 2007-211 du 19 février 2007 instituant la fiducie, in: La Semaine Juridique, Entreprise et affaires, Nr. 13/2007, 1404, S. 15 ff.

Canaris, Claus-Wilhelm — Bankvertragsrecht, Erster Teil, 3. Auflage, Berlin 1988, zit.: Canaris Bankvertragsrecht

Coing, Helmut — Die Treuhand kraft privaten Rechtsgeschäfts, München, 1973

ders. — Übernahme des Trusts in unser Internationales Privatrecht?, in: Festschrift für Theodor Heinsius zum 65. Geburtstag am 25. September 1991, Berlin, 1991, S. 79-88

Czermak, Peter — Der express trust im internationalen Privatrecht, Studien zum vergleichenden und internationalen Recht, Frankfurt am Main, Bern, New York, 1986, zit.: Czermak, Express Trust

Dörner, Heinrich — Art. 25 EGBGB, Staudinger BGB – Neubearbeitung 2000, zit.: Staudinger/Dörner

ders. — Der Trust im deutschen Internationalen Privatrecht, in: Le trust en droit international privé, Perspectives suisses et étrangères: actes de la 17 ème Journée du droit international privé du 18 mars 2005 à Lausanne, Institut suisse de droit comparé, Genf, Zürich, Basel,

2005, S. 73 ff., zit.: Dörner, Le trust en droit international privé

Doucet, Michel/ Fleck, Klaus — Wörterbuch der Rechts- und Wirtschaftssprache, 5. Auflage, München, 1997, zit.: Doucet/Fleck

Dupichot, Philippe — Opération *fiducie* sur le sol francais", in: La Semaine Juridique, Entreprise et affaires, Nr. 12/2007, 134

François, Norbert — Introduction au droit monégasque, Les systèmes juridiques des Etats européens, Volume 7, Baden-Baden, 1998

Gernhuber, Joachim — Die fiduziarische Treuhand, JuS 1988, S. 355 ff.

Goré, Marie — La reconnaissance des trusts étrangers en France, in: Le trust en droit international privé, Perspectives suisses et étrangères: actes de la 17 ème Journée du droit international privé du 18 mars 2005 à Lausanne, Institut suisse de droit comparé, Genf, Zürich, Basel, 2005, S. 49 ff.

Graue, Eugen Dietrich — Trust-Like Devices under German Law, in: Trusts and Trust-Like devices, edited by W.A. Wilson, United Kingdom Comparative Law Series, Volume 5, London, 1981

Graupner, Rudolf — Der englische Trust im deutschen Zivilprozeß, ZVglRWiss 88 (1989), S. 149-161

Großfeld, Bernhard — Einführungsgesetz zum Bürgerlichen Gesetzbuche/IPR, Internationales Gesellschaftsrecht, Staudinger-BGB, Neubearbeitung 1998, zit.: Staudinger/Großfeld, IntGesR

Grundmann, Stefan — Der Treuhandvertrag – insbesondere die werbende Treuhand, Habilitationschrift, München, 1997

Grüninger, Harold — Basler Kommentar, Zivilgesetzbuch I, Art. 1-456 ZGB, 3. Auflage, Basel, 2006, zit.: Grüninger/BK-ZGB

Gubler, Friedrich T. — Besteht in der Schweiz ein Bedürfnis nach Einführung des Instituts der angelsächsischen Treuhand (trust)?, ZSR 1954 II, S. 215a ff.

Gutzwiller, Peter Max	Schweizerisches Internationales Trustrecht, Kommentar zum Haager Übereinkommen über das auf Trusts anzuwendende Recht und über ihre Anerkennung (HTÜ) vom 1. Juli 1985 und zur schweizerischen Umsetzungs-Gesetzgebung vom 20. Dezember 2006, Basel, 2007, zit.: Gutzwiller, Trustrecht
Haeusler, Tom	Einführung in den angelsächsischen Trust, in: Richter/Walter Handbuch des Internationalen Stiftungsrechts, Angelbachtal, 2007, S. 229 ff., zit.: Haeusler, Einführung in den angelsächsischen Trust, Handbuch Stiftungsrecht
Haley, Michael/McMurtry Lara	Equity & Trusts, Sweet & Maxwell´s Textbook Series, 1st edition, London, 2006
Hansmann, Henry/ Mattei, Ugo	The functions of trust law: a comparative legal and economic analysis, N.Y.U.L. rev. 73 (1998), S. 434 ff., zit.: Hansmann/Mattei, N.Y.U.L. rev. 73
Harris, Jonathan	The Hague Trusts Convention, Scope, Application and Preliminary Issues, Oxford and Portland, Oregon, 2002, zit.: The Hague Trusts Convention
Hawkins, A.J.	The Trust Like device in English Law, in: Trusts and Trust-Like devices, edited by W.A. Wilson, United Kingdom Comparative Law Series, Volume 5, London, 1981, zit.: Hawkins, The Trust in English Law
Hayton, David	The Law of Trusts, Fundamental Principles of Law, 4. Auflage, London, 2003
Hayton, D.J. / Kortmann, S.C.J.J. / Verhagen, H.L.E.	Principles of European Trust Law, Law of Business and Finance, Volume 1, Kluwer Law International, The Hague, 1999
Heini, Anton	(Zürcher) Kommentar zum Bundesgesetz über das Internationale Privatrecht (IPRG), 2. Auflage, Zürich, 2004, zit.: Heini/ZK-IPRG

Heldrich, Andreas	Palandt, BGB, 67. Auflage, München, 2008, zit.: Palandt/Heldrich
Helmholz, Richard/ Zimmermann/ Reinhard	Itinera Fiduciae – Trust and Treuhand in Historical Perspective, Comparative Studies in Continental and Anglo-American Legal History, Band 19, Berlin, 1998; zit.: Helmholz/Zimmermann/Autor, Titel, Itinera Fiduciae
Henrich, Dieter	Einführung in das englische Privatrecht, 2. Auflage, Darmstadt, 1993
Henssler, Martin	Treuhandgeschäft – Dogmatik und Wirklichkeit, AcP 196 (1996), S. 37 ff.
Huber, Ulrich	Anmerkung zu BGH, Urteil (II ZR 26/67) vom 4. April 1968, JZ 1968, S. 791 ff.
Jäggi, Peter/Gauch, Peter	(Zürcher) Kommentar zum Schweizerischen Zivilgesetzbuch, Band V 1b, Kommentar zu Art. 18 OR, Zürich, 1980, zit.: Jäggi/Gauch
Killius, Jürgen	Developments in Germany, in: Trusts for Europe, A Legal Studies and Services Special Report, London, 1988, S. 75 ff.
Klein, Manfred	Testamentary Trust nach Common Law und funktionsverwandte deutsche Zivilrechtsinstitute – ein Rechtsvergleich, ZVglRWiss 101 (2002) S. 175-199
Kötz, Hein	Die 15. Haager Konferenz und das Kollisionsrecht des trust, RabelsZ 50 (1986), S. 652 ff.
ders.	The Hague Convention on the Law applicable to Trusts and their Recognition, in: Alon Kaplan, Trusts in Prime Jurisdictions, The Hague, London, Boston, 2000, zit.: Kötz, Trusts in Prime Jurisdictions, S. 3 ff.
ders.	The Modern Development of Trust Law in Germany, in: Modern International Developments in Trust Law, Editor David Hayton, Kluwer Law International, The Hague, London, Boston, 1999, S. 49 ff.

ders.	Trust und Treuhand – eine rechtsvergleichende Darstellung des anglo-amerikanischen trust und funktionsverwandter Institute des deutschen Rechts, Göttingen, 1963
ders.	Zur Anknüpfung des unter Lebenden errichteten trust, IPRax 1985, S. 205 ff.
Kropholler, Jan	Internationales Privatrecht, 6. Auflage, Tübingen, 2006, zit.: Kropholler IPR
Kulms, Rainer	75 Jahre Liechtensteinische Treuhänderschaften – Die Artt. 897 ff. PGR im Lichte europäischer Grundsätze zum Trustrecht, ZEuP 2001, S. 653 ff.
Legerer, Joseph	Der Grundsatz von Treu und Glauben im liechtensteinischen Privatrecht, Schriften zum liechtensteinischen Recht, Band 14, Mauren, 2006
Liebich, Dieter/ Mathews, Kurt	Treuhand und Treuhänder in Recht und Wirtschaft – Ein Handbuch, 2. Auflage, Herne/Berlin, 1983, zit.: Liebich/Mathews, Treuhand und Treuhänder
Magnus, Ulrich	Einführungsgesetz zum Bürgerlichen Gesetzbuche/IPR, Art. 27-33 EGBGB, Staudinger-BGB, Berlin, 2002, zit.: Staudinger/Magnus
Marini, Philippe	Proposition de loi instituant la fiducie, Annexe au procès-verbal de la séance du 8 février 2005, Sénat No. 178, zit.: Marini, Proposition de loi
Martinek, Michael	Geschäftsbesorgung, Staudinger-BGB, Band. II, §§ 657-704, Berlin, 2006, zit.: Staudinger/Martinek
Mayer, Thomas	Die Schweiz und das Haager Trust-Übereinkommen – Entwurf für einen Bundesbeschluss über die Genehmigung und Umsetzung, in: Der Schweizer Treuhänder 9/2006, S. 676 ff., zit.: Mayer, DST 2006

ders.	Schweizer Perspektiven, in: Le trust en droit international privé, Perspectives suisses et étrangères: actes de la 17 ème Journée du droit international privé du 18 mars 2005 à Lausanne, Institut suisse de droit comparé, Genf, Zürich, Basel, 2005, S. 105 ff.
von Overbeck, Alfred	Explanatory Report in: Proceedings of the Fifteenth Session, Book II: Trusts – applicable law and recognition, published by the Hague Conference on private international law, The Hague, 1985, S. 370 ff., zit.: von Overbeck Report
Pease, Richard	Switzerland as a halfway house, in: Trusts for Europe, A Legal Studies and Services Special Report, London, 1988, S. 145 ff.
Perrin, Julien	Le *trust* à l´épreuve du droit successoral en Suisse, en France et au Luxembourg, Etude de droit comparé et de droit international privé, Thèse, Lausanne, 2006, zit. : Perrin, Le trust à l´épreuve du droit successoral
Pirrung, Jörg	Die XV. Tagung der Haager Konferenz für Internationales Privatrecht – Trustübereinkommen vom 1. Juli 1985, IPRax 1987, S. 52 ff.
ders.	Zur Ratifikation des Trust-Übereinkommens, in: Festschrift für Andreas Heldrich, S. 925 ff.
Rauscher, Thomas	Internationales Privatrecht, 2. Auflage, Heidelberg, 2002
Reichen, Nicolas	Le trust et le droit suisse – Problèmes et incertitudes juridiques, in: L´Expert-comptable suisse 10/2005, S. 797 ff., zit.: Reichen, ECS 2005
Reymond, Claude	Le trust et le droit suisse, ZSR 1954 II, S. 119a ff.
de Richemont, Henri (Sénat français)	Rapport fait au nom de la commission des Lois constitutionelles, de législation, du suffrage universel, du Règlement et d´administration générale sur la proposition de loi de M. Philippe Marini instituant la fiducie, par M. Henri de Richemont, Sénateur, No. 11, Session ordinaire de 2006-2007, zit.: Rapport Sénat

Romann, Martin	Wie kann die Schweiz das Haager Trust-Übereinkommen umsetzen?, in: Das Haager Trust-Übereinkommen und die Schweiz, Europa Institut Zürich, Zürich, Basel, Genf, 2003, S. 39 ff., zit.: Romann, HTÜ-CH
de Roux, Xavier (Assemblée Nationale)	Rapport fait au nom de la commission des lois constitutionnelles, de la législation et de l´administration générale de la république sur la proposition de loi (No 3385), adoptée par le sénat, instituant la fiducie, par M. Xavier de Roux, Député, No. 3655, zit.: Rapport Assemblée
Runte, Julia	Fiducie in Frankreich – Zur geplanten Einführung eines trust-ähnlichen Rechtsinstituts in Frankreich, RIW 2005, S. 511 ff.
Schramm, Karl Heinz	Münchener Kommentar zum Bürgerlichen Gesetzbuch, Vorbem. zu §§ 164 ff. BGB, 4. Auflage, München, 2001, zit.: MüKo/Schramm
Schultz, Florian	Das deutsche REIT-Gesetz, Status Recht 2007, S. 165 ff., Beilage zu DER BETRIEB
Schweizerischer Bundesrat	Botschaft Nr. 05.088 des Schweizerischen Bundesrates an die Eidgenössischen Räte zur Genehmigung und Umsetzung des Haager Übereinkommens über das auf Trusts anzuwendende Recht und über ihre Anerkennung, 2. Dezember 2005, Bundesblatt 2006, S. 551 ff., zit.: BS, BBl 2/2006
Seiler, Matthias	Trust und Treuhand im schweizerischen Recht unter besonderer Berücksichtigung der Rechtsstellung des Trustees, Dissertation Zürich, 2005
Sheridan, L.A.	Public and Charitable Trusts, in: Trusts and Trust-Like devices, edited by W.A. Wilson, United Kingdom Comparative Law Series, Volume 5, London, 1981
Simler, Philippe/ Delebecque, Philippe	Droit Civil, Les sûretés – la publicité foncière, 2e édition, Paris, 1995, zit.: Simler/Delebecque, Droit Civil

Sonnenberger, Hans Jürgen/Autexier, Christian	Einführung in das französische Recht, 3. Auflage, Heidelberg, 2000, zit.: Sonnenberger/Autexier
Sprau, Hartwig	Palandt, BGB, 67. Auflage, München, 2008, zit.: Palandt/Sprau
Staehelin, Daniel	Trusts im schweizerischen Zwangsvollstreckungsrecht, in: Das Haager Trust-Übereinkommen und die Schweiz, Europa Institut Zürich, Zürich, Basel, Genf , 2003, S. 59 ff., zit.: Staehelin, HTÜ-CH
Steinauer, Paul-Henri	Les droits réels (Suisse), Tome premier, 4e édition, Bern, 2007
Steinebach, Lothar	Entwurf eines Übereinkommens der Haager Konferenz über das auf Trusts anzuwendende Recht und über ihre Anerkennung, RIW 1986, S. 1 ff.
Stieger, Markus	Das Haager Trust-Übereinkommen und die Schweiz: aus der Praxis der Anwälte und Treuhänder, in: Das Haager Trust-Übereinkommen und die Schweiz, Europa Institut Zürich, Zürich, Basel, Genf, 2003, S. 135 ff., zit.: Stieger, HTÜ-CH
Stoll, Hans	Einführungsgesetz zum Bürgerlichen Gesetzbuche/IPR, Internationales Sachenrecht, Staudinger-BGB, 13. Bearbeitung, Berlin, 1996, zit.: Staudinger/Stoll, IntSachenR
Thévenoz, Luc	Trusts en Suisse : Adhésion à la Convention de la Haye sur les trusts et codification de la fiducie = Trusts in Switzerland : Ratification of The Hague Convention on Trusts and Codification of Fiduciary Transfers, Publications du Centre d´études juridiques européennes de Genève, Zürich, 2001
Vischer, Frank	(Zürcher) Kommentar zum Bundesgesetz über das Internationale Privatrecht (IPRG), 2. Auflage, Zürich, 2004, zit.: Vischer/ZK-IPRG

Vogt, Nedim Peter	Das Haager Trust Übereinkommen: Plädoyer für eine Ratifikation, in: Das Haager Trust-Übereinkommen und die Schweiz, Europa Institut Zürich, Zürich, Basel, Genf, 2003, S. 127 ff., zit.: Vogt, HTÜ-CH
Watt, Gary	Trusts and Equity, Oxford University Press, Oxford, 2003
Watter, Rolf	Die Treuhand im Schweizer Recht, ZSR 1995 II, S. 179 ff.
Weber, Rolf H.	Kommentar zum Schweizerischen Privatrecht, Obligationenrecht I, 3. neubearbeitete Auflage, Basel, Frankfurt am Main, 2003, zit.: OR-K I, Weber
Wenaweser, Stefan	Zur Rezeptionsfrage der Treuhänderschaft und ihrem Anwendungsbereich nach liechtensteinischem Recht, LJZ 2001, S. 1 ff.
ders.	Ausgewählte Fragen zum liechtensteinischen Treuhänderschaftsrecht, in: LJZ 2005, S. 7 ff.
Wiegand, Wolfgang	Kommentar zum Schweizerischen Privatrecht, Obligationenrecht I, Art.18, 3. neubearbeitete Auflage, Basel, Frankfurt am Main, 2003, zit.: OR-K I, Wiegand
ders.	Sachenrecht, Staudinger-BGB, 13. Neubearbeitung 1995, Berlin, 1995, zit.: Staudinger/Wiegand
Wittuhn, Georg	Das internationale Privatrecht des trust, Europäische Hochschulschriften: Reihe 2, Band 610, Frankfurt am Main, Bern, New York, 1987, zit.: Wittuhn, IPR des Trust
Witz, Claude	La fiducie en Europe: France, Suisse, Luxembourg, Allemagne, Liechtenstein. Analyse des lois existantes et des projets en cours, in: Le trust et la fiducie, Brüssel, 1997, S. 51 ff., zit.: Witz, La fiducie en Europe

Wolter, Gerhard	Treuhandrecht im Umbruch? – Ein Blick nach Frankreich, Luxemburg, in die Schweiz und in den Libanon sowie auf das Haager Trust-Übereinkommen, Saarbrücker Studien zum Privat- und Wirtschaftsrecht, Band 6, 1999
Zweigert, Konrad/Kötz, Hein	Einführung in die Rechtsvergleichung auf dem Gebiete des Privatrechts, 3. Auflage, Tübingen, 1996, zit.: Zweigert/Kötz

ABKÜRZUNGSVERZEICHNIS

aA	anderer Ansicht
a.a.O.	am angegebenen Ort
a.E.	am Ende
ABl. EG	Amtsblatt der Europäischen Gemeinschaften
AcP	Archiv für die civilistische Praxis
AktG	Aktiengesetz
Anh.	Anhang
Anm.	Anmerkung
Art./Artt.	Artikel
BBl.	(Schweizerisches) Bundesblatt, Bern
BGB	Bürgerliches Gesetzbuch
BGBl.	Bundesgesetzblatt
BGE	Entscheidungssammlung des (Schweizerischen) Bundesgerichtes
BGH	Bundesgerichtshof
BGHZ	Entscheidungen des Bundesgerichtshofs in Zivilsachen
BS	Botschaft (des Schweizerischen Bundesrates)
bzw.	beziehungsweise
CC	Code Civil
DST	Der Schweizerische Treuhänder (Zeitschrift)
DZWIR	Deutsche Zeitschrift für Wirtschafts- und Insolvenzrecht
ebs.	ebenso
EGV	Vertrag zur Gründung der Europäischen Gemeinschaft
endg.	endgültig/ -e Fassung

EuGVO	EG-Verordnung Nr. 44/2001 des Rates über die gerichtliche Zuständigkeit und die Anerkennung und Vollstreckung von gerichtlichen Entscheidungen in Zivil- und Handelssachen
ff.	fortfolgende
FL OGH	Oberster Gerichtshof des Fürstentums Liechtenstein
Fn.	Fußnote
FS	Festschrift
GBO	Grundbuchordnung
GwG	(Schweizerisches) Bundesgesetz zur Bekämpfung der Geldwäscherei im Finanzsektor, vom 10.10.1997 (SR 955.0)
HTÜ	Haager Übereinkommens über das auf Trusts anzuwendende Recht und über ihre Anerkennung vom 1.7.1985 (Haager Trustübereinkommen)
InsO	Insolvenzordnung
IPR	Internationales Privatrecht
IPRax	Praxis des internationalen Privat- und Verfahrensrechts
IPRG	(Schweizerisches) Bundesgesetz über das Internationale Privatrecht, vom 18. Dezember 1987 (SR 291)
i.S.d.	im Sinne des/der
JCP	Juris-Classeur Périodique
JuS	Juristische Schulung – Zeitschrift für Studium und Ausbildung
JZ	Juristen-Zeitung
KAGG	Gesetz über Kapitalanlagegesellschaften
KOM	Kommission der Europäischen Gemeinschaften
LGBl.	Landesgesetzblatt (Liechtenstein)
LES	Liechtensteinische Entscheidungssammlung
LR	Register der liechtensteinischen Rechtsvorschriften
LJZ	Liechtensteinische Juristenzeitung
LugÜ	Luganer Übereinkommen über die gerichtliche Zuständigkeit und die

	Vollstreckung gerichtlicher Entscheidungen in Zivil- und Handelssachen (LugÜ) vom 16.9.1988
m.w.N.	mit weiteren Nachweisen
N.Y.U.L. rev	New York University Law review
OLG	Oberlandesgericht
OR	Schweizerisches Obligationenrecht, vom 30.3.1911 (SR 220)
PGR	(Liechtensteinisches) Personen- und Gesellschaftsrecht
RabelsZ	Rabels Zeitschrift für ausländisches und internationales Privatrecht
RGZ	Entscheidungen des Reichsgerichts in Zivilsachen
Rn.	Randnummer
RIW	Recht der Internationalen Wirtschaft
Rspr.	Rechtsprechung
SchKG	(Schweizerisches) Bundesgesetz über Schuldbetreibung und Konkurs, vom 11.4.1889/16.12.1994 (SR 281.1)
SR	(Schweizerische) Systematische Sammlung des Bundesrechts, Bern
TrUG	(Liechtensteinisches) Gesetz über das Treuunternehmen
Urt.	Urteil
vgl.	vergleiche
Vorbem.	Vorbemerkung
vs.	versus (gegenüber)
ZEuP	Zeitschrift für Europäisches Privatrecht
ZGB	Schweizerisches Zivilgesetzbuch, vom 10.12.1907 (SR 210)
ZIP	Zeitschrift für Wirtschaftsrecht (Zeitschrift für die gesamte Insolvenzpraxis)
ZSR	Zeitschrift für Schweizerisches Recht

ZVglRWiss Zeitschrift für vergleichende Rechtswissenschaft

Einleitung – Gegenstand der Arbeit

A. Aktuelle Dynamik des Treuhand-/Trustrechts in Kontinentaleuropa

„Mit den dogmatischen Grundlagen des deutschen Rechts ist die Rechtsfigur des Trusts unvereinbar“, so die bis heute herrschende Ansicht des Bundesgerichtshofes[1].

Aufgrund der beim angelsächsischen Trust auftretenden Spaltung zwischen dinglicher Berechtigung nach strengem Recht (Common Law) und nach Billigkeitsrecht (Equity Law), kommt es zu einer dem deutschen Sachenrecht fremden Trennung und Aufspaltung des Eigentums zwischen Treuhänder (Trustee) und Begünstigten. Der Trustee ist nach strengem Recht zwar Eigentümer der zum Trust gehörenden Sachen und Vollinhaber der zu ihm gehörenden Rechte und somit dinglich Berechtigter, entgegen einer Treuhandbestellung nach deutschem Recht, die nur schuldrechtlich wirkt, jedoch auch dinglich zugunsten des Dritten beschränkt[2]. Eine mögliche Lösung dieses Zwiespalts über eine Umdeutung der Trusterrichtung in eine deutsche Treuhandbestellung muss gerade aufgrund der Verdinglichung der Beschränkungen im Innenverhältnis zwischen Treugeber und Treunehmer ausscheiden[3].

Entgegen dieser dogmatischen Statik im deutschen Recht, erfahren Treuhand und Trust in anderen kontinentaleuropäischen Ländern des Civil Law einen progressiven Integrationsprozess:

Eingebettet in die Kollisionsregeln des *Haager Übereinkommens über das auf Trusts anzuwendende Recht und über ihre Anerkennung* vom 1.7.1985 (HTÜ)[4] und die von Hayton, Kortmann und Verhagen von der Universität Nijmegen (NL) erarbeiteten *„Grundsätze für ein*

---

[1] BGH, IPRax 1985, 221, 223.

[2] BGH, IPRax 1985, 221, 223.

[3] BGH, IPRax 1985, 221, 223; Graupner, ZVglRWiss 88 (1989), 149, 157; Czermak, Express Trust, S. 281 ff.; Wittuhn, IPR des Trust, S. 141 ff.; eine Umdeutung des zugrunde liegenden Rechtsgeschäftes, also der Bestellung des Trustees selbst, ist allerdings möglich; dies betrifft aber *nicht* die dem deutschen Recht unterliegenden Eigentumsrechte; vgl. auch Staudinger/Dörner Art. 25 EGBGB, Rn. 412 sowie die Ausführungen im Sechsten Teil unter A. V.

[4] Online abrufbar auf der Homepage der Haager Konferenz für Internationales Privatrecht unter: http://www.hcch.net/index_fr.php?act=conventions.text&cid=59; Deutsche Übersetzung bei Pirrung, IPRax 1987, 55-58.

europäisches Trustrecht"[5], haben die Schweiz und Frankreich als Nachbarländer Deutschlands, unlängst verschiedene Integrationsstufen einer rechtlichen Anerkennung des Trusts bzw. trustähnlicher Grundsätze verwirklicht.

Die *Schweiz* beschritt einen Weg der mittelbaren Integration des Trusts über eine Ratifizierung des Haager Trustübereinkommens.

In der Schweiz ist die Treuhand, vom Trust ganz zu schweigen, ebenso wie in Deutschland gesetzlich nicht kodifiziert. Von Seiten der Rechtsprechung wurden allerdings beide Rechtsinstitutionen in unterschiedlicher Intensität insbesondere aus pragmatischen Gründen anerkannt und konkretisiert und sind daher wirtschaftliche und rechtliche Realität. Darüber hinaus übernehmen andere Rechtsinstitute wie die allgemeine Treuhand oder die Stiftung Teilfunktionen des Trusts.

Die zum 1. Juli 2007 in Kraft getretene Ratifizierung des Haager Trustübereinkommens dient somit eher dazu, Rechtssicherheit zu schaffen und die durch Bundesrechtsprechung und Auslegung von Seiten der Rechtslehre unterschiedlich geformten Elemente der „Schweizer Treuhand" autoritativ festzulegen[6]. Neben der Genehmigung des HTÜ wurden Anpassungen im schweizerischen Bundesgesetz über das Internationale Privatrecht (IPRG) und im schweizerischen Bundesgesetz über Schuldbetreibung und Konkurs (SchKG) vollzogen[7].

Frankreich hat nach einem langen Diskussionsprozess in Politik und Rechtswissenschaft im Februar 2007 das Rechtsinstitut der *„fiducie"* in den Code Civil integriert. Bereits einmal fand ein „Projet de loi relatif à la fiducie" aus dem Jahre 1992 in Frankreich insbesondere aus allgemeinpolitischen und steuerrechtlichen Gründen[8] ein jähes Ende.

Unter dem Einfluss der am 15. November 2001 vom Europäischen Parlament erlassenen Resolution zur Harmonisierung des Privatrechts und der im Rahmen der „Best practice guidelines for divestiture commitments in merger case" der Europäischen Kommission vom 2. Mai 2003 ausgeführten Erwägungen zum Wesen einer „europäischen" Treuhänderschaft[9], wurden

---

[5] Principles of European Trust Law, Kluwer Law International, The Hague, 1999; aufgeführt mit deutscher Übersetzung in ZEuP 1999, 748 ff.

[6] Vgl. Watter, ZSR II 1995, 179, 251.

[7] Botschaft 05.088, BR CH, BBl. 2006 551.

[8] Runte, RIW 2005, 511, 514.

[9] Abrufbar unter: http://europa.eu.int/comm/competition/mergers/legislation/divestiture_commitments/.

mit dem „Loi instituant la fiducie“[10] Vorschriften über das Treuhandverhältnis in das dritte Buch des Code Civil („Des différentes manières dont on acquiert la propriété“) unter dem Titel 14 integriert.
Einer der Hauptzwecke ist, der französischen Wirtschaft, der bisher kein adäquates Instrument zur Regelung von fiduziarischen Eigentumsverhältnissen zur Verfügung steht, aus Gründen der Wettbewerbsfähigkeit ein solches zugänglich zu machen[11].

Anders stellen sich die Integrationsschritte des Trusts in den europäischen Mikrostaaten Liechtenstein und Monaco dar, wobei im Falle Liechtensteins, das als einziges kontinentaleuropäisches Land seit nunmehr genau 80 Jahren über ein eigenes Trustrecht verfügt[12], weniger von einer Integration, sondern von einer Adaption staatsvertraglicher Grundsätze zu sprechen ist.

Das *Fürstentum Liechtenstein* hat am 1. März 2006 mit Wirkung zum 1. April 2006 das HTÜ ratifiziert. Dieses lange Warten seit 1985 mag zunächst verwundern, da gerade das Fürstentum ein in seine Rechtsordnung integriertes Trustrecht besitzt. Auch der Zweck des HTÜ, eine Anerkennung ausländischer Trusts im Inland zu erreichen, ist für Liechtenstein aufgrund einer in den Artt. 930 und 931 PGR ohnehin qua lege normierten Anerkennung redundant.
Aufgrund der Anerkennung der liechtensteinischen Treuhänderschaft durch die anderen Vertragsstaaten und somit internationaler Regeln betreffend Trusts durch Liechtenstein, erhofft man sich allerdings wiederum eine Förderung der Errichtung von inländischen Trusts und eine Sicherung der Wettbewerbsfähigkeit des liechtensteinischen Finanzplatzes.

Eingebettet in die aktuelle Dynamik hat schließlich auch das *Fürstentum Monaco* am 1. Juni 2007 das HTÜ ratifiziert. Die Konvention trat dabei zum 1. September 2008 in Kraft. Das lange Warten mag wie im Falle Liechtensteins zunächst in Anbetracht des monegassischen trustrechtlichen *status quo* überraschen. Dabei verdient jedoch vor allem das bestehende Trustrecht selbst eine genauere Betrachtung. Dies deshalb, weil das monegassische Recht stark vom französischen Code Civil beeinflusst ist und einen eigenen Weg der Integration des angelsächsischen Trusts in die inländische Rechtsordnung gefunden hat.

---

[10] Gesetz Nr. 2007/211 vom 19. Februar 2007.

[11] Vgl. Runte, RIW 2005, 511, 513.

[12] Artt. 897 ff. PGR (Personen- und Gesellschaftsrecht vom 20.1.1926, LGBl. 1926 Nr. 4; LR 216.0).

Das Gesetz Nr. 214 über den Trust vom 27. Februar 1936, geändert durch Gesetz Nr. 1216 vom 7. Juli 1999, statuiert hierbei neben allgemeinen Form- und Anerkennungsvorschriften die Voraussetzung, dass nur Personen, die nach ihrem Common Law – Heimatrecht einen Trust begründen können (solicitor, attorney at law) und auf einer monegassischen Liste (eine Art Trustregister) eingeschrieben sind, zur Begründung eines Trusts in Monaco autorisiert sind (Art. 1 Abs. 3 Gesetz Nr. 1216), hierbei jedoch die monegassischen Formvorschriften einhalten müssen. Aus der von Gesetzes wegen angeordneten Koexistenz inländischer und ausländischer Normen, welche für den monegassischen Trust maßgeblich sind, ergibt sich ein interessantes Spannungsverhältnis.

Bevor auf die einzelnen Vergleichsrechtsordnungen eingegangen wird, ist eine Umschreibung des Trustbegriffes hilfreich. Die Rechtsnatur des Trusts umfassend darzustellen, soll nicht Gegenstand dieser Arbeit sein. Auf eine kurze Voranstellung dessen struktureller Grundzüge kann indes dennoch nicht verzichtet werden. Im Verlauf der Arbeit werden sonstige Strukturmerkmale des Trusts im jeweiligen komparativen Kontext erwähnt. Daneben kann auf die umfangreiche Literatur, insbesondere zum historischen Ursprung des Trusts, verwiesen werden[13].

I. Begriff des Trusts

1. Grundzüge

Den Rechtsordnungen des Common Law entspringend, versteht man unter einem Trust ein Rechtsverhältnis, bei dem mehreren Personen an einem Gegenstand in der Weise Rechte zustehen, dass die eine über diesen Gegenstand als Treuhänder (Trustee) die Verwaltungs- und Verfügungsbefugnis hat, während die anderen Personen als Begünstigte (Beneficiary) ein Recht bestimmten Umfangs auf die Erträge des Gegenstandes besitzen[14]. Im Wege einer uni-

---

[13] Haley/McMurtry, Equity and Trusts; Hayton, The Law of Trusts; zum historischen Ursprung: Watt, Trusts and Equity, S. 8 ff.; Zweigert/Kötz § 14 III, S. 185 ff.; Hawkins, The Trust in English Law, S. 6 ff.; Haeusler, Einführung in den angelsächsischen Trust, Handbuch Stiftungsrecht, 229, 231, Rn. 5 ff.

[14] Zweigert/Kötz, § 3 III, S. 36; Zur Geschichte des Trusts vgl. auch Hayton, The Law of Trusts, S. 10 ff., Henrich, Einführung in das englische Privatrecht, S. 98; Haley/McMurtry, Equity and Trusts, S. 15 ff.

lateralen Übertragung[15] von Vermögensgegenständen des sog. Settlor bzw. Grantor an den Trustee kommt es zu einer Aufspaltung des Eigentums in „legal ownership" und „equitable ownership"[16]: Der Treuhänder wird nach Common Law zwar (Voll-) Eigentümer der zum Trust gehörenden Sachen und der damit verbundenen Rechte. Dieser dinglichen Berechtigung *iure stricta* (nach strengem Recht) steht jedoch die ebenfalls dinglich wirkende materielle Beschränkung des Treuhänders „in equity"[17] gegenüber, die den Trustee verpflichtet, von den Vermögensgegenständen nur im Interesse des oder der Beneficiaries zu bestimmten Zwecken Gebrauch machen zu dürfen. Einfach formuliert wird die dingliche Eigentümerposition nach strengem Recht durch die Beschränkungen des equity law überlagert, es kommt zu einer Eigentumsspaltung. Als prägnante Beschreibung der Charakteristika des Trusts ist aus der neueren englischen Literatur zu nennen:

„*A trust is either a self-imposed obligation or an obligation imposed on a third party (in whom legal title to the property becomes vested) to act for the benefit of another which is enforceable in equity. The equitable interest in property thereby becoming different and distinct from the nominal legal ownership vested in the trustee*"[18].

Der Trust, dem eine einheitliche Definition fremd ist, charakterisiert sich weiter dadurch, dass

- das Treugut beim Trustee eine von seinem sonstigen Vermögen getrennte Vermögensmasse ist[19],
- sowohl dem Trustee als auch den Beneficiaries sachenrechtliche Ansprüche am Treugut zustehen[20],
- der Trust selbst keine Rechtspersönlichkeit hat, sondern im Außenverhältnis durch den Trustee vertreten wird[21].

---

[15] Der Trust ist mithin kein Vertrag; weder zwischen Settlor und Trustee noch zwischen dem Trustee und den Beneficiaries bestehen Vertragsbeziehungen im eigentlichen Sinn, vgl. Haeusler, Einführung in den angelsächsischen Trust, Handbuch Stiftungsrecht, 229, 238, Rn. 46.

[16] Vgl. hierzu aus der deutschsprachigen Literatur: Klein, ZVglRWiss 101 (2002), 175 ff., Kulms, ZEuP 2001, 653, 655 ff.

[17] Zum Begriff der equity vgl. Watt, Trusts and Equity, S. 11 ff.

[18] Haley/McMurtry, Equity and Trusts, S. 15, Rn. 1.32.

[19] Hayton, The Law of Trusts, S. 6.

[20] Hayton, The Law of Trusts, S. 6.

Voraussetzung für eine wirksame Übertragung des Trustvermögens ist, dass der Settlor rechtsfähig ist und die den Trust begründenden Umstände hinreichend bestimmt bzw. bestimmbar sind. In diesem Zusammenhang müssen sich aus der Trusturkunde der Errichtungswille des Settlor („certainty of intention"), sowie die Bestimmung oder Bestimmbarkeit der in den Trust einzubringenden Vermögenswerte („certainty of subjects") und des oder der Begünstigen („certainty of objects") ergeben[22].

2. Funktionsspektrum des Trusts

Die Charakteristika des Trusts erlauben dem sich im angloamerikanischen Rechtskreis tätigen Rechtsanwender, sich seiner Funktionen zur Realisierung unterschiedlichster Zwecke zu bedienen.

a) Vermögenssicherung für Angehörige

Mit Hilfe eines Trusts lassen sich Vermögenswerte auf längere Zeit dadurch binden, dass der Settlor Vermögensbestandteile auf den Trustee überträgt, die dieser zugunsten von Angehörigen des Settlors zu verwalten hat. Den Beneficiaries wird die Verwaltungs- und Verfügungsmacht über das in den Trust eingebrachte Trustgut entzogen, ihnen stehen aber im Gegenzug die Einkünfte aus dem Trust zu[23]. Das Trustvermögen sichert so die Kontinuität der Vermögensweitergabe über mehrere Generationen („Kaskadenvorsorge"[24]). Derartige Trusts können unter Lebenden (inter vivos) und von Todes wegen („Testamentary Trust" als Mittel langfristiger Nachlassbindung[25]) errichtet werden[26]. Dient diese Bindung letztlich einer umfassenden

---

[21] Hayton, The Law of Trusts, S. 3; Haeusler, Einführung in den angelsächsischen Trust, Handbuch Stiftungsrecht, 229, 238, Rn. 42: daraus folgt, dass nicht der Trust, sondern der Trustee selbst der Träger des Trustvermögens ist. Im Außenverhältnis tritt der Trustee, handelnd für den Trust („the trustee, acting for and on behalf of the trust") in Erscheinung, vgl. Haeusler, a.a.O., Rn. 43.

[22] Hierbei spricht man auch von den „three certainties" welche für die Trusterrichtung konstitutiv sind, vgl. Haeusler, Einführung in den angelsächsischen Trust, Handbuch Stiftungsrecht, 229, 239, Rn. 49 ff.

[23] Coing, FS Heinsius, 79, 80; Der Settlor kann die Begünstigten in der Trusturkunde namentlich bestimmen und den Umfang der Berechtigung auf die Einkünfte und Früchte aus dem Trust konkret festlegen (sog. „Fixed Interest Trust"). Daneben kann der Settlor aber auch im Trust Instrument festlegen, dass dem Trustee ein Ermessen über etwaige Ausschüttungen zustehen soll („Discretionary Trust"). vgl. Haeusler, Einführung in den angelsächsischen Trust, Handbuch Stiftungsrecht, 229, 244, Rn. 74, 77.

[24] Haeusler, Einführung in den angelsächsischen Trust, Handbuch Stiftungsrecht, 229, 248, Rn. 98.

[25] Vgl. Kötz, Trust und Treuhand, S. 41 ff.

[26] Haley/McMurtry, Equity and Trusts, S. 111 ff.; Hayton, The Law of Trusts, S. 42.

Nachfolge- und Nachlassplanung, lässt sich dies terminologisch unter den Begriff des „Estate Plannings" fassen[27].

b) Gemeinnützige Zwecke

Die Trusturkunde kann weiter vorsehen, dass der Trustee das Trustvermögen bzw. dessen Einkünfte zugunsten wohltätiger Zwecke jedweder Art zu verwenden hat (Charitable oder Public Trust als Mittel der Vermögenswidmung zu gemeinnützigen Zwecken[28]). Der Trust erfüllt in diesem Fall im Ergebnis stiftungsähnliche Zwecke.

c) Vermögensverwaltung

Als Mittel der Vermögensverwaltung und Vermögenssicherung können Vermögensbestandteile an eine Bank übertragen werden, welche diese zugunsten ihres Kunden, der Settlor und zugleich Beneficiary dieses Business Trusts ist, gewinnbringend zu verwalten und anzulegen hat.[29] Demgegenüber dient ein „Investment Trust" der Vermögensverwaltung zugunsten von Personenmehrheiten[30]. Der Trustee gründet aus den Vermögenswerten der Einzelpersonen einen Fonds, den er verwaltet und diversifiziert anzulegen hat[31].

d) Constructive Trusts

Neben den rechtsgeschäftlich begründeten „Express Trusts" können Trusts auch auf gesetzlichem Wege unmittelbar kraft objektiven Rechts („Trust by operation of law") zur Rückabwicklung fehlerhafter Vermögensverfügungen[32] („Constructive Trust") begründet werden[33],

---

[27] Vgl. Haeusler, Einführung in den angelsächsischen Trust, Handbuch Stiftungsrecht, 229, 47, Rn. 95.

[28] Haley/McMurtry, Equity and Trusts, S. 159 ff.; Watt, Trusts and Equity, S. 221 ff.; Sheridan, Public and charitable trusts, S. 21 ff.; vgl. auch Kötz, Trust und Treuhand, S. 63 ff.; Haeusler, Einführung in den angelsächsischen Trust, Handbuch Stiftungsrecht, 229, 251, Rn. 116.

[29] Vgl. Coing, FS Heinsius, 79, 80. Diese Konstellation wird maßgeblich die französische „fiducie" wahrnehmen, mit der Ausnahme dass der „Settlor"/Begründer – im Gegensatz zum „Beneficiary"/Begünstigten – nur eine juristische Person sein kann vgl. dazu die Ausführungen im Zweiten Teil unter D. II. 1. b).

[30] Vgl. Kötz, Trust und Treuhand, S. 70 ff.

[31] Vgl. Coing, FS Heinsius, 79, 81.

[32] Vgl. Kötz, Trust und Treuhand, S. 88 ff.

[33] Haley/McMurtry, Equity and Trusts, S. 261 ff.

sofern diese die Billigkeit (Equity) erfordert. Ein Constructive Trust zur Rückabwicklung fehlerhafter Vermögensverfügungen ist also nach deutscher Terminologie strukturell dem Bereicherungsrecht zuzuordnen. Hier sei er der Vollständigkeit halber erwähnt; er soll jedoch für die vorliegende Untersuchung außen vor bleiben.

3. Rechtsstellung des Settlors

Infolge der unilateralen Vermögensübertragung auf den Trustee verliert der Settlor sämtliche Rechte am Trustvermögen. Eine Ausnahme davon besteht nur, wenn er selbst als Beneficiary in der Trusturkunde begünstigt ist[34] oder wenn er sich ausnahmsweise ein Widerrufsrecht („power of revocation") vorbehalten hat[35]. In letzterem Fall behält sich der Settlor beispielsweise das Recht vor, den Trust zu widerrufen, die Trustbestimmungen zu ändern, den Trustee abzuberufen oder Teile des Trustvermögens aus dem Trust herauszunehmen[36]. In diesem Zusammenhang ist jedoch darauf Acht zu geben, dass die Kontrollrechte des Settlors über die Vermögenspositionen des Trusts und seine Verwaltung in gewissen Schranken gehalten werden; je intensiver die Einflussnahme des Settlors nach erfolgter Trusterrichtung bleibt, desto eher treten Zweifel an der für die Entstehung eines Trusts konstitutiven Übertragung dieser Rechte auf, mit der Folge, dass der konkrete Trust im Zweifel überhaupt nicht entstanden ist[37].

Ein unwiderruflich ausgestalteter Trust („irrevocable trust") kann hingegen nach dessen Errichtung nicht mehr widerrufen oder geändert werden[38]. Im Gegensatz zum kontinentalen Treuhandverständnis, das dem Treugeber (neben dem Treuhänder) eine Kardinalfunktion während der gesamten Laufzeit des Treuhandverhältnisses einräumt[39], beschränkt sich die Funktion des Settlors also grundsätzlich auf die Errichtung des Trusts und die Übertragung des Trustgutes auf den Trustee[40].

---

[34] Haley/McMurtry, Equity and Trusts, S. 63, Rn. 3.07; Watt, Trusts and Equity, S. 125

[35] Hayton, The Law of Trusts, S. 135; Hawkins, The Trust in English Law, S. 13.

[36] Staudinger/Dörner, Art. 25 EGBGB, Rn. 408.

[37] Haeusler, Einführung in den angelsächsischen Trust, Handbuch Stiftungsrecht, 229, 235, Rn. 28.

[38] Staudinger/Dörner, Art. 25 EGBGB, Rn. 408; Haeusler, Einführung in den angelsächsischen Trust, Handbuch Stiftungsrecht, 229, 231, 246, Rn. 86.

[39] Vgl. dazu die jeweiligen Ausführungen im komparativen Kontext bei den Vergleichsrechtsordnungen.

[40] Haley/McMurtry, Equity and Trusts, S. 60, Rn. 3.03 ff.

4. Rechtsstellung des Trustee

a) Grundlagen

Infolge des Umstandes, dass dem Trust keine eigene Rechtspersönlichkeit zukommt, steht und fällt der Trust mit der Auswahl und Verwaltung des Trustees. So ist beispielsweise der Trust in der Jurisdiktion domiziliert, in der auch der Trustee seinen Sitz hat, welcher im Außenverhältnis schließlich „*for and behalf of the trust*“ handelt[41].
Rechtsquelle des Rechten- und Pflichtenspektrums des Trustees sind neben der einschlägigen Equity - Rechtsprechung zum Trust erlassene „Statutes of Law“, welche der Rechtsprechung entspringen und denen ein legislativer Rang zukommt. Zu erwähnen ist hierbei aus neuerer Zeit der Trustee Act 2000[42], welcher den Trustee Investments Act 1961 ersetzt bzw. den Trustee Act 1925 ergänzt. Die „Statutes“ dienen der Konkretisierung des Rechten- und Pflichtenspektrums der am Trust beteiligten Rechtssubjekte und haben insbesondere für allfällige Haftungsfragen große Bedeutung.

b) Pflichten

Im konkreten Fall ergeben sich die Pflichten des Trustees vor allem aus der Trusturkunde (Trust Instrument), welche das Vertrauensverhältnis zwischen Settlor und Trustee „physisch fixiert“ bzw. den Willen des Settlors festlegt, konkretisiert und zum Maßstab des Handelns des Trustee macht. Dem Trustee obliegen insbesondere folgende Hauptpflichten[43], die dem hohen Maß der dem Trustee obliegenden Verantwortung entsprechen:

- Er hat das Trustgut als Sondervermögen von seinem eigenen ebenso wie von anderem Trustvermögen getrennt zu halten.
- Der Trustee ist verpflichtet, das Trustvermögen in seinem Wert den Bestimmungen der Trusturkunde und dem „Trustee Act 2000“ nach zu investieren und zugunsten der

---

[41] Vgl. Haeusler, Einführung in den angelsächsischen Trust, Handbuch Stiftungsrecht, 229, 236, Rn. 33.

[42] Online abrufbar unter: http://www.opsi.gov.uk/ACTS/acts2000/20000029.htm.

[43] Vgl. hierzu Haley/McMurtry, Equity and Trusts, S. 15, Rn. 1.32; Hayton, The Law of Trusts, S. 139 ff.; Hawkins, The Trust in English Law, S. 9 f.

Beneficiaries verwalten[44].

- Der Trustee hat den Beneficiaries gegenüber Rechenschaft abzulegen und Auskunft zu erteilen.
- Seinem Handeln hat der Trustee zumindest die Sorgfalt zugrunde zu legen, die er auch für die Verwaltung eigener Belange aufwenden würde („diligentia quam in suis"). Praktisch wird der Sorgfaltsmaßstab des Trustee allerdings dahingehend verobjektiviert, dass er sich an dem Sorgfaltsmaßstab zu messen hat, der von einer vergleichbaren Person in der Rolle des Trustees objektiv erwartet werden kann[45].
- Der Trustee ist generell zur persönlichen Leistungserbringung verpflichtet; erlaubt ihm die Trusturkunde hingegen die Einschaltung Dritter, hat er für diese einzustehen.

c) Haftung

Verstößt der Trustee gegen eine ihm obliegende Pflicht („breach of trust"), ist er den Beneficiaries zu Schadensersatz verpflichtet. Eine Haftung gegenüber dem Settlor besteht indes nicht bzw. nur dann, wenn dieser selbst Beneficiary ist. Dies ist Ausdruck und Folge des unbeschränkten und absoluten Verlusts der Rechtszuständigkeit des Settlors an den in den Trust eingebrachten Vermögenswerten.
Daneben kann der Trustee bei schweren Pflichtverletzungen durch das Gericht abgesetzt werden. Leitbild der Verwaltungstätigkeit und somit auch einer möglichen Haftung des Trustees ist der Sorgfaltsmaßstab eines umsichtigen Geschäftsmannes („Prudent Man of Business Rule"), welcher den Trustee grundsätzlich zur Bewahrung des Trustvermögens und zu dessen größtmöglichster Mehrung unter Eingehung des kleinstmöglichsten Risikos verpflichtet[46].

5. Rechtsstellung des Beneficiary

Im Gegensatz zu den unserer Rechtsordnung bekannten fiduziarischen Rechtsverhältnissen, stehen dem Begünstigten des Trusts eigene dingliche Ansprüche auf Leistungen aus dem

---

[44] Hierbei hat er aber als „Prudent Business Man" zu handeln, vgl. die unmittelbar folgenden Ausführungen zur Haftung. Dies hat zur Folge, dass der Trustee in der Regel eine risikoaverse Investitionsstrategie zu verfolgen hat, was beispielsweise die Einbringung von Trusts in einen Hedge-Fonds oder ähnliche spekulative Anlagevehikel, sofern dies nicht im Trust Instrument ausdrücklich erklärt ist, ausschließen dürfte.

[45] Vgl. hierzu Sect. 1 Trustee Act 2000, online unter: http://www.opsi.gov.uk/ACTS/acts2000/20000029.htm.

[46] Vgl. Haeusler, Einführung in den angelsächsischen Trust, Handbuch Stiftungsrecht, 229, 242, Rn. 64, 253, Rn. 127.

Trustgut oder auf dessen pflichtgemäße Verwaltung gegen den Trustee zu[47]. Dies ist die Konsequenz aus dem Umstand, dass er „in equity" als Eigentümer des Trustgutes anzusehen ist. Dem Beneficiary obliegt es demnach auch, die Pflichten des Trustees durchzusetzen.

Eine Besonderheit ist die Möglichkeit des Beneficiary, die Herausgabe des Trustgutes auch dann zu verlangen, wenn es vom Trustee mit dessen Privatvermögen unzulässig vermengt oder vom Trustee pflichtwidrig veräußert wurde. In diesen Fällen wird dem Beneficiary ein Folgerecht („*Tracing*") konzediert, das es ihm ermöglicht, gegenüber dem Trustee Vermögenswerte herauszuverlangen, die dieser als Surrogat für Rechtspositionen aus dem Trustvermögen erlangt hat[48]. Der Herausgabeanspruch des Begünstigten im Wege des Tracings besteht darüber hinaus auch gegenüber Dritten, die Bestandteile des Trustvermögens bösgläubig oder unentgeltlich erworben haben[49]. Dies ist eine Folge aus dem Umstand, dass das Trustgut nach außen dem Rechtskreis des Beneficiary zuzuordnen ist.

Fällt der Trustee in Konkurs, ist der Beneficiary zur Aussonderung des Trustgutes berechtigt und zur Abwehr des Vollstreckungszugriffs der Gläubiger des Trustees berechtigt[50].

6. Heimatrechtliche Betrachtungskategorien

Der Frage, inwieweit der kategorische Einwand des BGH[51] hinsichtlich der Anerkennung bzw. der Umdeutung des Trusts in eine deutsche Treuhandbestellung in seiner Absolutheit aufrecht zu erhalten ist, wenn man den Trust vom sachenrechtlichen Standpunkt abstrahiert, wird noch zu einem späteren Zeitpunkt nachzugehen sein[52]. Die fortschreitende Entwicklung des Trusts zu einem juristischen Verwaltungsinstrument von Vermögensmassen bzw. Vermögensgesamtheiten auf den Kapitalmärkten, beinhaltet besondere Publizitätsregeln, die vom

---

[47] Hayton, The Law of Trusts, S. 164 ff; Hawkins, The Trust in English Law, S. 10/11.

[48] Haley/McMurtry, Equity and Trusts, S. 476, Rn. 17.39; zur "doctrine of tracing" vgl. auch Zweigert/Kötz, § 38 IV, S. 561/563 m.w.N.

[49] Watt, Trusts and Equity, S. 481, Staudinger/Dörner Art. 25 EGBGB, Rn. 407; die herauszugebenden Vermögensrechte werden beim Dritten zu einem Sondervermögen und sind demzufolge dem Zugriff seiner Gläubiger entzogen. Rechtstechnisch wird dies dadurch erreicht, dass das Common Law den schuldrechtlichen Herausgabeanspruch gegen den Dritten durch einen qua lege entstehenden „Constructive Trust" sichert und verstärkt, vgl. hierzu Haley/McMurtry, Equity and Trusts, S. 270, Rn. 10.14 ff.

[50] Vgl. Staudinger/Stoll, IntSachenR, Rn. 171.

[51] Vgl. Fn. 1.

[52] Vgl. hierzu auch Hansmann/Mattei, N.Y.U.L. rev. 73, 434, 442., sowie die Ausführungen zum Trustbegriff des HTÜ.

deutschen Dogma des Numerus Clausus der Sachenrechte in dessen Stringenz nicht umfasst werden.

Obgleich der Trust in den Civil Law Ländern in der oben aufgeführten Allgemeinheit nicht besteht, sind dessen Grundstrukturen jedoch auch dort in der Dogmatik zumindest mittelbar verankert[53]. Das faktische Bedürfnis einer möglichst individuellen und diversifizierten Allokation von Vermögensgesamtheiten ist dort schließlich identisch oder zumindest ähnlich, das zu deren Umsetzung nötige juristische Instrumentarium allerdings heterogener[54]: das dem Common Law entstammende eigentumsrechtliche Variantenspektrum[55] ist mittelbar im deutschen Privatrecht – wenn auch nur schuldrechtlich - im Rahmen des Grundsatzes der Vertragsfreiheit generierbar, sachenrechtlich aufgrund des numerus clausus ohnehin gar nicht erst möglich.

Darüber hinaus stellt sich die Frage, ob eine Adaption bzw. Integration des Trusts eine wichtige Lücke in deren Rechtsordnungen füllen würde oder ob eine derartige Adaption zwar eine Erleichterung in der juristischen Anerkennung gegenüber „Truststaaten" bewirkt, der juristische und dogmatische Gewinn für den Integrationsnehmer jedoch gering wäre[56].

7. Exkurs: Der Europäische Integrationsmotor

Eine Ursache des fortschreitenden Interesses der kontinentaleuropäischen Staaten mag einerseits die aus der Europäischen Gemeinschaft und deren Ziel der juristischen innergemeinschaftlichen Angleichung (vgl. Art. 65 EGV), rechtlich-normative, aber auch staatenpsychologisch mehr und mehr bestehende Bereitschaft sein, die Rechtsanwendung auch gegenüber Common Law Drittstaaten unter Einschluss derer Rechtsinstitute zu erleichtern. War eine Öffnung der Privatrechtsordnung und derer Rechtsinstitute noch vor zehn Jahren über Primär- und Sekundärrechtsakte der Gemeinschaft notwendiges Übel der europäischen Integration, hat das Bestehen der Möglichkeit und die faktische Inanspruchnahme supranationaler verbindlicher Rechtsetzung mit –im Falle einer Verordnung gem. Art. 249 Abs. 2 EGV- unmit-

---

[53] Hansmann/Mattei, N.Y.U.L. rev. 73, 434, 435.

[54] Vgl. Zweigert/Kötz, § 3 III, S. 36.

[55] So auch Klein, ZVglRWiss 101 (2002), 175, 178.

[56] Hansmann/Mattei, N.Y.U.L. rev. 73, 434, 435.

telbarer innerstaatlicher Wirkung als psychologischen Gegeneffekt das Besitzstanddenken der juristischen äußeren Integrität der nationalen Rechtsordnung dahingehend abgeschwächt, dass die einzelnen Mitgliedsstaaten auch der Adaption fremder, gar dem Common Law entspringender Rechtserscheinungen, sofern diese nicht gegen zwingende innerstaatliche Grundsätze verstoßen, offener gegenüberstehen.

Andererseits ist eine steigende Nachfrage in Kontinentaleuropa nach Rechtsinstituten zu verzeichnen, um modernen ökonomischen Entwicklungen ein „juristisches Kleid" geben zu können. Die Verwaltung von Vermögensmassen jedweder Art, sei es zu testamentarischen Zwecken zur innerfamiliären Vermögensweitergabe[57], oder im kapitalmarktrechtlichen Bereich in Form von Renten- oder Pensionsfonds sind hierfür exemplarisch anzuführen. Auf die Rolle, aber auch auf die Grenzen des „Europäischen Integrationsmotors wird im Laufe der Arbeit noch eingegangen.

II. Trust – Treuhand – fiducia

Im Privatrecht existieren Rechtsgestaltungen, die allseits wiederkehrenden Bedürfnissen entsprechen und daher in allen entwickelten Rechtssystemen vorkommen[58]; dies impliziert freilich nicht, dass diese in den unterschiedlichen Rechtssystemen auch identisch normiert sind[59]. Vergleichbar und ähnlich sind sie allemal.
Der angelsächsische Trust, die deutsche Treuhand und deren Vorläufer und *spiritus rector*, die römisch-rechtliche fiducia, entstammen allesamt dem gleichen grundlegenden Bedürfnis und verfügen über die gleichen rechtlichen Grundbausteine: Im Rahmen eines besonderen Treue- und Vertrauensverhältnisses werden einer Person Vermögenswerte übertragen, sodass diese die ihr anvertrauten Rechtspositionen rechtlich und im Außenverhältnis als eigene hält und verwaltet, sie deren Rechtsstellung jedoch im Interesse anderer begünstigter Personen oder für objektive Zwecke auszuüben hat[60]. Die fiducia, die maßgeblich die Entwicklung des modernen deutschen Treuhandbegriffes beeinflusste[61], begründete eine zu Gunsten des Ver-

---

[57] Vgl. Hansmann/Mattei, N.Y.U.L. rev. 73, 434, 436.

[58] Coing, Die Treuhand kraft privaten Rechtsgeschäfts, S. 1.

[59] Coing, Die Treuhand kraft privaten Rechtsgeschäfts, S. 1.

[60] Coing, Die Treuhand kraft privaten Rechtsgeschäfts, S. 1.

[61] Coing, Die Treuhand kraft privaten Rechtsgeschäfts, S. 15.

tragspartners oder eines Gläubigers determinierte und inhaltlich qualifizierte Eigentümerstellung[62]. Hierbei kam es ähnlich wie beim Trust zu einer Aufspaltung hinsichtlich „Titel“ und „Nutzungsbefugnis“ an der jeweiligen Sache, wobei letzte wiederum im Interesse des Titelinhabers zu erfolgen hatte[63]. Der grundlegende Unterschied gegenüber dem Trust besteht darin, dass dieser im Gegensatz zur „interpersonalen“ fiducia, in seinem Bestand von den beteiligten Personen unabhängig ist.

Im Gegensatz zum Trust und seiner Eigentumsspaltung, kennt eine Treuhandbestellung nach deutschem Recht[64] für den Treugeber keine Verdinglichung der Rechtsinhaberschaft. Der Anspruch des Treugebers gegen den Treuhänder ist nur schuldrechtlicher Natur, der Treuhänder hingegen wird zum Volleigentümer der ihm übertragenen Vermögensgegenstände[65]. Zur Geltendmachung dinglicher Ansprüche gegenüber Dritten ist der Treugeber nach erfolgter Übertragung daher nicht mehr aktivlegitimiert. Auf das Wesen der deutschen Treuhand wird im Sechsten Teil der Untersuchung noch einzugehen sein; festzuhalten bleibt allerdings bereits jetzt, dass eine Vergleichbarkeit des Trusts mit der deutschen Treuhand aufgrund der gegebenen Dichotomie hinsichtlich dinglicher und schuldrechtlicher Ausgestaltung zwar de lege lata ausscheiden muss, dieses Ergebnis jedoch kein absolutes Hindernis bei der Frage einer möglichen funktionellen Assimilierung beider Rechtsinstitute darstellt; Trust und Treuhand dienen schließlich ähnlichen Zwecken, obgleich sie in der technischen Ausgestaltung der juristischen Vehikel differieren[66].

Der Wunsch nach Anpassung und Vereinfachung der lateralen Anerkennung dieser unterschiedlichen rechtstechnischen Ausgestaltungen bei einem iure commune identischem oder zumindest ähnlichem Regelungsbedürfnis in den Common Law und Civil Law Ländern, hat

---

[62] Vgl. ausführlich Helmholz/Zimmermann/Johnston, Trusts and Trust-like Devices in Roman Law, Itinera Fiduciae, S. 52; im ersten Falle sprach man von der „fiducia cum amico“, im letzteren von einer „fiducia cum creditore“.

[63] Helmholz/Zimmermann/Johnston, Trusts and Trust-like Devices in Roman Law, Itinera Fiduciae, S. 52.

[64] Zu deren Dogmatik ausführlich, Coing, Die Treuhand kraft privaten Rechtsgeschäfts, S. 85 ff., sowie die Ausführungen im Sechsten Teil unter A. II.; zur Rechtshistorie, vgl. Helmholz/Zimmermann/Scherner, Formen der Treuhand im alten deutschen Recht, Itinera Fiduciae, S. 237 ff.

[65] Vgl. Klein, ZVglRWiss 101 (2002), 175, 188; RGZ 153, 369: „Die Verpflichtung des Treuhänders, nur in bestimmter Weise über das Treugut zu verfügen, ist lediglich schuldrechtlicher Natur, ebenso seine Verpflichtung, das Treugut nach Beendigung des Treuhandverhältnisses zurückzuübertragen“.

[66] Vgl. Helmholz/Zimmermann/Grundmann, Itinera Fiduciae, The Evolution of Trust and Treuhand in the 20th Century, S. 469.

in letzter Zeit auf dem Kontinent zu einer Vielzahl -in ihrer Intensität differierender- Integrationsmaßnahmen des Trusts in das jeweilige Heimatrecht geführt.
Ein nunmehr schon über zwanzig Jahre altes „Relikt" dieser Integrationsbemühungen ist das im Rahmen der Haager Konferenz für IPR im Jahre 1984 ausgearbeitete „Haager Übereinkommen über das auf Trusts anzuwendende Recht und über ihre Anerkennung vom 1. Juli 1985". Trotz des fortgeschrittenen Alters, erfreut sich dieses, wie die Untersuchung noch zeigen wird, aktuell einer nicht unbedeutenden Dynamik. An dieser Stelle sollen die Grundzüge des Abkommens vorangestellt werden; darüber hinaus wird darauf wiederum im komparativen Kontext bei den einzelnen Vergleichsrechtsordnungen eingegangen werden.

B. Das Haager Trustübereinkommen (HTÜ)

Das Haager Übereinkommen über das auf Trusts anzuwendende Recht und über ihre Anerkennung[67] („Convention relative à la loi applicable au trust et à sa reconnaissance"), kurz Haager Trustübereinkommen oder HTÜ ist ein Produkt der gleichnamigen Konferenz[68] zur Vereinheitlichung der Regeln des Internationalen Privatrechts, der gegenwärtig 67 Staaten angehören (Stand: 1. Juli 2007). Die Unterzeichnung und spätere Ratifizierung von der Haager Konferenz erarbeiteter Regelungswerke ist jedoch, wie das Beispiel von Liechtenstein zeigen wird, nicht an eine Mitgliedschaft in der Haager Konferenz selbst geknüpft.

I. Inhalt und Regelungsgegenstand

1. Vorarbeiten

Anlässlich der XV. Tagung der Haager Konferenz wurde vom 8. bis 20. Oktober 1984 in Den Haag unter dem Vorsitz von Prof. Schultsz, Amsterdam, ein Übereinkommensentwurf über das auf Trusts anzuwendende Recht und über ihre Anerkennung ausgearbeitet[69]. Grundlagen der Beratungen waren der Vorentwurf eines Übereinkommens, der zuvor in mehreren Sitzun-

---

[67] Deutsche Übersetzung bei Pirrung, IPRax 1987, 55-58 und im Anhang; französischer und englischer Wortlaut in RabelsZ 50 (1986) 698.

[68] Statut der Haager Konferenz vom 15. Juli 1955, online abrufbar unter http://www.hcch.net/index_en.php?act=conventions.text&cid=29.

[69] Pirrung, IPRax 1987, 52; vgl. auch zur Entwicklung Harris, The Hague Trusts Convention, S. 86 ff.

gen einer Sonderkommission erarbeitet worden war, und ein Bericht dazu von Prof. von Overbeck, Fribourg/Lausanne, sowie die Stellungnahmen der Mitgliedsstaaten[70].

2. Grundzüge des HTÜ

Das HTÜ hat innerhalb der übrigen Haager Konventionen insoweit eine Sonderrolle, als dass ihm die schwierige Aufgabe zukommt, eine Rechtsfigur zu regeln, welche in den Common Law Staaten bekannt ist und in der täglichen Rechtspraxis fortwährend zu Anwendung gelangt, wohingegen dies in der Mehrheit der Civil Law Staaten nicht der Fall ist, da diese den Trust nicht kennen und mit ihm im bloß innerstaatlichen Rechtsverkehr auch nicht in Berührung kommen[71]. Diesen Zwiespalt zu lösen, ist daher eine wesentliche Aufgabe der Konvention, indem ihr eine gewisse regulatorische Nachsicht über mögliche Vorbehaltserklärungen zugunsten der Staaten, welche über kein Trustrecht verfügen, immanent ist.
Aus der unterschiedlichen faktischen Ausgangslage des trustrechtlichen status quo in den einzelnen Staaten ergibt sich folglich eine differierende Interessenlage, die es zu balancieren, Aufgabe des Übereinkommens ist. Für Truststaaten ist zuvorderst die Anerkennung unter ihrer Rechtsordnung errichteter Trusts in den Ländern, welchen diese Rechtsinstitution unbekannt ist, ein Anliegen[72]. Durch die Anerkennung eines Trusts im Ausland werden somit die Gestaltungsmöglichkeiten ihrer Rechtsanwender erhöht, da sich diese darauf verlassen können, ihre Rechtsfigur auch in Civil Law Staaten anerkannt zu wissen. Demgegenüber ist die Motivationslage der Civil Law Staaten, dem HTÜ beizutreten, weit weniger evident, befürchten diese doch größtenteils, dass die Integrität ihrer Rechtsordnung durch eine „Infiltration" mit dem Trust Schaden nehmen könnte. Diese Befürchtung ist allerdings insoweit unbegründet, da die Trustkonvention zu keiner unmittelbaren Integration des Trusts in die Rechtsordnung des jeweiligen Ratifizierungsstaates führt, sondern hingegen allein Regeln für die nationalen Gerichte und Rechtsanwender aufstellt, nach welchen die für sie fremde Rechtsfigur juristisch zu handhaben ist. Dies ist für diese Staaten umso bedeutender, da sie mangels materiellen Trustrechts in der Regel auch über kein den Trust betreffendes Kollisionsrecht verfü-

---

[70] Pirrung, IPRax 1987, 52, 53; vgl. im einzelnen von Overbeck Report, Ziff. 1 bis 10.

[71] Von Overbeck Report, Ziff. 12; vgl. auch Harris, The Hague Trusts Convention, S. 83 ff, S. 90 ff.; einer der wichtigsten Ausnahmen ist insoweit Liechtenstein, vgl. die Ausführungen im Dritten Teil.

[72] Daneben sind für die Truststaaten wohl auch die internationalenprivatrechtlichen Kollisionsregeln des HTÜ im Rechtsverkehr mit anderen Truststaaten von Interesse, da deren nationales Kollisionsrecht in dieser Regelungsmaterie oft differiert, vgl. von Overbeck Report, Ziff. 14.

gen. Diese Rechtsunsicherheit zu kompensieren, mag also für die Civil Law Staaten ein Motiv für einen Beitritt zum HTÜ sein.

3. Anwendungsbereich des HTÜ

a) Grundlagen

Das erste Kapitel legt den Anwendungsbereich des Übereinkommens fest. Der Regelungsgegenstand des HTÜ und somit dessen Hauptziel sind ausweislich des Art. 1 das auf Trusts anwendbare Recht und deren Anerkennung. Die Frage des auf Trusts anwendbaren Rechts, also die verbindliche Normierung kollisionsrechtlicher Vorschriften, tritt vor allem bei Civil Law Staaten in den Vordergrund, welche über derartige Vorschriften in der Regel nicht verfügen dürften[73]. Der Begriff des „auf Trusts anwendbaren Rechts" impliziert zugleich, dass die Konvention kein materielles Trust- (Sach-) recht normieren will, sondern nur kollisionsrechtliche Grundsätze festlegt, die zum materiellen innerstaatlichen Recht führen. Die Anerkennung eines Trusts befasst sich indes damit, dass einem Trust in einem Konventionsstaat faktische Wirkung zukommt[74].

Bestimmungen über behördliche Zuständigkeiten oder die Anerkennung ausländischer Entscheidungen fehlen indessen in der Konvention[75].

Art. 2 bezeichnet den Trust i.S.d. Übereinkommens als rechtsgeschäftliche[76] Vermögensunterstellung durch Rechtsgeschäft unter Lebenden oder für den Todesfall von einem Begründer unter die Aufsicht eines Trustee zugunsten eines Begünstigten oder zu einem bestimmten Zweck[77]. Alle am Trust beteiligten Personen können sowohl natürliche wie auch juristische Rechtssubjekte sein[78].

[73] Von Overbeck Report, Ziff. 28.

[74] Vgl. hierzu von Overbeck Report, Ziff. 30: der Begriff der „Anerkennung" war in den Vorarbeiten zur Konvention aufgrund seiner terminologischen Nähe zur Anerkennung gerichtlicher Entscheidungen und der in deren Folge nötigen innerstaatlichen Exequatur (vgl. Harris, The Hague Trusts Convention, S. 101) nicht unumstritten. Anstatt von „Anerkennung" sollte daher der Terminus „Wirkungen von Trusts" aufgenommen werden.

[75] Vgl. Mayer, DST 2006, 676.

[76] Die mögliche Erweiterung auf durch gerichtliche Entscheidung errichtete Trusts steht jedem Vertragsstaat frei, Art. 20 HTÜ.

[77] Die Unterstellung für einen bestimmten Zweck orientiert sich insofern am angelsächsischen „Charitable Trust".

[78] Von Overbeck Report, Ziff. 41.

Art. 2 Abs.2 lit. a präzisiert den Trust insoweit, dass das Trustvermögen ein *getrenntes Sondervermögen* („separate fund"/ „masse distincte") darstellt und nicht Bestandteil des persönlichen Vermögens des Trustees wird. Die Rechte in Bezug auf das Trustvermögen lauten auf den Namen des Trustee oder auf eine andere Person in dessen Vertretung (Art. 2 Abs. 2 lit. b). Schließlich werden die Treupflichten des Trustees aufgeführt und klargestellt, dass der Trustee diese nach den Bestimmungen der Trusturkunde und den jeweiligen gesetzlichen Bestimmungen zu verwalten hat, Art. 2 Abs. 2 lit. c HTÜ.
Entgegen seines Aufbaus soll Art. 2 HTÜ den Trustbegriff nicht definitorisch festlegen, sondern die Charakteristika aufführen, welche ein Trust des Common Law *oder eine entsprechende Rechtsinstitution*[79] eines anderen Landes aufweisen muss, um unter die Trustkonvention zu fallen[80]. Gleichwohl ergeben sich aus den Artt. 2, 8 und 11 bestimmte trustcharakterisierende Elemente.

b) Anwendbarkeit des HTÜ auf die fiduziarische Treuhand?

In diesem Zusammenhang stellt sich die Frage, inwieweit bzw. ob auch die kontinentalen Treuhandrechte, allen voran die deutsche Treuhand als entsprechende Rechtsinstitution („analogous institution"/ „institution analogue") im Sinne des Übereinkommens vom Trustbegriff des Art. 2 HTÜ erfasst werden können[81]. Unter Art. 2 Abs. 1 HTÜ ließen sich die bekannten fiduziarischen Treuhänderschaften subsumieren, da sie durch Rechtsgeschäft in der Absicht begründet werden, Vermögen zu Gunsten eines Begünstigten oder für einen bestimmten Zweck der Kontrolle eines Treuhänders zu unterstellen. Auch erfüllen die kontinentalen Treuhänderschaften der Vergleichsrechtsordnungen die in Art. 2 Abs. 2 litt. b) und c) HTÜ geforderten Eigenschaften. Entscheidend ist demzufolge die Frage, ob die jeweiligen Treuhandrechte ein echtes getrenntes Sondervermögen i.S.d. Art. 2 Abs. 2 lit. a HTÜ generieren oder nicht.

---

[79] Die Geltung des HTÜ für „entsprechende Rechtsinstitutionen" war anfangs nicht intendiert, setzte sich aber im Laufe der Verhandlungen durch. Die Gegner dieser Ausweitung verweisen in diesem Rahmen auf den Wortlaut der Präambel, wonach der „Trust, wie er von den Gerichten des Billigkeitsrechts in den Ländern des Common Law entwickelt und mit einigen Änderungen in andere Länder übernommen wurde, ein *einzigartiges Rechtsinstitut* ist". Diese Einzigartigkeit wird ihrer Ansicht nach zu Lasten einer Konturenlosigkeit in der Begriffsbildung aufgelöst, vgl. Harris, The Hague Trusts Convention, S. 112 m.w.N.

[80] Von Overbeck Report, Ziff. 36.

[81] Vgl. hierzu von Overbeck Report, Ziff. 26.

Dieses konstitutive Kriterium einer obligatorischen „Vermögenssegregation" in Eigenvermögen des Trustees und Sondervermögen unterscheidet den Trust in der Regel von reinen Vertragsverhältnissen. Dennoch kann beispielsweise auch bei der deutschen Treuhand das Treuhandvermögen ein Sondervermögen darstellen. Dies gilt indes nur unter den engen Voraussetzungen des Unmittelbarkeitsprinzips, welches nur unmittelbar vom Treugeber an den Treuhänder übertragenes Treugut dem Vollstreckungszugriff der Gläubiger des Treuhänders entzieht[82]. Eine solche Einschränkung ist mit dem unbedingten Wortlaut des Übereinkommens im Ergebnis wohl nicht zu vereinbaren. Gleiches gilt für die bisherige Rechtslage in der Schweiz, nach derer die Klassifizierung des Treuhandvermögens als Sondervermögen bestimmten –zur deutschen Rechtslage entgegengesetzten- Beschränkungen unterworfen ist. Anders ist diese Frage beim neuen Treuhandrecht Frankreichs, sowie in Liechtenstein zu beantworten. Hierbei soll jedoch auf die dortigen Ausführungen verwiesen werden.

c) Schranken

Artikel 3 HTÜ beschränkt den Anwendungsbereich auf freiwillig errichtete und schriftlich bestätigte Trusts. Trusts, welche durch gerichtliche Entscheidung oder „by operation of law" entstehen, fallen deshalb aus der Konvention heraus[83].

Das Übereinkommen ist nach Art. 5 nicht anzuwenden, soweit das nach ihm bestimmte Recht Trusts überhaupt nicht kennt oder für die jeweilige Art von Trusts keine Vorschriften enthält[84]; vom Anwendungsbereich ebenso ausgeschlossen sind Vorfragen zur Gültigkeit von Rechtsgeschäften, in denen Trust-Bestimmungen enthalten sind bzw. welche den Übertragungsakt des Trustvermögens selbst zum Inhalt haben (Art. 4).
Jedoch fordert das Übereinkommen *erga omnes* auch dann seine Geltung, wenn das anzuwendende Recht das Recht eines Nichtvertragsstaats ist[85]. Praktisch bedeutet dies, dass ein

---

[82] Vgl. dazu die Ausführungen im Sechsten Teil unter A. II. 7. a) aa).

[83] Zu den vom HTÜ erfassten Trustformen vgl. Harris, The Hague Trusts Convention, S. 124 ff. Die Mitgliedstaaten können jedoch nach Art. 20 HTÜ erklären, dass die Konvention auch auf gerichtlich errichtete Trusts Anwendung finden soll. Eine derartige Erklärung hat beispielsweise Monaco abgegeben.

[84] Vgl. Pirrung, IPRax 1987, 52, 53; in der Praxis wird dies jedoch tatsächlich selten der Fall sein, da ein settlor wohl kaum eine derartige Rechtsordnung wählen wird bzw. daneben die objektive Anknüpfung nach Art. 6 und 7 HTÜ in Betracht kommt, vgl. von Overbeck Report, Ziff. 61.

[85] Harris, The Hague Trusts Convention, S. 93; Pirrung, IPRax 1987, 52, 53; Mayer, DST 2006, 676; Baur, Jus&News 2003, 263, 265.

Vertragsstaat des HTÜ einen Trust auch dann anzuerkennen verpflichtet ist, wenn dieser unter der Rechtsordnung eines Nichtvertragsstaates errichtet wurde. Freilich ist hier terminologisch genau zwischen anwendbaren Recht und der Anerkennung eines Trusts zu differenzieren. Obgleich dies in Kapitel I nicht expressis verbis normiert ist, ergibt sich diese Folge im Umkehrschluss aus Art. 21 des Übereinkommens, wonach sich jeder Vertragsstaat das Recht vorbehalten kann, die Anerkennungsbestimmungen des Kaptitel III nur auf Trusts anzuwenden, deren Gültigkeit dem Recht eines Vertragsstaats unterliegt. Ohne einen dementsprechenden Vorbehalt findet das HTÜ somit im Regelfall auch gegenüber Trusts aus Nichtvertragsstaaten Anwendung. Ein weiteres Argument für diese Auslegung ist der Umstand, dass Art. 1 HTÜ, der die materielle Reichweite der Konvention antizipiert, keinen Hinweis auf die Vertragsstaaten enthält[86].

Die Vorbehaltmöglichkeit erlaubt es, die wesentlichen Wirkungen des HTÜ auf das Verhältnis zu Vertragsstaaten zu beschränken[87]. Einem Staat wie Deutschland gäbe dies bei einer hypothetisch gedachten Ratifikation die Möglichkeit, die Folgen zumindest hinsichtlich der Überschaubarkeit der Wirkungen von Trusts auf die Vertragsstaaten zu beschränken[88]. Darüber hinaus hat ein Staat die Möglichkeit, gegen den Beitritt eines anderen Staates Einspruch zu erheben, Art. 28 Abs. 3 HTÜ.

4. Kollisionsrecht

Kapitel II regelt das Kollisionsrecht für Trusts. Gemäß Art. 6 untersteht der Trust, dem Grundsatz der internationalprivatrechtlichen Parteiautonomie folgend, dem vom Begründer (Settlor) gewählten Recht. Die Rechtswahl muss ausdrücklich sein oder sich, soweit erforderlich durch Auslegung, aus den Bestimmungen des Errichtungsgeschäfts / der Trusturkunde ergeben.

Fehlt eine Rechtswahl oder geht sie ins Leere, weil das gewählte Recht keine Vorschriften über die betreffende Art von Trusts kennt, kommt subsidiär die objektive Anknüpfung des Art. 7 HTÜ zu dem Recht, mit dem der Trust die engsten Verbindungen aufweist, zur Anwendung.

---

86 Vgl. Gutzwiller, Trustrecht, Art. 1, Rn. 1-9.

87 Pirrung, IPRax 1987, 52, 53.

88 Vgl. Pirrung, IPRax 1987, 52, 53.

Art. 7 Abs. 2 litt. a-d normieren hierfür bestimmte, nicht abschließende Beispiele für bei der Beurteilung der engsten Verbindung heranzuziehende Anknüpfungsmomente: Verwaltungsort des Trusts, Belegenheitsort des Trustvermögens, Aufenthalts- oder Niederlassungsort des Trustees sowie den Trustzweck und dessen Erfüllungsort. Der reine Wortlaut des Normtextes spricht dafür, dass diese gleichgewichtig nebeneinander stehen, inhaltlich-normativ ist allerdings eher von einer Rangordnung der Anknüpfungsmomente auszugehen[89]. Das in den Artt. 7 ff. HTÜ normierte Kollisionsrecht gilt ohne Differenzierung für Trusts unter Lebenden (Inter Vivos) und für von Todes wegen errichtete Trusts. Es handelt sich mithin um eine *einheitliche Kollisionsnorm.*

Das schließlich bestimmte Sachrecht – alle Verweisungen sind Sachnormverweisungen (Art. 17) – regelt, wie Art. 8 klarstellt, die Gültigkeit und die Auslegung, die Wirkungen und die Verwaltung des Trusts. Insbesondere regelt das Truststatut (Art. 8 Abs. 2 litt. a bis j), wobei dies nicht abschließend ist[90]:

- die Ernennung, den Rücktritt und die Abberufung von Trustees, die Fähigkeit, als Trustee zu handeln, und die Übertragung von Aufgaben eines Trustees;
- die Rechte und Pflichten von Trustees untereinander;
- das Recht von Trustees, die Wahrnehmung ihrer Pflichten oder die Ausübung ihrer Befugnisse ganz oder teilweise zu übertragen;
- die Befugnis von Trustees, das Vermögen des Trusts zu verwalten, darüber zu verfügen, daran Sicherungsrechte zu begründen oder neues Vermögen zu erwerben;
- die Befugnisse von Trustees, Investitionen vorzunehmen;
- Beschränkungen in Bezug auf die Dauer des Trusts und in Bezug auf die Befugnis, aus den Einkünften des Trusts Rückstellungen zu bilden;
- die Beziehung zwischen den Trustees und den Begünstigten, einschließlich der persönlichen Haftung des Trustees gegenüber den Begünstigten;
- die Änderung oder Beendigung des Trusts;
- die Verteilung des Vermögens des Trusts sowie
- die Verpflichtung von Trustees, über ihre Verwaltung Rechenschaft abzulegen.

---

[89] Steinebach, RIW 1986, 1, 2; von Overbeck Report, Ziff. 72.

[90] Von Overbeck Report, Ziff. 81.

Art. 9 HTÜ widmet sich schließlich der sog. „dépeçage"[91] und ermöglicht es beispielsweise, die Verwaltung eines Trusts einem anderen Recht zu unterstellen, als dem Recht, nach dem er errichtet wurde. Voraussetzung hierfür ist, dass es sich um einen abtrennbaren Teilbereich handelt.

5. Anerkennung

Regelungsinhalt von Kapitel III ist die Anerkennung, d.h. gem. Art. 11 Abs. 1 S. 2 vor allem die gegenseitige Sicherung der Wirkungen von Trusts. Ein Trust, welcher nach den Vorschriften des anzuwendenden Rechts des HTÜ errichtet worden ist, ist innerhalb der Vertragsstaaten auch als Trust anzuerkennen[92]. Dies gilt uneingeschränkt und auch dann, wenn die aufgrund der Unterzeichnung zur Anerkennung verpflichtete Rechtsordnung den Trust nicht kennt. Eine Substitution oder Umdeutung in sonstige inländische, funktionsäquivalente Rechtsfiguren ist nicht zulässig bzw. redundant[93].

Nach Art. 11 Abs. 2 HTÜ hat die Anerkennung bestimmte Mindestwirkungen zur Folge. Dies betrifft vor allem die Separierung des Trustvermögens als ein vom persönlichen Vermögen des Trustees getrenntes Sondervermögen, wodurch die laterale Behandlung des Trusts als sonderrechtsfähiges Gebilde abgesichert wird[94].

Der Trustee muss darüber hinaus für das Trustgut Prozesse führen und vor Notaren und Behörden auftreten können. Weiter muss vorgesehen sein, dass den Gläubigern des Trustees der Vollstreckungszugriff auf das Trustvermögen verwehrt ist, Art. 11 Abs. 3 lit. b HTÜ. Einschränkungen, wie sie das deutsche Recht mit dem Unmittelbarkeitsprinzip[95] oder das schweizerische Recht[96] aufstellen, sieht die Vorschrift indes nicht vor.

Schließlich muss die Vindikation des Trustgutes sichergestellt sein, wenn es vom Trustee unter Verletzung der sich aus der Trusturkunde ergebenen Verpflichtungen mit eigenem Ver-

---

[91] Diese wird unter dem Begriff der Teilfrage diskutiert, wonach ein Vertrag, der Berührungspunkte zu mehreren Rechtsordnungen aufweist, in Einzelfragen aufgespaltet wird, vgl. hierzu Harris, The Hague Trusts Convention, S. 233 f.; Kropholler IPR, S. 131.

[92] Art. 11 Abs. 1 HTÜ.

[93] Ein Beispiel für die Umdeutung bzw. Aufspaltung eines Trusts in inländische Rechtsinstitute ist die Handhabung des Trusts im sog. Harrison-Urteil des Schweizerischen Bundesgerichtes, vgl. BGE 96 II 93. Mit der Ratifikation des HTÜ durch die Schweiz hat sich dies allerdings erübrigt.

[94] Pirrung, IPRax 1987, 52, 54 m.w.N.

[95] Vgl. Sechster Teil, A. II. 7. a) aa).

[96] Vgl. Erster Teil, B. I. 4. a) aa).

mögen vermischt oder veräußert wurde, Art. 11 Abs. 3 lit. d HTÜ. Die Konvention folgt hierbei den Grundsätzen, welche im Common Law unter dem Stichwort des „Tracing" verstanden werden[97]. Für die Frage der Rechte und Pflichten gegenüber Dritterwerbern, insbesondere ob diese das Trustgut gutgläubig erwerben konnten oder nicht, sollen jedoch die Vorschriften des Staates Anwendung finden, die nach dem Kollisionsrecht des Forumstaates anwendbar sind. Im Ergebnis führt dies praktisch zu einem Vorrang der lex rei sitae[98].

Art. 12 legt die Befugnis des Trustees fest, soweit dies mit dem Recht des Eintragungsstaates nicht unvereinbar ist, Trustvermögen in öffentliche und private Register einzutragen. Mit Hilfe dieser Norm sollen die Eigenheiten eines Trusts bei der Eintragung in derartige Register wie z.B. Grundbücher, Pfandrechtsregister, etc. berücksichtigt werden. Einem Trustee muss es folglich möglich sein, bewegliche oder unbewegliche Vermögenswerte in seiner Funktion als Trustee eintragen zu lassen; sieht das jeweilige inländische Recht dies nicht vor, muss es dafür Sorge tragen, dass seine Eigenschaft anderweitig aus dem Verzeichnis hervorgeht[99].

Von Bedeutung ist weiter Art. 13 des Übereinkommens, wonach kein Staat verpflichtet ist, einen Trust anzuerkennen, dessen wesentliche Elemente mit einem Staat ohne Trustrecht verbunden sind und die nur durch eine Rechtswahl ohne sonstigen Zusammenhang mit dem gewählten Recht oder durch die Trustverwaltung Bezüge zu einem Trustrecht-Staat haben[100]. Diese materielle Schutznorm zugunsten Staaten ohne Trustrecht soll verhindern, dass das Recht eines Staates, der den Trust bis dato nicht kennt, über die Hintertür des Abkommens um einen solchen „bereichert" wird bzw. diesen anzuerkennen verpflichtet ist[101], indem ein Staatsangehöriger eines Nicht-Truststaates in einem Truststaat einen Trust gründet, welcher von einem dort ansässigen Trustee verwaltet wird, obwohl eine engere Verbindung zum Nicht-Truststaat besteht, weil sich beispielsweise das Trustvermögen, der Settlor und die Beneficiaries dort befinden[102].

---

[97] Harris, The Hague Trusts Convention, S. 321; vgl. oben die Ausführungen zum sog. Tracing, welches nach Common Law dem Beneficiary zusteht.

[98] Wittuhn, IPR des Trusts, S. 154.

[99] Von Overbeck Report, Ziff. 119.

[100] Pirrung, IPRax 1987, 52, 54.

[101] Steinebach, RIW 1986, 1, 4.

[102] Vgl. dazu auch von Overbeck Report, Ziff. 131.

6. Allgemeine Bestimmungen und Schlussvorschriften

a) Allgemeines

Die allgemeinen Bestimmungen des Kapitel IV enthalten Einschränkungs- aber auch Erweiterungsmöglichkeiten (Art. 20[103]) des Anwendungsbereichs des HTÜ durch Erklärungen und Vorbehalte. Art. 23 stellt eine Sonderegelung für Partikularrechtsstaaten dar, wohingegen sich in Art. 18 der für internationale Abkommen typische ordre public – Vorbehalt finden lässt. Aus praktischer Sicht wichtig ist zudem Art. 19 HTÜ, wonach steuerrechtliche Befugnisse der Mitgliedsstaaten vom Abkommen ausdrücklich unberührt bleiben.
Die Schlussbestimmungen finden sich im Kapitel V und enthalten Regelungen zur Unterzeichnung, zur Ratifikation und zu Fristen.

b) Vorbehalt nach Art. 15 HTÜ

Einen Vorbehalt besonderer Art enthält Art. 15 Abs. 1 HTÜ zugunsten der zwingenden Bestimmungen des anzuwendenden Sachrechts[104]. Exemplarisch gilt dies insbesondere für Bestimmungen auf dem Gebiet des Minderjährigenschutzes und des Schutzes Handlungsunfähiger, der persönlichen und vermögensrechtlichen Ehewirkungen, des Erb-, Testaments- und Pflichtteilsrechts, des Sachenrechts, sowie des Gläubigerschutzes und des Gutglaubensschutzes des Rechts, auf welches das internationale Privatrecht des Forumstaates verweist. Die oben angesprochenen dinglichen Wirkungen des Trusts gegenüber Dritten treten demnach beispielsweise dann nicht ein, wenn das nationale Sachenrecht dem entgegensteht. Ein großer Teil der aufgeführten Rechtsfragen kann jedoch ohnehin als Vorfragen betrachtet werden, die das Truststatut gar nicht erfasst[105].

Sollte Art. 15 Abs. 1 allerdings der Anerkennung eines Trusts entgegenstehen, ist das Gericht gehalten, die Zwecke des Trusts, nach dem Grundsatz des favor negotii, mit anderen rechtli-

---

[103] Art. 20 eröffnet die Anwendungsmöglichkeit des HTÜ auch auf durch gerichtliche Entscheidung errichtete Trusts.

[104] Art. 15 Abs. 1 HTÜ erwähnt die „Bestimmungen des Rechts“; nach Art. 17 HTÜ sind damit jedoch die in einem Staat geltenden Normen unter Ausschluss der Kollisionsnormen gemeint.

[105] Mayer, DST 2006, 676, 678; vgl. auch unten zur Ratifizierung der Schweiz: Erster Teil, B. II. 3. a) bb).

chen Mitteln im Wege der geltungserhaltenden Reduktion[106] zu verwirklichen (Art. 15 Abs. 2). Im Ergebnis stellt Art. 15 HTÜ zwar eine zunächst starre Schranke eines allzu intensiven Einbruchs der Trustwirkungen in die jeweilige Kernstruktur des Heimatrechts dar, der gegenüber der aus Art. 11 HTÜ folgende Anerkennungsbefehl gleichwohl zu respektieren ist.

II. Ratifizierungsprozess in Europa

Zum gegenwärtigen Zeitpunkt haben 15 Staaten das HTÜ unterzeichnet[107], von denen allerdings Frankreich, die USA und Zypern das Übereinkommen noch nicht ratifiziert haben. Italien, Luxemburg und die Niederlande haben die Konvention am 1. Juli 1985 als erste Staaten gezeichnet. Zuerst ratifiziert wurde es von Australien, Italien und vom Vereinigten Königreich, sodass es gem. Art. 30 HTÜ am 1. Januar 1992 in Kraft trat[108].

Bei unseren Vergleichsrechtsordnungen stellt sich der Adhäsionsprozess zum gegenwärtigen Zeitpunkt überblicksartig wie folgt dar:

Frankreich hat als Civil Law Staat schlechthin, die Konvention bereits zu einem sehr frühen Zeitpunkt unterzeichnet (26. November 1991). Hierbei ist freilich zu berücksichtigen, dass nur Italien als Vertreter des Civil Law Rechtskreises auch zu den Ratifizierungsinitiatoren zu zählen ist; für die Niederlande ist das HTÜ am 1. Februar 1996 in Kraft getreten, das Großherzogtum Luxemburg ließ sich gar bis zum 16. Oktober 2003 Zeit, um es zu ratifizieren, so dass es dort am 1. Januar 2004 in Kraft treten konnte. Eine Ratifizierung durch Frankreich steht, wie gesagt, immer noch aus. In der Schweiz ist das HTÜ mit Wirkung zum 1. Juli 2007 in Kraft getreten. Liechtenstein hat, wie bereits oben ausgeführt als einziger Nichtvertragsstaat[109] der Haager Konvention das Übereinkommen am 1. März 2006 ratifiziert, sodass das Inkrafttreten am 1. April desselben Jahres erfolgen konnte. Auch hier ist auf unten zu verwei-

---

[106] A.A. nach sind hierbei Überlegungen wie bei dem internationalprivatrechtlichen Institut der Anpassung anzustellen, vgl. Pirrung, FS Heldrich, 925, 930; nach Ansicht von Kötz dient Art. 15 II dem Richter als Mittel, trustrechtlich geprägte Begriffe in die nationale Rechtsterminologie zu transformieren, vgl. Kötz, RabelsZ 50 (1986), 562, 582.

[107] Australien, China, Frankreich, Italien, Kanada, Liechtenstein, Luxemburg, Malta, Monaco, Niederlande, San Marino, Schweiz, UK, USA und Zypern.

[108] Vgl. die Übersicht unter http://www.hcch.net/index_fr.php?act=conventions.status&cid=59#legend.

[109] Neben San Marino, das ebenso nicht der Haager Konferenz angehört, das HTÜ aber mit Wirkung zum 1. August 2006 ratifizierte; vgl. http://www.hcch.net/index_en.php?act=conventions.status&cid=59.

sen. Das HTÜ wurde schließlich von Monaco am 1. Juni 2007 unterzeichnet und wird zum 1. September 2008 in Kraft treten.

III. Stellungnahme zum HTÜ

Ohne Zweifel erfuhr und erfährt das Haager Trustübereinkommen in letzter Zeit eine wiederkehrende Dynamik in Kontinentaleuropa, wie sie einst durch die Vorreiterrolle Italiens aufgrund seiner kontinentaleuropäischen Rechtstradition losgetreten wurde. Insbesondere die Ratifizierung durch die Schweiz, obgleich institutionell nicht der Europäischen Union angehörend, trägt sicherlich zu einer „Europäisierung" des Trusts im weiten Sinne bei[110].

Im Ergebnis will das HTÜ die Anerkennung von Trusts im Sinne der Gründungstheorie sichern[111]. Hierzu statuiert das HTÜ eine einheitliche Kollisionsregel, welche nicht nach dem Zweck der Trusterrichtung (von Todes wegen oder unter Lebenden) unterscheidet und somit die in vielen kontinentaleuropäischen Rechtsordnungen vorherrschenden Qualifikationsschwierigkeiten des Trusts weitgehend ausräumt[112].

Die anfänglichen Spekulationen, das Übereinkommen diene größtenteils Common Law Staaten, denen die Anerkennung ihrer eigenen Trusts in anderen Staaten erleichtert werden würde, konnten so, blickt man auf die Entwicklungshistorie des HTÜ, nicht aufrechterhalten werden[113]. Zum einen haben die USA die Konvention bis heute nicht ratifiziert. Andererseits scheint die Haager Trustkonvention gerade auf Civil Law Staaten einen gewissen Reiz auszuüben, der darin besteht, sich qua ratificationem dem Trust – dem strukturellen Distinktionsbeispiel zwischen Common und Civil Law par excellence - auf völkerrechtlichem Wege annähern zu können, ohne direkte Einschnitte in die eigene Rechtsordnung vornehmen zu müssen.

Von deutscher Seite wurden während der Vorbereitungen der Haager Konferenz zum HTÜ vorwiegend Bedenken wegen der schwer abzusehenden Wirkungen gezeigt[114]. Allerdings soll

---

[110] Liechtenstein ist seit 1995 als EFTA-Staat Mitglied des Europäischen Wirtschaftsraums (EWR), die Schweiz hat sich 1992 gegen einen Beitritt zum EWR ausgesprochen. Der Begriff der Europäisierung ist daher nicht im institutionellen, sondern im rechtsvergleichenden Sinn i.S.e. „Kontinentaleuropäisierung" zu verstehen.

[111] Vgl. Staudinger/Großfeld, IntGesR, Rn. 771.

[112] Vgl. Kötz, RabelsZ 50 (1986), 562, 584; vgl. zum deutschen Recht ausführlich unten im Sechsten Teil, A. V. 2., zum schweizerischen Recht (vor Inkrafttreten des HTÜ) im Ersten Teil unter B. II. 3. und zum französischen Recht Zweiter Teil, E.

[113] Vgl. Pirrung, IPRax 1987, 52, 55.

[114] Pirrung, IPRax 1987, 52, 55; vgl. auch Coing, FS Heinsius, S. 88; Kötz, RabelsZ 50 (1986), 562, 583, 584.

schon jetzt erwähnt werden, dass sich indessen auch ohne völkerrechtliche Bindungswirkung an die Trustkonvention mittelbar über europäisches Sekundärrecht Berührungspunkte in der deutschen Rechtspraxis ergeben. Artt. 5 Nr. 6, 24 Abs. 4, 60 Abs. 3 der EG-Verordnung Nr. 44/2001 des Rates über die gerichtliche Zuständigkeit und die Anerkennung und Vollstreckung von gerichtlichen Entscheidungen in Zivil- und Handelssachen (EuGVO)[115], stellen für den deutschen Rechtsverkehr unmittelbar geltendes Recht (Art. 249 Abs. 2 EGV) dar und können ihn verpflichten, ausländische gerichtliche Entscheidungen in Trust-Sachen – selbstverständlich unter Beachtung des ordre public - anzuerkennen[116].

Das Trustübereinkommen enthält, wie der Name bereits impliziert, keine Normen über die Anerkennung gerichtlicher Entscheidungen. Bereits bei der Ausarbeitung der Konvention sollte so eine mögliche Kollision mit anderen Staatsverträgen betreffs der Anerkennung und Vollstreckung gerichtlicher Entscheidungen vermieden werden[117].
Zwar war zum damaligen Zeitpunkt aus deutscher Sicht das Beitrittsübereinkommen zum Brüsseler EWG-Übereinkommen[118] noch nicht in Kraft getreten[119]; in prospektiver Voraussicht der voranschreitenden europäischen Integration und der das EWG-Übereinkommen ersetzenden[120] EuGVO kann die genannte Nichtregelung jedoch durchaus als praktikabel bezeichnet werden.

Positiv ist zunächst, dass der Trustbegriff des HTÜ auf die Festlegung der dinglichen Komponente zugunsten der Frage der Vermögenssegregation verzichtet, was ihm eine gewisse Flexibilität gibt. Das Übereinkommen ist dennoch oft noch zu sehr auf die übliche dichotomische Denkweise sachen- und schuldrechtlicher Aspekte fixiert, ohne hinreichende Bestimmungen für die fortschreitende Verwendung von Trusts als kapitalmarktrechtliche Organisationsform zu schaffen[121]. Diese lassen sich dabei aufgrund ihrer hybriden juristischen Ausges-

---

[115] ABl. EG 2001, L 12, S. 1.

[116] In der Praxis wird dies jedoch kaum vorkommen, vgl. dazu die Ausführungen unter Sechster Teil, A. I. 2.

[117] Steinebach, RIW 1986, 1, 4.

[118] Beitrittsübereinkommen v. 9.10.1978 zum Brüsseler EWG-Übereinkommen über die gerichtliche Zuständigkeit und die Vollstreckung gerichtlicher Entscheidungen in Zivil- und Handelssachen (BGBl. 1983 II, S. 803).

[119] In Kraft trat es im Verhältnis zu Belgien, Dänemark, Frankreich, Italien, Luxemburg und den Niederlanden zum 1.11.1986 (BGBl. 1986 II, S. 1020).

[120] Vgl. Art. 68 EuGVO.

[121] Vgl. Kulms, ZEuP 2001, 653, 659.

taltung oft nur schwer in die genannten klassischen Kategorien fassen, sodass eine dahingehende höhere Regelungsdichte durchaus wünschenswert gewesen wäre.

Um dieser oft allzu unilateralen Betrachtungsweise abzuhelfen bzw. dem kollisionsrechtlichen Verständnis des HTÜ ein funktionales und rechtsvergleichendes Orientierungsmodell entgegenzusetzen, fand sich am 15. Januar 1999 eine internationale Forschungsgruppe um David Hayton (London), Sebastian Kortmann und Rick Verhagen (beide Nijmegen, NL) in Den Haag zusammen, um Grundsätze eines europäischen Trust- und Treuhandrechts auszuarbeiten.

C. Die „Principles of European Trust Law" – Hayton/Kortmann/Verhagen

I. Ursprung und Zweck

Die angesprochene fortschreitende Bedeutung von fiduziarischen Rechtskonstruktionen im internationalen Wirtschafts- und Finanzverkehr sowie die allgemeine verstärkte Diskussion um den Trust waren es, welche die Forschergruppe um Hayton, Kortmann und Verhagen zur Ausarbeitung der „Principles of European Trust Law"[122] initiierte[123].

Hierbei ging es ihr allerdings nicht darum, im Wege einer analytischen Betrachtung vorhandene Gemeinsamkeiten der nationalen Rechtsordnungen zu kategorisieren und zusammenzufassen. Etwaige Berührungspunkte zwischen den Rechtsordnungen, die den Trust kennen, dienten vielmehr als eine Basis für die Ausarbeitung eines tragfähigen und flexiblen Orientierungsmodells für eine zukünftige innereuropäische Rechtsanwendung und Rechtsfortbildung[124] im Treuhandrecht, insbesondere beim Erlass künftigen europäischen Sekundärrechts oder auf innerstaatlicher Ebene zur Konkretisierung und Vereinfachung im Falle einer Adaption des Haager Trustübereinkommens.

---

[122] Hayton/Kortmann/Verhagen, Principles of European Trust Law, Law of Business and Finance, Volume 1, 1999; deutsche Übersetzung von Zimmermann/Richter, Grundregeln eines europäischen Treuhandrechts, ZEuP 1999, 748 ff.

[123] Vgl. Becker, ZEuP 2000, 162.

[124] Becker, ZEuP 2000, 162.

II. Konzeptionelles Verständnis

In diesem Sinne sind die Regeln auch konzeptionell zu verstehen: in allen Rechtsordnungen bestehen fiduziarische Rechtsverhältnisse, unter denen der Trust des Common Law nur eine Extremform möglicher Ausformungen ist[125].

Unabhängig von der jeweiligen strukturellen Ausgestaltung der treuhänderischen Rechtsverhältnisse, sind die Rechtsordnungen weiter allesamt vom Schutzgedanken geprägt, den Entzug von Haftungsmasse gegenüber Gläubigern, Ehegatten oder Erben des Treugebers zu verhindern[126].

Aus kontinentaler Sicht ist es somit erneut die Strukturdifferenz zwischen dinglicher und schuldrechtlicher Gestaltungsform, die den Angelpunkt der Diskussion bestimmt:

Ist das Treuhandrecht nach dem Vorbild des angelsächsischen Trusts mit dinglichen Wirkungen versehen, ist der Treugeber imstande, neue Vermögens- und Organisationseinheiten zu schaffen, die in Substanz und im Wert dinglich gesichert sind[127].

Ist das Treuhandrecht hingegen nur schuldrechtlich konzipiert, können zwar Vermögens- und Organisationseinheiten für den Begünstigten generiert werden, jedoch nicht in dem Umfang und der Intensität, die eine dingliche Rechtsposition in ihrer Absolutheit gegenüber Dritten vertreten würde.

In diesem Zusammenhang stellt sich nebenbei die Frage, ob Rechtsordnungen, in denen der Trust institutionalisiert ist, allgemein als dynamischer und somit auch privatautonomer, weil dem einzelnen Rechtssubjekt mehr Rechtsmacht gebend, bezeichnet werden können. Versteht man privatautonom in dem Sinne, dass die juristischen Vehikel zur Durchsetzung der Interessen der Rechtssubjekte diversifizierter sind, muss dies nicht zwingend zutreffen, wie das deutsche Treuhandrecht zeigt. Je größer und intensiver freilich die Rechtsmacht des einzelnen ist, gegenüber Dritten Ausschließungsrechte autonom begründen zu können, je eher verwirklicht eine solche Rechtsordnung den Grundsatz der Privatautonomie im Sinne einer größeren Individualrechtsmacht nach außen in ihrem materiellen Recht.

---

[125] Hayton/Kortmann/Verhagen, S. 29 ff; vgl. auch Kulms, ZEuP 2001, 653, 660.

[126] Hayton/Kortmann/Verhagen, S. 29.

[127] Vgl. Hansmann/Mattei, N.Y.U.L. rev. 73, 434, 455 ff.

III. Inhalt der Grundsätze

1. Die Eigenschaften der Treuhand

Im Gegensatz zum Haager Trustübereinkommen, dessen Definition des Trustbegriffes[128] nach Ansicht der Verfasser der „Principles" keinen befriedigenden Präzisionsgrad erreichte[129], legen sich die Grundsätze auf einen festen Treuhandbegriff fest, ohne sich dadurch eine gewisse Flexibilität in der konkreten Ausgestaltung des Trustverhältnisses, insbesondere was die Rechtsstellung des Beneficiary betrifft, zu versperren.

Ein Beispiel hierfür ist Art. I (4), wonach dem Begünstigten hinsichtlich des Treuhandvermögens persönliche Ansprüche („personal rights") zustehen; darüber hinaus *können* diese Ansprüche gegenüber dem Treuhänder und Dritten gegenüber auch dinglich als „proprietary rights" begründet werden.

Art. I (4) ist für das Verständnis der Grundsätze in zweierlei Hinsicht bedeutend:
Zum einen unterstreicht die Norm das Selbstverständnis der Grundsätze als Orientierungskonzept mit Wahlmöglichkeiten, das es Rechtsordnungen des Civil Law ermöglicht, diese als Integrationshilfe auch dann verwenden zu können, wenn eine dingliche Ausgestaltung des Treuhandverhältnisses zu einem Verstoß gegen den inländischen sachenrechtlichen Numerus Clausus führen würde und insofern nur eine obligatorische Anspruchsberechtigung inter partes das Integrationsziel ist.
Zum anderen greift diese Differenzierung zwischen „personal rights" und „proprietary rights" die klassische dogmatische Zweiteilung auf, ohne sich jedoch für ein Erklärungsmodell zu entscheiden.

Gemäß Art. I (1) liegt eine Treuhand allgemein dann vor, wenn ein Treuhänder Eigentümer[130] eines Sondervermögens („Treuhandvermögen") wird und dieses zum Nutzen des Begünstigten oder zur Förderung eines Zweckes zu verwalten hat, wobei auch später hinzugekommene

---

[128] Art. 2 HTÜ.

[129] Hayton/Kortmann/Verhagen, S. 39 („unsatisfactory definition"); Becker, ZEuP 2000, 162, 163.

[130] Diese Festlegung auf eine Eigentümerstellung des Treuhänders präkludiert somit entgegen der allgemeinen Dynamik der Grundsätze eine Anwendbarkeit auf fiduziarische Rechtsverhältnisse im allgemeine wie die deutsche Testamentsvollstreckung, vgl. Becker, ZEuP 2000, 162.

und im Laufe der Zeit an ihre Stelle getretene Vermögensgegenstände im Wege einer dinglichen Surrogation zu diesem gehören, Art. III (1). Das Treuhandvermögen ist dabei gemäß Art. III (2) dem Zugriff von persönlichen Ansprüchen gegen den Treuhänder, wie bereits in Art. I (3) für Ansprüche des Ehegatten oder der Erben normiert, entzogen.

2. Errichtung und Beendigung der Treuhand

Die wirksame Errichtung der Treuhand beinhaltet die rechtsgeschäftliche Übertragung von Vermögensgegenständen von Seiten des Treugebers auf den Treuhänder mit dem Willen, ein getrenntes Treuhandvermögen zu schaffen. Daneben steht dem Treugeber ebenso eine Treuhanderrichtung mittels unilateraler Erklärung nach außen zur Disposition, hinsichtlich bestimmter, ihm gehörender Vermögensgegenstände Treuhänder sein zu wollen[131].

Mangels ausdrücklicher Erwähnung bestehen also keine besonderen Formvorschriften –das Haager Trustübereinkommen verlangt eine schriftliche rechtsgeschäftliche Vermögensunterstellung[132]- für die Errichtung eines Trusts. Freilich muss sich ein Wille zum Übertragungsakt des Trustvermögens feststellen lassen bzw. sich nach außen, auch was die Bestimmtheit oder Bestimmbarkeit der Begünstigten betrifft[133], manifestieren.

Was die Beendigung des Trusts betrifft, statuiert Art. VIII der Grundsätze die Zweckerreichung und den Willen der Begünstigten als Beendigungstatbestände. Die Begünstigten können zum einen gem. Art. VIII (1) den Treuhänder auffordern, die Treuhand zu beenden, freilich unter der Bedingung, dass dem nicht der vom Treugeber bestimmte Zweck entgegensteht. Darüber hinaus endet der Trust dann, wenn der Trustzweck erreicht wurde oder dieser nicht mehr erreicht werden kann[134].

---

131 Vgl. Art. II der Grundsätze; diese Norm korreliert mit Art. I (2), wonach es zum einen mehrere Begünstigte und Treuhänder geben, zum anderen der Treuhänder selbst zum Kreis der Begünstigten gehören kann.

132 Art. 3 HTÜ.

133 Art. IV (1).

134 Art. VIII (2) (b) spricht davon, dass der Trust auch dann endet, „wenn es keine Begünstigten und keine lebende oder zu diesem Zeitpunkt noch nicht geborene Person gibt, die gemäß den Treuhandbestimmungen zu einem Begünstigten werden kann", rechtskonstruktiv also eine Form objektiver Unmöglichkeit der Erreichung des Trustzwecks gegeben ist.

3. Die Pflichten und Befugnisse des Treuhänders

Den Rechten und Pflichten des Treuhänders widmet sich Art. V der „Grundsätze", der allgemeine Treue-, Sorgfalts-, Auskunfts-, Rechenschafts- und Buchführungspflichten festlegt und dabei eine Synthese des status quo dieser Pflichten beim Common Law-Trust und in den kongruierenden fiduziarischen Rechtsinstituten des kontinentaleuropäischen Rechtskreises zu erreichen versucht[135].

4. Rechtsbehelfe und Haftungsfragen

Zusätzlich zum Charakter der „Grundsätze" als materiell-rechtliche Konkretisierungs- und Inspirationsleitsätze eines europäischen Trustrechts, finden sich auch Normen zur prozessualen Durchsetzung von Haftungsansprüchen. Spricht Art. IV (5) allgemein von der Möglichkeit der gerichtlichen Durchsetzbarkeit der Einhaltung der Treuhandbestimmungen, so bestimmt Art. VI spezifische prozessuale Maßnahmen und Mittel, mit Hilfe derer Pflichtverletzungen des Trustees unterbunden und sanktioniert werden können. Dazu treten sekundärrechtliche Folgen, wie die Verpflichtung des Treuhänders zur Zahlung von Schadensersatz oder zur Herausgabe des Gewinns.
Schließlich kommt im Falle einer unbefugten Übertragung des Treugutes oder eines Teils davon auch eine Haftung des beim Erwerbstatbestand bösgläubigen Dritten in Frage, vgl. Art. VII.

IV. Stellungnahme

Aufgabe und Zweck der Principles war es, Grundsätze für ein europäisches Trustrecht zu entwickeln. Demgegenüber geht das Haager Trustübereinkommen von einem weiter gefassten Anwendungsbereich aus, indem neben dem Trust hypothetisch auch entsprechenden Rechtsinstitutionen eine kollisionsrechtliche Heimat gegeben werden soll. Hervorzuheben ist der hohe Kompatibilitätsgrad der Grundsätze. Dies ändert jedoch nichts daran, dass sich beispielsweise die deutsche Treuhanddogmatik aufgrund ihres Festhaltens am Unmittelbarkeitsprinzip mit den in Artikel III der Grundsätze definierten Charakteristika des Treuhandvermögens nicht vereinbaren ließe.

---

[135] Hayton/Kortmann/Verhagen, S. 52.

Ungeachtet dessen haben die Grundsätze zu einer Europäisierung der Trustdiskussion in den einzelnen Staaten geführt. Sie können insoweit auch weiterhin als multimodale und tragfähige Grundlage künftiger Diskussionsprozesse herangezogen werden.

D. Gemeinschaftsrechtlich determinierte Trustgrundsätze

I. Begriff

Zunächst einmal bedarf der Begriff der gemeinschaftsrechtlich determinierten Trustgrundsätze einer terminologischen und materiellen Konkretisierung, da positivrechtliche Grundsätze, die einen imperativen Anspruch auf Vollständigkeit und Anwendung auch nur im Ansatz erheben, gegenwärtig gerade nicht bestehen. Vielmehr wurde die Rechtsfigur des Trusts im europäischen Sekundärrecht gelegentlich am Rande erwähnt oder vom Regelungsgegenstand aufgrund dessen Abstraktheit mittelbar umfasst.

Gemeinschaftsrechtlich determinierte Trustgrundsätze im engeren Sinne sind demnach solche, die den Trust erwähnen und ihn zum (Teil-) Gegenstand ihres Regelungsbereiches machen, wohingegen als solche im weiteren Sinne hier diejenigen bezeichnet werden, die auf den Trust in seiner abstrakten Klassifizierung als privatrechtliches Institut anwendbar sind.

Daneben ist zu klären, welches Kompetenztitels sich die Gemeinschaft beim Erlass einer denkbaren Regelung von Treuhandverhältnissen auf innergemeinschaftlicher Ebene überhaupt bedienen kann.

Sollte nicht die bereits in der europäischen Rechtspraxis zugenüge in Anspruch genommene Kompetenz aus Art. 61 lit. c) i.V.m. Art. 65 lit. c) EGV zur Angleichung und Vereinheitlichung des innergemeinschaftlichen Prozessrechts einschlägig sein, da eine Assimilierung des materiellen europäischen Treuhandrechts beabsichtigt ist, würde Art. 65 lit. b) EGV eine Angleichung (nur) auf kollisionsrechtlicher Ebene kompetenzrechtlich untermauern.
Eine umfassende Regelungstätigkeit käme daher allenfalls unter dem Gesichtspunkt des Funktionierens des Binnenmarktes i.S.d. Art. 95 EGV oder unter dem Aspekt des Verbraucherschutzes gem. Art. 153 EGV in Betracht.

II. Die Resolution des Europäischen Parlamentes vom 15. November 2001

Ein erster Schritt in diese Richtung war die vom Europäischen Parlament am 15. November 2001 erlassene Resolution zur Angleichung des Zivil- und Handelsrechts[136]. Obgleich diese den Trust mit keinem Wort erwähnt, ist sie eine nicht unbedeutende Initialzündung in tatsächlicher, aber auch in konzeptioneller Hinsicht für den innergemeinschaftlichen privatrechtlichen Assimilierungsprozess.

Inhaltlich gibt sie, veranlasst durch die steigende Anzahl grenzüberschreitender wirtschaftlicher und juristischer Bezugspunkte zwischen den Rechtsordnungen, eine zeitliche Marschroute vor, innerhalb derer die Angleichung und Vereinheitlichung des Zivil- und Handelsrechts der Mitgliedstaaten erfolgen soll.
Ausgehend vom status quo in den einzelnen Mitgliedstaaten, der im Wege rechtsvergleichender Arbeit zu analysieren und zusammenzuführen sei[137], postuliert die Resolution als Fernziel die Schaffung eines eigenen supranationalen vertragsrechtlichen Regelungswerkes innerhalb der EU[138].

Sie ist aufgrund ihrer Abstraktheit und intendierten Unbestimmbarkeit sehr allgemein gehalten, und dennoch für die fortschreitende Integration des Trusts in die Rechtsordnungen der Mitgliedsstaaten von zumindest theoretischer Bedeutung, bereitet sie doch neben den einschlägigen Kompetenztiteln einen juristischen Nährboden für Angleichungs- und Integrationsprozesse im supranationalen europäischen Rechtsraum.

Konkreter und dem gemeinschaftsrechtlich determiniertem Trustrecht im engeren Sinne zuzurechen, sind die am 2. Mai 2003 von der Europäischen Kommission erlassenen „Best practice guidelines for divestiture commitments in merger case", die en passant einen Entwurf für einen „Truststandardvertrag" normieren.

---

[136] KOM (2001) 398.

[137] Hierbei ähnelt sie in ihrer konzeptionellen Struktur den „Principles of European Trust Law".

[138] „to adopt a body of rules on contract law in the EU".

III. Die „Best practice guidelines for divestiture commitments in merger case“ der Europäischen Kommission vom 2. Mai 2003

Wie der Name bereits sagt, befassen sich die Leitlinien[139] mit der Vorgehensweise bei Verpflichtungen zur Abstoßung und Veräußerung von Vermögensteilen im Rahmen einer Fusion oder Übernahme. Derartige Veräußerungsverpflichtungen können bestehen, wenn eine beabsichtigte Fusion der Genehmigung der Generaldirektion für den Wettbewerb der Europäischen Kommission unterliegt[140] und nur eine Übertragung von Vermögensaktiva an einen Treuhänder die Begründung oder Verstärkung einer beherrschenden Stellung ausschließen würde und somit zur Genehmigung führen kann.
Für exakt diesen Übertragungsakt an einen Trustee führt der Normtext konkretisierende und definitorische Leitlinien auf, die einen interessanten Einblick in das konzeptionelle Verständnis eines europarechtlich geprägten Treuhandverhältnisses geben.

1. Das „Standard Model for Trustee Mandates“

Die Leitlinien enthalten Standardbestimmungen, die als Musterformular die Bestellung eines Treuhänders und die Verhandlungen über Einzelheiten einer Verpflichtungserklärung insbesondere aus Effizienz- und Transparenzgründen in geregelte Bahnen lenken sollen[141]. Der Mustertext für die Bestellung eines Treuhänders konkretisiert inhaltlich die Rolle und Funktion der in den Standardverpflichtungen vorgesehenen Arten von Treuhändern, nämlich die des aufsichtsführenden („Monitoring Trustee“) und die des die Veräußerung vornehmenden Treuhänders („Divestiture Trustee“)[142].

2. Pflichten

Neben einer Konkretisierung von für beide Treuhänderarten geltenden allgemeinen Pflichten, beschreibt das „Standard Model“ das auf die besondere Funktion abgestimmte vom Treuhän-

---

139 Abrufbar unter http://europa.eu.int/comm/competition/mergers/legislation/divestiture_commitments.

140 Verordnung Nr. 4064/89 des Rates vom 21. Dezember 1989 („Fusionskontrollverordnung“).

141 Mitteilung der Kommission IP/03/614 vom 2. Mai 2003.

142 Vgl. Mitteilung der Kommission IP/03/614 vom 2. Mai 2003.

der zu beachtende Pflichtenprogramm. Dem Treuhänder, gleich welche Funktion er übernimmt, kommt insoweit eine Doppelfunktion zu, da er gleichermaßen zur Interessenwahrung des Unternehmens als auch zur Bewahrung der durch die Fusionskontrollverordnung zum Ausdruck gebrachten öffentlich-rechtlichen Interessen verpflichtet wird[143]. Erschöpfen sich die Pflichten des „Monitoring Trustee" in der Überwachung der wirtschaftlichen Durchführbarkeit, Realisierbarkeit und Wettbewerbsfähigkeit des Abstoßungs- bzw. Veräußerungsgeschäftes[144] beziehen sich diese des „Divestiture Trustee" auf die Aus- und Durchführung des Veräußerungsgeschäftes selbst. Zu diesem Zwecke ist der Trustee vom Unternehmen zur Veräußerung der unter die Fusionskontrollverordnung fallenden Vermögensbestandteile zu beauftragen[145] und mit einer umfassenden, zur Erfüllung dieser Aufgabe erforderlichen Vollmacht auszustatten[146]. Dem Trustee kommt daher ein von den Parteien (dem Unternehmen auf der einen, der Europäischen Kommission auf der anderen Seite) unabhängiger Status zu. Gleichwohl steht dem Unternehmen gegenüber dem Trustee kein Weisungsrecht zu, wohingegen die Kommission, deren Zustimmung die Einsetzung des Trustees ohnehin bedarf, zu Weisungen gegenüber dem Trustee befugt ist[147]. Der Rechtsbeziehung zwischen den Parteien und dem Trustee liegt im Ergebnis kein traditionelles Treuhandverhältnis zugrunde.

3. Bewertung

Die Leitlinien sind für eine europäische Treuhanddogmatik weniger ergiebig, geben aber als Zusammenstellung der Pflichtenbeziehungen zwischen den Parteien einen nicht uninteressanten Einblick in ein Regelungsmodell auf Ebene des Gemeinschaftsrechts. Ob und inwieweit sich eine –zum jetzigen Zeitpunkt fiktive- gemeinschaftsrechtliche Harmonisierung fiduziarischer Rechtsbeziehungen am dargestellten Modell orientieren würde, vermag derzeit nicht vorausgesagt werden.

---

[143] Section C. 4. Trustee Mandate.

[144] Vgl. Section D. 6. ff. Trustee Mandate.

[145] Section E. 9. Trustee Mandate: „(…) gives the trustee an exclusive mandate to sell the Divestment Business (…)".

[146] Section E. 12. Trustee Mandate: (…) comprehensive and duly executed power of attorney (…) to effect the sale of the Divestment Business (…).

[147] Vgl. Section E. Commitments.

E. Der Gang der Untersuchung und deren Methodik

I. Integrationsstufen

Eigentlicher Gegenstand der Arbeit ist die Untersuchung der verschiedenen aktuell diskutierten oder kürzlich umgesetzten „Integrationsvehikel" des angelsächsischen Trusts bzw. je nach Rechtsordnung trustähnlicher bzw. entsprechender Rechtsinstitute in die jeweilige Heimatrechtsordnung unter Berücksichtigung des status quo, des Integrationsmodus, der Integrationsintensität und der jeweiligen rechtstechnischen Ausgestaltung am Beispiel der Schweiz und Frankreich sowie deren jeweiliger Tochterrechtsordnung Liechtenstein bzw. Monaco. Im rechtsvergleichenden Kontext ist der genannte Normenkomplex also gleichzeitig der der Untersuchung zugrunde liegende Vergleichsgegenstand, der Integrationsgrad bzw. die Integrationsstufe das entsprechende *tertium comparationis.*
Schließlich sollen anhand der erörterten Integrationsvehikel mögliche Ansatzpunkte für eine (ggf. partielle) Integration oder mittelbare Adaption innerhalb des deutschen Rechtssystems gefunden bzw. analysiert werden.

1. Schweiz

Am Beispiel der Eidgenossenschaft wird den Ausführungen zunächst ein Überblick über das Wesen der schweizerischen Treuhand und der bestehenden Integrationsintensität des Trusts vorangehen. Schwerpunkt sind die Ratifizierung des HTÜ, die innerstaatliche Diskussion im Vorfeld, sowie die Auswirkungen auf die schweizerische Rechtsordnung und die Umsetzungsgesetzgebung.

2. Frankreich

In der Untersuchung soll ein kurzer Überblick über das Wesen der fiducie gegeben werden, dem sich eine kursorische Zusammenfassung des letztlich gescheiterten „projet de loi" aus dem Jahre 1992 anschließt. Weiter wird auf das Verhältnis von Frankreich zum HTÜ einzugehen sein. Schwerpunkt ist eine detaillierte Analyse der aktuellen Gesetzgebung.

3. Liechtenstein

In Liechtenstein ist eine Integration des Trusts vor nunmehr bereits 80 Jahren im Wege einer legislativen Rezeption erfolgt. Im Vordergrund der Ausführungen sind daher grundsätzliche Erwägungen über die Kompatibilität dieses Rechtsinstituts mit einer Civil Law – Rechtsordnung[148] anhand der Rechtspraxis und gegenseitigen innereuropäischen internationalprivatrechtlichen Anerkennung anzustellen.

4. Monaco

Schließlich erfolgt eine Analyse des „Trustrechts" des Fürstentums Monaco, dessen Rechtssystem vom französischen Code Civil geprägt ist, jedoch einen eigenen und schlichten Weg der Anerkennung des Trusts geht, ohne seine eigene Rechtsordnung für diesen zu weit zu öffnen.

II. Zentrale Fragestellungen

Neben der Untersuchung des Integrationsgrades bzw. Integrationsmodus des Trusts in den Vergleichsrechtsordnungen werden am Rande diejenigen Fragestellungen behandelt, welche die Treuhanddiskussion durchgängig bestimmen. Neben der dogmatischen Konstruktion des Treuhandverhältnisses spielen hierbei die rechtliche Ausgestaltung des Innenverhältnisses zwischen Treugeber und Treuhänder, das Außenverhältnis und die Frage des rechtlichen Schicksals des Treugutes und dessen Abstrahierungsgrades, wenn Dritte sich am selbigen zu befriedigen versuchen. Die Untersuchung folgt dabei jedoch keiner tabellarischen synoptischen Gegenüberstellung, sondern lässt sich vom Schwerpunkt der Diskussion in der jeweiligen Vergleichsrechtsordnung leiten. Dies sind zusammengefasst vor allem:

- in der Schweiz die Ratifizierung des Haager Trustübereinkommens mit Wirkung zum 1. Juli 2007 und deren Auswirkungen auf die bestehende Treuhanddogmatik
- in Frankreich das am 19. Februar 2007 in Kraft getretene Einführungsgesetz der „fiducie"

[148] Die zunächst vom österreichischen ABGB rezipiert und später an das Schweizerische ZGB und OR angeglichen wurde, vgl. Biedermann, LJZ 1981, 9.

- in Liechtenstein die allgemeinen Grundsätze sowie die dogmatische Ausgestaltung des ältesten kontinentalen Treuhandrechts sowie
- in Monaco die Anerkennung und gleichzeitige Restriktion bei der Anerkennung und Integration des Trusts.

III. Rechtsvergleichung und Auswirkungen auf die deutsche Rechtsordnung de lege ferenda

Nach einer Zusammenfassung der bei jeder Rechtsordnung gefundenen Ergebnisse, begründet die Arbeit einen eigenen Versuch zur Bestimmung des Integrationsgrades des Common Law Trusts innerhalb der kontinentalen Vergleichsrechtsordnungen. Dies schließt die Frage mit ein, unter welchen materiellen und terminologischen Voraussetzungen eine Rechtsordnung über ein *Trustrecht* verfügt, bzw. wann der diesbezügliche Normenkomplex trotz Vorhandenseins trustspezifischer Elemente im Ergebnis als *Treuhandrecht* zu bewerten ist.
Schließlich wird die Frage aufgeworfen, ob kurz- oder langfristig eine zumindest mittelbare Integration des Trusts in die deutsche Rechtsordnung zu erwägen ist. Die Beantwortung dieser Frage wird maßgeblich davon geprägt sein, ob die Ergebnisse in den Vergleichsrechtsordnungen die Vorzeichen der bis dato starren Diskussion in Deutschland möglicherweise haben umkehren lassen. Dazu wird vorab das deutsche Treuhandrecht im Überblick dargestellt[149].

[149] Die Darstellung der Grundzüge der deutschen Treuhanddogmatik erfolgt bewusst am Schluss, da sie dem Leser dieser Arbeit in der Regel bekannt sein dürfte. Zur Rekapitulation kann jedoch auch vorab mit dem Kapitel 6 und der dortigen Übersicht über die deutsche Treuhand begonnen werden.

Erster Teil – Schweiz: Integration durch Ratifikation

A. Einleitung

I. Wirtschaftliche Bedeutung

Das Bild des schweizerischen Finanzplatzes ist im Ausland stark mit dessen Bankwesen, dem Begriff fiduziarischer Rechtsgeschäfte und der dieser innewohnenden Verschwiegenheit und Vertraulichkeit verbunden. Dabei verwundert es, dass die schweizerische Treuhand (fiduzia) - vom Trust ganz zu schweigen - nicht positivrechtlich normiert ist, sondern ihre Entwicklung der Lehre, vor allem aber der Rechtsprechung überlassen wurde. Bereits heute befinden sich in der Schweiz bedeutende Vermögenswerte, die zu Trusts gehören bzw. im Namen von Trusts verwaltet werden[150]. Neben dem Umstand, dass vermehrt Begünstigte oder Beteiligte eines Trusts in der Schweiz wohnen, kommen Schweizerische Banken oder Privatpersonen über als Trusts organisierte Anlagevehikel wie Anleihen oder Anlagefonds in Berührung[151]. Mit der Ratifizierung des Haager Trustübereinkommens, das in der Schweiz zum 1. Juli 2007 in Kraft trat, hat der schweizerische Gesetzgeber der Rechtspraxis nunmehr einen soliden Rechtsrahmen gegeben.

II. Schweizerische Rechtsquellendogmatik

Die autonome Erarbeitung, Entwicklung und Konkretisierung eines Rechtsinstitutes durch die Gerichte und deren Akzeptanz in der Lehre und in der Rechtswirklichkeit ist eine Folge der bewussten Unvollständigkeit, die generell der schweizerischen Zivilrechtskodifikation, dem Zivilgesetzbuch (ZGB), immanent ist.
Im Gegensatz zum BGB, dessen Hauptanliegen eine kodifikatorische Vollständigkeit ist[152], die mit Hilfe abstrakter Grundregeln unter Qualifikation von Ausnahmen und Einschränkungen erreicht werden soll, gibt das ZGB dem in Frage stehenden Rechtsinstitut einen Grundriss, dessen Ausfüllung dem Richter aufgrund des konkreten Falles obliegt[153]. So normiert

---

150 BS, BBl. 2/2006, 551, 557; vgl. auch Pease, Switzerland as a halfway house, S. 145/146.

151 Vgl. BS, BBl. 2/2006, 551, 557.

152 Vgl. Zweigert/Kötz, § 13 II, S. 171.

153 Zweigert/Kötz, a.a.O.

Art. 1 Abs. 2 und 3 ZGB: „*Kann dem Gesetz keine Vorschrift entnommen werden, so soll der Richter nach Gewohnheitsrecht und, wo auch ein solches fehlt, nach der Regel entscheiden, die er als Gesetzgeber aufstellen würde. Er folgt dabei bewährter Lehre und Überlieferung*“[154].

Dieser gesetzlich normierte Auftrag richterlicher Rechtsschöpfung ist historisch den besonderen Verhältnissen der Schweiz aufgrund ihres kantonalen Partikularismus und der somit verbundenen Gefahr einer mangelnden intrakantonalen Akzeptanz einer gesamtschweizerischen allzu statischen Kodifikation entsprungen[155] und bedeutete und bedeutet ein wichtiges Vehikel der Entwicklung der allgemeinen fiduzia ebenso wie der juristischen Akzeptanz des angelsächsischen Trusts innerhalb der Schweiz.
Freilich birgt die vollständige Entwicklung eines Rechtsinstitutes mittels Richterrecht die Gefahr dogmatischer und systematischer Konturenlosigkeit in sich, sodass eine kurze Voranstellung der allgemeinen schweizerischen Treuhand nötig ist, bevor sich die Arbeit dem „schweizerischen Trustrecht“ widmet.

Es soll jedoch bereits hier hervorgehoben werden, dass das schweizerische Recht das Rechtsinstitut des Trusts an sich nicht kennt[156]. Im Gegensatz zur deutschen Rechtsprechung und zur deutschen Rechtswirklichkeit, ist der Trust in der Schweiz allerdings innerstaatliche wie auch internationalprivatrechtliche Realität geworden[157]. Dies hatte zur Folge, dass sich die dortige Judikatur bereits zu einem frühen Zeitpunkt um dessen Anerkennung bzw. „Transformation“ in äquivalente schweizerische Rechtseinrichtungen bemühte.

---

154 Siehe hierzu auch BGE 78 II 451.

155 Vgl. Zweigert/Kötz, § 13 II, S. 173/174.

156 BGE 96 II 79 ff.

157 Vgl. Reichen, Le Trust et le droit suisse, ECS 2005, 797, 798 ; Perrin, Le Trust à l'épreuve du droit successoral, S. 85 ff.

B. Der status quo – Schweizerisches Treuhand- und Trustrecht

I. Die Treuhand

1. Begriff

Eine einheitliche Definition und Klassifizierung des Treuhandbegriffes lässt sich im schweizerischen Recht nicht finden. Allgemein wird wie im deutschen Recht zwischen der sog. uneigennützigen Verwaltungstreuhand und der eigennützigen Sicherungstreuhand[158] unterschieden[159]. Ein vorhandenes oder nicht vorhandenes Eigeninteresse des Treuhänders ist insofern das gebräuchliche Differenzierungskriterium zwischen den beiden Treuhandformen. Vorliegend soll der Blick allein auf die Verwaltungstreuhand fallen, da diese aufgrund ihrer Ausgestaltung für die Thematik der Arbeit und den Trust aus rechtsvergleichender Sicht am ergiebigsten ist.

2. Begründung und Beendigung der Treuhand

a) Begründung

Nach schweizerischem Recht überträgt der Treugeber („Fiduziant") Vermögenswerte jeglicher Art (das Treugut) formlos[160] an den Treuhänder („Fiduziar"). Die jeweiligen Rechtspositionen (Eigentum oder andere Rechte, wie z.B. Forderungen, Immaterialgüterrechte[161]) werden im Wege des Vollrechtserwerbs Bestandteil des Treuhändervermögens, das der Fiduziar aufgrund vertraglicher Verpflichtung im Interesse des Treugebers oder eines Dritten zu verwalten hat[162].

Die fiduziarische Rechtsübertragung auf den Treuhänder setzt ein Doppelgeschäft voraus, das einerseits aus der Rechtsübertragung durch den Fiduzianten auf den Fiduziar, andererseits aus einer fiduziarischen Abrede besteht, durch die Inhalt und Reichweite des vom Treugeber

---

[158] Wie sie bei beispielsweise bei einer Sicherungsübereignung oder einer Sicherungszession besteht.

[159] Watter, ZSR 1995 II, 179, 189 m.w.N.

[160] Watter, ZSR 1995 II, 179, 187.

[161] ZK, Jäggi/Gauch, Art. 18 OR, Rn. 185.

[162] ZK, Jäggi/Gauch, Art. 18 OR, Rn. 178; Seiler, Trust und Treuhand im schweizerischen Recht, Diss. Zürich 2005, S. 48; Watter, ZSR 1995 II, 179, 187.

übertragenen Rechtes auf obligatorischem Wege beschränkt und präzisiert werden. Die Treuhandabrede (auch pactum fiduciae) ist nach herrschender Ansicht der schweizerischen Rechtsprechung und Rechtslehre als Auftrag i.S.d. Art. 394 OR oder zumindest als Vertrag sui generis, auf den das obligationenrechtliche Auftragsrecht i.S.d. Art. 394 OR und teilweise Vorschriften des Hinterlegungsvertrages[163] Anwendung finden, zu qualifizieren[164]. Im Gegensatz zu einem „normalen" Beauftragten, geht der Treuhänder jedoch nicht nur vorübergehend Rechte und Pflichten für den Treugeber ein, sondern übt die übernommenen Rechte und Pflichten in Erfüllung des vereinbarten Leistungsprogramms längerfristig aus[165].
Modifikationen sind insoweit möglich, dass der Treugeber auf sein Weisungsrecht und auf sein Widerrufsrecht der Treuhandabrede verzichten kann[166], um so der Treuhand ein höheres Maß an Selbständigkeit in ihrem Bestand zu verleihen. Dies ist beispielsweise von Nöten, wenn sich der Treugeber zur Vermeidung von Interessenkonflikten des Treugutes entäußern will oder stiftungsähnliche Zwecke erreicht werden sollen[167]. Die diesbezüglichen Vorschriften des Auftragsrechts (Artt. 397 und 404 OR) sind insoweit abdingbar[168].

b) Beendigung der Treuhand

Treugeber und Treuhänder können das fiduziarische Rechtsverhältnis nach dem gesetzlichen Leitbild des Art. 404 OR jederzeit widerrufen. Nach Ansicht des schweizerischen Bundesgerichtes ist das Widerrufsrecht vertraglich unabdingbar, da es seiner Ansicht nach zwingender Natur ist[169]. Ob dies bei atypischen Auftragsverhältnissen wie der Treuhand, bei denen hinsichtlich der zeitlichen Bindung der Parteien die auftragsrechtlichen Bestimmungen anwendbar sind, in dieser Stringenz aufrechtzuerhalten ist, ist fraglich. Die Rspr. lässt Ausnahmen von der zwingenden Natur zugunsten einer privatautonomen Derogationsmöglichkeit auch

---

[163] Beim Hinterlegungsvertrag (Art. 472 ff. OR) sind das z.B. das Gebrauchsverbot gem. Art. 474 OR oder das Verrechnungsverbot gem. Art. 125 Nr. 1 OR.

[164] ZK, Jäggi/Gauch, Art. 18 OR, Rn. 179; OR-K I, Weber, Art. 394 OR, Rn. 11; BGE 115 II 470 ff.; Watter, ZSR 1995 II, 179, 189 ff.

[165] OR-K I, Weber, Art. 394 OR, Rn. 11.

[166] Watter, ZSR 1995 II, 179, 250.

[167] Vgl. hierzu mit weiteren Beispielen Watter, ZSR 1995 II, 179, 201, 212.

[168] Zur Problematik der Abdingbarkeit des Widerrufsrechtes des Art. 404 OR vgl. die unmittelbar folgenden Ausführungen.

[169] Vgl. BGE 115 II 466, 109 II 467.

hier nicht zu[170]. Diese Ansicht überzeugt jedoch nicht. Die Parteien der Treuhand sollten einen Verzicht auf das Widerrufsrecht vielmehr privatautonom vereinbaren dürfen[171], um eine zeitliche und persönliche Stabilität der Rechtsbeziehung zu erreichen. Dagegensprechende sachgerechte Gründe sind dem OR nicht zu entnehmen.

Weiter führen der Tod, die Handlungsunfähigkeit oder der Konkurs auf Treugeber- oder Treuhänderseite gemäß Art. 405 OR zur Beendigung des Treuhandverhältnisses, soweit nichts anderes vereinbart ist. Ergibt allerdings die vertragliche Vereinbarung oder Auslegung der Treuhandabrede, dass das Ableben des Treugebers nicht zur Beendigung führen soll, ist ein sog. „Auftrag über den Tod hinaus"[172] gegeben, der von den Erben des Treugebers gemäß Artt. 404 OR i.V.m. Art. 602 Abs. 2 ZGB nur gemeinsam widerrufen oder gekündigt werden kann[173]. Dies gilt nicht, wenn die Widerrufbarkeit wirksam – entgegen der Ansicht des Bundesgerichtes - ausgeschlossen wurde.

Gemäß Art. 400 Abs. 1 OR hat der Treuhänder nach Beendigung des Treuhandverhältnisses alles, was er in Ausführung des Auftrages erlangt hat, zurück zu erstatten.

3. Das pactum fiduciae

Im deutschen Recht ist die Wirkung der Rechtsübertragung von der Wirksamkeit und Existenz der fiduziarischen Abrede unabhängig. Dies ist rechtlogische Konsequenz des im deutschen Recht geltenden Abstraktionsprinzips.

Demgegenüber geht das schweizerische Recht sowohl bei der Mobiliar-, als auch bei der Immobiliareigentumsübertragung von der Kausalität des Eigentumserwerbs vom zugrunde liegenden Rechtsgeschäft aus (Kausalitätsprinzip[174]). Dies bedeutet, dass eine wirksame Übertragung des Eigentums im Sinne einer Verfügung nur dann vorliegt, wenn dieser ein wirksamer obligatorischer Erwerbstatbestand vorausging.

---

[170] BGE 115 II 466, 110 II 382.

[171] Vgl. Seiler, Trust und Treuhand im Schweizerischen Recht, S. 61 f. m.w.N.

[172] Hiervon abzugrenzen ist im schweizerischen Recht das sog. mandatum post mortem, bei dem die Verpflichtung des Beauftragten zum Tätigwerden erst mit dem Tod des Auftraggebers entsteht. Da es sich hierbei um eine Verfügung von Todes wegen handelt, müssen die testamentarischen Formvorschriften der Artt. 498 ff. ZGB beachtet werden. Der „Auftrag über den Tod hinaus" kann hingegen formfrei abgeschlossen werden, vgl. Seiler, Trust und Treuhand im Schweizerischen Recht, m.w.N.

[173] Seiler, Trust und Treuhand im Schweizerischen Recht, S. 63 m.w.N.

[174] BGE 55 II 302 ff.; vgl. dessen ausdrückliche Erwähnung in Art. 965 ZGB für das Grundeigentum; allgemein Steinauer, Les droits réels, Rn. 138.

Im schweizerischen Recht stellt sich somit die Frage, ob die schuldrechtliche fiduziarische Abrede eine wirksame causa für den Eigentumserwerb beim Fiduziar darstellen kann. Im Rahmen der Verwaltungstreuhand wurde dies, soweit ersichtlich, noch nicht ausdrücklich entschieden. Nach Ansicht des Bundesgerichtes ist die fiduziarische Abrede an sich betrachtet kein selbständiger Rechtsgrund für die Eigentumsübertragung[175]. Einen zur Eigentumsübertragung des Treugutes notwendigen Rechtsgrund sieht das Bundesgericht in ihr aber gleichwohl, indem es die Abrede als einen von den Parteien gewollten Auftrag oder als gewollte und demnach nicht nach Art. 18 OR simulierte Vereinbarung qualifiziert, mit derer Eigentum an den Fiduziar übertragen wird[176]. Die Sicherungstreuhand wird als Rechtsgrund der Eigentumsübertragung hingegen ausdrücklich anerkannt[177].

4. Die Rechtsstellung des Treuhänders

Wie bereits erwähnt, kommt es auf Seiten des Treuhänders zu einem Vollrechtserwerb[178] des Eigentums am Treugut, da in der Schweiz ebenso wie nach deutschem Recht eine Aufspaltung des Eigentumsbegriffs den sachenrechtlichen Numerus Clausus außer Acht lassen würde. Dies führt zwangsläufig zu einer „überschießenden Rechtsmacht“[179] des Treuhänders, da seine nach außen wirkende Rechtsbefugnis unbeschränkt und somit größer ist, als die im Innenverhältnis zum Treugeber obligatorisch beschränkte Rechtsmacht ergibt. Im Innenverhältnis ist er weisungsgebunden und zum vertragsgemäßen und sorgfältigen Tätigwerden verpflichtet. Da diese Beschränkungen aber nur obligatorischer Natur sind, kann er nach außen unbeschränkt über das Treugut verfügen, sodass eine Inkongruenz zwischen rechtlichem Dürfen und Können entsteht.

---

[175] BGE 72 II 361.

[176] BGE 85 II 99, 86 II 226, BGE 96 II 93 („Harrison“).

[177] Seiler, Trust und Treuhand im Schweizerischen Recht, S. 51; BGE 86 II 227.

[178] Vollrechtstheorie; BGE 31 II 109 ff, 117 II 464, ZK, Jäggi/Gauch, Art. 18 OR, Rn. 188 ff.; OR-K I, Wiegand, Art. 18 OR, Rn. 143; anderer Ansicht ist die sog. „Simulationstheorie“, der zufolge eine Vollrechtsübertragung nicht gewollt ist, da nur die Legitimation am Treugut und das Recht daran verschafft werden sollen, vgl. ZK, Jäggi/Gauch, Art. 18 OR, Rn. 202. Diese Ansicht wird jedoch gemeinhin abgelehnt, da die fiduziarische Rechtsübertragung in der Regel tatsächlich intendiert ist, vgl. BGE 109 II 242; 99 II 396 ff.

[179] OR-K I, Weber, Art. 394 OR, Rn. 13; Seiler, Trust und Treuhand im Schweizerischen Recht, S. 56; BGE 71 II 169, 119 II 328.

a) Rechtsstellung am Treugut in Zwangsvollstreckung und Konkurs

Der Vollrechtserwerb des Treuhänders hat für das Treugut weit reichende Konsequenzen. Neben der Gefahr einer der entgegen den obligatorischen Beschränkungen im Innenverhältnis dennoch erfolgten rechtswirksamen Verfügung, fällt es generell in die Konkursmasse des Treuhänders und kann aus dieser nicht ausgesondert werden[180]. Dies wäre eine hinzunehmende, weil konsequente Folge des vollen Rechtserwerbs. Dass das Treuhandvermögen keine von den sonstigen Vermögenswerten des Treuhänders getrennte Vermögenseinheit darstellt, führt im Falle eines Konkurses oder einer erklärten Aufrechnung allerdings notwendigerweise zu Problemen und kann somit aus normativen Gründen nicht stringent aufrecht erhalten werden.

aa) Das Treuhandvermögen in der Aufrechnung

Will beispielsweise der Treuhänder bei Rückgabe des Treugutes dem Treugeber gegenüber mit einer Forderung aufrechnen, die in keiner Konnexität zu Ansprüchen aus dem Treuhandverhältnis steht, wäre dies nur dann möglich, wenn die einzelnen Vermögensposten des fiduziarisch übertragenen Vermögens der Vollrechtstheorie entsprechend zum einem Aktivposten des Treuhändervermögen geworden wären.
Das Obergericht Zürich[181] hat sich einer solchen Ansicht und somit der uneingeschränkten Geltung der Vollrechtstheorie jedoch entgegengestellt, indem es das Treugut als hinterlegt im Sinne des Aufrechnungsverbotes des Art. 125 Nr. 1 OR[182] und somit als Sondervermögen ansah.

Diese Einordnung als Sondervermögen wurde später auch auf das Außenverhältnis der Treuhand erweitert. Es bestand ein weitgehender Konsens dahin, dass die streng formale Betrachtung des Treugutes durch die Vollrechtstheorie in der Zwangsvollstreckung in deren Absolutheit nicht aufrechterhalten werden konnte, sondern eines Korrektivs auf ökonomischer Betrachtungsebene bedurfte. Als dogmatische Grundlage hierfür wurde Art. 401 OR herangezo-

---

[180] OR-K I, Wiegand, Art. 18, Rn. 144.

[181] Obergericht Zürich, 14. Januar 1986, ZR 1987, 32 ff; DST 1988, S. 44.

[182] Art. 125 OR: „ Wider den Willen des Gläubigers können durch Verrechung nicht getilgt werden: 1. Verpflichtungen zur Rückgabe oder zum Ersatze hinterlegter, widerrechtliche entzogener oder böswillig vorenthaltener Sachen; (...). Im deutschen Recht steht dem Treuhänder einer Verwaltungstreuhand bei Konnexität der Forderungen die Aufrechung zu, bei einer nicht konnexen Forderung hingegen steht einer Aufrechnung der Rechtsgedanke des § 392 Abs. 2 HGB entgegen, vgl. Henssler AcP 1996, 37, 64.

gen. Die Vorschrift des Art. 401 Abs. 3 OR entwickelte sich infolgedessen im Laufe der Jahre zum Fixpunkt der Klassifizierung des Treuhandvermögens als Sondervermögen sowie der schweizerischen Treuhandlehre insgesamt.

bb) Das Treuhandvermögen in der Zwangsvollstreckung – Kardinalfunktion des Art. 401 OR

Unter Anwendung der auftragsrechtlichen Vorschrift des Art. 401 OR[183] haben Dritte nur einen beschränkten zwangvollstreckungs- und konkursrechtlichen Zugriff auf das Treugut, da der Treugeber unter bestimmten Voraussetzungen Forderungen und bewegliche Sachen, die der Treuhänder in eigenem Namen, aber für Rechnung des Treugebers erworben hat, auszusondern berechtigt ist[184].

Nach Ansicht des Bundesgerichtes[185] werden dem Gesetzeswortlaut folgend davon aber keine Vermögenswerte, die dem Treuhänder bereits im Rahmen des fiduziarischen Grundgeschäftes übertragen wurden oder im Wege einer dinglichen Surrogation an deren Stelle getreten sind, umfasst (sog. Mittelbarkeitsprinzip). Diese Einschränkung wird jedoch kritisiert, da sie einerseits sachlich nicht gerechtfertigt ist und zudem dem Schutzzweck der Norm entgegenläuft. Für die unterschiedliche Differenzierung je nach Herkunft der Vermögenswerte bestehe keine innere Rechtfertigung, zumal der Schutzzweck des Art. 401 Abs. 3 OR, von Dritten erworbene Vermögenswerte aussondern zu können, erst recht für das vom Treugeber übertragene Treugut gelten müsse[186]. Als Folge dieses Wertungswiderspruchs sei Art. 401 Abs. 3 OR auf unmittelbar vom Treugeber übertragenes Treugut analog anzuwenden[187]. Die schweizerische Lösung stellt exakt die Antithese zum nach deutschem Recht von der Rspr. entwickelten und

---

[183] Art. 401 OR: „Hat der Beauftragte für Rechnung des Auftraggebers in eigenem Namen Forderungsrechte gegen Dritte erworben, so gehen sie auf den Auftraggeber über, sobald dieser seinerseits allen Verbindlichkeiten aus dem Auftragsverhältnis nachgekommen ist. Dies gilt auch gegenüber der Masse, wenn der Beauftragte in Konkurs gefallen ist. Ebenso kann der Auftraggeber im Konkurse des Beauftragten, unter Vorbehalt der Retentionsrechte desselben, die beweglichen Sachen herausverlangen, die dieser in eigenem Namen, aber für Rechnung des Auftraggebers zu Eigentum erworben hat".

[184] BGE 117 II 429; OR-K I, Weber, Art. 401, Rn. 4; Watter, ZSR 1995 II, 179, 246, 250, 251; Staehelin, Das Haager Trust-Übereinkommen und die Schweiz, S. 61 ff.

[185] BGE 117 II 429 ff.

[186] OR-K I, Weber, Art. 401, Rn. 5; eine Übersicht über die Entwicklung gibt Watter, ZSR 1995 II, 179, 221 ff.

[187] Watter, ZSR 1995 II, 179, 223.

noch immer geltenden Unmittelbarkeitsprinzip[188] dar. Die bloße Verschiedenartigkeit zum deutschen Recht impliziert freilich nicht, dass der schweizerische Weg deshalb unrichtig ist. Die absolute Divergenz beider Nachbarrechtsordnungen ist aber zumindest ein Indiz für die dogmatische Angreifbarkeit sowohl des einen, als auch des anderen Lösungsweges.

b) Gutgläubiger Erwerb

Gegenüber Dritten kann der Fiduziar als Volleigentümer verfügen. Selbst eine eventuelle Kenntnis des Dritten von der treuhänderischen Bindung der Verfügungsgegenstände führt an sich nicht zu dessen Bösgläubigkeit nach Art. 933 ZGB. Der Treuhänder ist schließlich Vollrechtsinhaber, sodass bereits der Tatbestand dieser Norm, der den Erwerb vom Nichtberechtigten fordert, nicht erfüllt ist. Im Falle einer treuwidrigen Verfügung hat sich der Treugeber daher beim Treuhänder schadlos zu halten. Dies gilt selbst dann, wenn der Dritte vom treuwidrigen Verhalten des Fiduziars positive Kenntnis hatte. Die Ansichten, die dem Dritten in diesen Fällen Rechtsmissbrauch vorwerfen, mit der Folge, dass das Rechtsgeschäft gemäß Art. 2 Abs. 2 ZGB gegen Treu und Glauben verstößt[189] bzw. nach Art. 20 OR sittenwidrig und somit nichtig ist[190], sind in ihrer Rechtsfolge durchaus wünschenswert, mit der Vollrechtstheorie hingegen nicht kompatibel.

c) Persönliche Haftung des Treuhänders

Aufgrund der besonderen Vertrauensstellung, die der Treuhänder innehat, haftet er gemäß Artt. 398 Abs. 2, 321e und 97 OR für jedes Verschulden. Der Maßstab des Verschuldens orientiert sich dabei an seiner besonderen Stellung, die das personenrechtliche Vertrauensverhältnis mit sich bringt. Dieser subjektive Sorgfaltsmaßstab findet im schweizerischen Recht seine Grundlage in den Artt. 321a Abs. 1 und 321e OR.

---

[188] Vgl. dazu das im deutschen Recht geltende Unmittelbarkeitsprinzip. Danach können nur solche Vermögensgegenstände, welche unmittelbar im Rahmen des fiduziarischen Grundgeschäftes überragen wurden, ausgesondert werden.

[189] Vgl. Seiler, Trust und Treuhand im Schweizerischen Recht, S. 58 m.w.N.

[190] Watter, ZSR 1995 II, 179, 232.

5. Die Rechtsstellung des Treugebers

Konsequenz der Vollrechtsübertragung ist, dass dem Treugeber die Aktivlegitimation für dingliche Ansprüche am Treugut verloren geht. Auf Basis der fiduziarischen Abrede hat er indes gegen den Fiduziar einen Anspruch auf vertragsgemäße Verwendung und auf Herausgabe an ihn oder an Dritte[191]. Im Konkurs des Treuhänders wird die Rechtsposition des Treugebers darüber hinaus quasiverdinglicht, wenn man die Qualifizierung des Treugutes als Sondervermögen oder das damit korrelierende Aussonderungsrecht des Treugebers für Forderungen und bewegliche Sachen, welche der Treuhänder in eigenem Namen und für Rechnung des Treugebers erworben hat, betrachtet.

6. Die Rechtsstellung des Begünstigten

Dem Begünstigten stehen nach schweizerischem Treuhandrecht (entgegen der Rechtslage beim Trust) gegenüber dem Treuhänder grundsätzlich keine Ansprüche zu. Werden aber die Begünstigten und der Umfang der Zuwendungen im Treuhandvertrag ausdrücklich genannt, ist regelmäßig von einer stillschweigenden Drittbegünstigung i.S. eines konkludent geschlossenen Vertrages zugunsten Dritter (nämlich des Begünstigten) auszugehen[192].

II. Die Klassifikation und Behandlung des Trusts in der Schweiz

Wie bereits festgestellt, ist dem schweizerischen Recht das Institut des Common Law Trusts unbekannt. Schon zu einem frühen Zeitpunkt wurde jedoch die ökonomische Realität und Akzeptanz desselbigen erkannt und mögliche Integrationsstufen in Lehre und Rechtsprechung diskutiert.

---

[191] Seiler, Trust und Treuhand im Schweizerischen Recht, S. 55.

[192] Seiler, Trust und Treuhand im Schweizerischen Recht, S. 57; Gleiches gilt auch im deutschen Treuhandrecht: Coing, Die Treuhand kraft privaten Rechtsgeschäfts, S. 111.

1. Entwicklung durch Lehre und Rechtsprechung

a) Ansichten innerhalb der Lehre

So unterschiedlich die Anwendungsmöglichkeiten des Trusts, so verschieden sind auch die divergierenden Meinungen innerhalb der schweizerischen Rechtslehre über dessen Kompatibilität mit dem Heimatrecht. Vorreiter der Diskussion waren im Jahre 1954 Gubler und Reymond, die sich mit dem angelsächsischen Trust ausführlich auseinander setzten, eine legislative Rezeption aber für überflüssig und darüber hinaus als mit dem schweizerischen Recht für dogmatisch unvereinbar, weil konkurrierend zu bestehenden Rechtsinstituten, hielten[193]. Beide Autoren schlugen vielmehr eine Anwendung bereits bestehender Rechtsinstitute des schweizerischen Rechts neben geringen Gesetzesmodifikationen vor[194]. Diese Ansicht wurde und wird noch heute von einem großen Teil der Lehre geteilt, die einer Rezeption im Wege der Einführung eines materiellen Trustrechts weiter verschlossen gegenüber steht[195] bzw. eine solche nicht für notwendig erachtet.
In den darauf folgenden Jahren ließ die Diskussionsintensität wieder nach, fand jedoch 1970 eine weit beachtete Wiederbelebung durch eine Entscheidung des Schweizerischen Bundesgerichts, die als „Leading Case" im schweizerischen Integrationsprozess des angelsächsischen Trusts insoweit bezeichnet werden kann, als dass sie sich ausführlich der innerstaatlichen rechtlichen Behandlung und Einordnung eines Common Law Trusts in der Schweiz widmet.

Als integrationsintensivste Möglichkeit wird von Teilen der Literatur weiterhin die Einführung eines materiellen Trust- bzw. Treuhandrechts nach dem Beispiel der französischen fiducie vorgeschlagen[196], jedoch angesichts deren erstmaligen Scheiterns in Frankreich und der sich ergebenen Schwierigkeiten, die die Einführung eines neuen besitzlosen absoluten Rechts wie des Trusts für den schweizerischen status quo der Sicherungsrechte ergeben würde, kritisch hinterfragt[197]. Zwar wird betont, dass sich die früher vertretene Ansicht[198], der Trust sei

---

[193] Gubler, ZSR 1954 II 215a ff., 469a; Reymond, ZSR 1954 II 119a ff., 209a.

[194] Vgl. Seiler, Trust und Treuhand im Schweizerischen Recht, S. 40

[195] Watter, ZSR 1995 II, 179, 252; Pease, Switzerland as a halfway house, S. 145.

[196] Thévenoz, S. 141 ff., 341 ff., der sich für eine Kodifikation der Schweizer Treuhand ausspricht.

[197] Staehelin, HTÜ-CH, S. 85.

[198] Gubler, Reymond, vgl. Fn. 193.

dem schweizerischen Recht aufgrund seines sachenrechtlichen Dualismus wesenfremd, in ihrer Absolutheit nicht mehr halten lasse. Auch eine neuere Entscheidung des Bundesgerichtes[199] bedient sich zur Erklärung der Aufspaltung der Eigentumsstellung über die Equity beim Trust des Katalogs der inländischen beschränkt dinglichen Rechte und stützt dadurch indirekt eine mögliche legislative Rezeption auf sachenrechtlicher Grundlage.
Im Rahmen des parlamentarischen Verfahrens der Ratifikation des HTÜ flossen derartige Überlegungen zwar ein, fanden allerdings keine kodifikatorische Berücksichtigung.

b) Ansichten innerhalb der Rechtsprechung

Im Fall Harrison/Schweizerische Kreditanstalt[200] stellte das Bundesgericht unter ausdrücklicher Bezugnahme auf die Ausführungen von Gubler und Reymond affirmativ klar, dass der Dualismus des angelsächsischen Trusts in legal und equitable ownership kein Korrelat innerhalb des inländischen Rechtssystems kenne. Infolgedessen sei dennoch zu prüfen, „welchen schweizerischen Rechtseinrichtungen das streitige Rechtsverhältnis in seinen Wirkungen am ehesten gleicht"[201]. Das Bundesgericht wird sich an dieser Stelle seines durch Art. 1 Abs. 2 ZGB vorgegebenen Auftrags zur richterlichen Rechtsfortbildung beispielhaft bewusst, der es ihm verwehrt, den nach dem jeweiligen Heimatrecht rechtswirksam errichteten Trust als zwangsläufig unwirksam nach schweizerischen Recht zu betrachten.
Der Trust sei daher als ein gemischt schuldrechtlicher Vertrag mit Elementen des Auftrags (Artt. 394 ff. OR), der treuhänderischen Eigentumsübertragung, der Schenkung (Artt. 239 ff. OR) und des Vertrages zu Gunsten Dritter (Art. 112 OR) zu qualifizieren.
Der in der Literatur[202] sonst so beliebte Versuch, den Trust dem Stiftungsrecht zu unterstellen, wurde vom Bundesgericht im zu entscheidenden Fall mangels Vorliegen einer besonderen Zweckbindung der zur Frage stehenden Vermögensleistungen verneint.
Im Kerngehalt der Entscheidung war daher mittelbar festgestellt, dass der Common Law Trust als solcher keine zwingenden Rechtsnormen des Schweizer Rechts verletzt und folglich

---

[199] Nr. 5 C.169/2001, E. 6.b.dd v. 19. November 2001, nicht veröffentlicht, vgl. Romann, HTÜ-CH, S. 56.

[200] BGE 96 II 79 ff.; Sachverhalt zusammengefasst bei Seiler, Trust und Treuhand im Schweizerischen Recht, S. 43 ff.; Perrin, Le Trust à l'épreuve du droit successoral, S. 89; Am Rande: aus der damaligen Schweizerischen Kreditanstalt entwickelte sich die heutige „Credit Suisse".

[201] BGE 96 II 79 ff.

[202] Reymond, ZSR 1954 II, 119a, 152a: „Au seuil du droit suisse, la *fondation* est, de toutes nos institutions juridiques, celle qui se rapproche le plus du trust".

dessen Existenz innerhalb der Grenzen der Privatautonomie als Rechtseinrichtung zumindest gültig ist[203].

Im Jahre 2001 judizierte das Bundesgericht, dass selbst ein Constructive Trust[204], der nach Common Law von Gesetzes wegen zur Beseitigung einer ungerechtfertigten Vermögensverschiebung entsteht, also bereicherungsrechtliche Funktionen übernimmt, internationalprivatrechtlich anzuerkennen sei[205]. Dem Begünstigten dieser Rechtsstruktur stehe daher ein dinglicher Anspruch zu.

Mit der Ratifizierung der HTÜ haben sich die Qualifikationsprobleme eines Trusts insoweit erübrigt, als dass er mit seinen Wirkungen als ein solcher anzuerkennen ist.

2. Regelungen bezüglich Trusts

Auch wenn der Trust im schweizerischen Recht an keiner Stelle positivrechtlich normiert ist, existieren, ähnlich wie im europäischen Sekundärrecht, einige nationale, aber auch kantonale Vorschriften, welche ihn zumindest erwähnen[206].

Neben dem Luganer Übereinkommen[207], das aus deutscher Perspektive das Parallelabkommen für die EuGVO im deutsch-schweizerischen Rechtsverkehr darstellt, lassen sich entsprechende Normen vor allem auf staatsvertraglicher Ebene im internationalen Steuerrecht in Form von Doppelbesteuerungsabkommen gegenüber den USA oder Großbritannien finden.

Auf kantonaler Ebene bestehen Vorschriften, die sich –aufgrund des kantonalen Steuerpartikularismus in der Schweiz- ebenfalls mit der Besteuerung von Trusts beschäftigen[208].

3. Internationalprivatrechtliche Anerkennung vor Ratifizierung des HTÜ

Bei einem Rechtsinstitut wie dem Trust ist bei transnationalen Sachverhalten vor allem die Schaffung von Rechtssicherheit ein elementares Bedürfnis. Ist nämlich ein Rechtsinstitut der

---

[203] Zur Entwicklung des schweizerischen Trustrechts vgl. den Überblick bei Gutzwiller, Trustrecht, S. 21 ff.

[204] Auf den Constructive Trust findet das HTÜ keine oder nur eine eingeschränkte Anwendung, vgl. Artt. 2 Abs. 1, 3, 20 HTÜ.

[205] BGE v. 19. November 2001 (5C. 169/2001).

[206] Vgl. die Aufstellung bei Gutzwiller, Trustrecht, S. 25.

[207] Luganer Übereinkommen über die gerichtliche Zuständigkeit und die Vollstreckung gerichtlicher Entscheidungen in Zivil- und Handelssachen (LugÜ) vom 16.9.1988, SR 0.275.11; abgedruckt bei Jayme/Hausmann Textsammlung Internationales Privat- und Verfahrensrecht, 13. Auflage, unter Nr. 152.

[208] So z.B. im Kanton Genf; Seiler, a.a.O. S. 42.

Heimatrechtsordnung fremd, so muss hinterfragt werden, ob diese auf kollisionsrechtlicher Ebene von der Gewährung der Parteiautonomie gegenüber ihren Rechtsanwendern allzu extensiv Gebrauch machen soll, mit der Folge, dass die Parteien das gewünschte Ergebnis mittels einer Rechtswahl entgegen den Bestimmungen des heimatrechtlichen Sachrechts gleichwohl rechtlich umsetzen können[209].
In kollisionsrechtlicher Hinsicht ist hierfür das Gesetz über das Internationale Privatrecht (IPRG) vom 18. Dezember 1987, das am 1. Januar 1989 in Kraft trat, die maßgebliche Rechtsquelle. Die dort gesetzlich zusammengestellten Kollisionsnormen stellen einen wichtigen Teilschritt der mittelbaren Anerkennung des Trusts in der Schweiz dar.

a) Autonomes Kollisionsrecht

Die vom Bundesgericht vorgenommene Qualifikation des Trusts als hybriden Vertragskomplex mit Elementen des Auftrags, der treuhänderischen Eigentumsübertragung, der Schenkung und des Vertrages zu Gunsten Dritter ist den Anknüpfungsgegenständen des IPRG nicht zugrunde zu legen, zumal das IPRG fast 20 Jahre nach der angegebenen Entscheidung in Kraft trat.

Bei der Frage der Qualifikation eines Trusts ist vielmehr allgemein zwischen dem Truststatut, das die rechtlichen Beziehungen zwischen den Parteien einschließlich gegenüber dem Begünstigten festlegt[210] und dem Sachenrechtsstatut bzw. der mittels diesem berufenen Rechtsordnung zu unterschieden, die lege rei sitae für die dinglichen Verhältnisse am Treugut entscheidet[211]. Darüber hinaus sind etwaige erb- oder güterrechtliche Sonderanknüpfungen zu berücksichtigen, die das Truststatut überlagern können. Dem schweizerischen autonomen Kollisionsrecht gehen zwar ebenso wie im deutschen IPR, Kollisionsnormen staatsvertraglichen Ursprungs gem. Art. 1 Abs. 2 IPRG vor; bis auf die oben erwähnten Doppelbesteuerungsabkommen kamen solche für die Schweiz aber bis zur Ratifizierung des HTÜ - mit Ausnahme des LugÜ - nicht zur Anwendung.

---

209 Vgl. Watter, ZSR 1995 II, 179, 240.

210 Auf dieses Truststatut bezieht sich auch die Harrison-Entscheidung des BG, BGE 96 II 79 ff.

211 Watter, ZSR 1995 II, 179, 241, 242.

aa) Truststatut

aaa) Qualifikation

Nach herrschender Ansicht war ein rechtsgeschäftlich begründeter Trust („Express Trust") unter die gesellschaftskollisionsrechtliche Vorschrift des Art. 150 Abs. 1 IPRG bzw. den dort normierten Gesellschaftsbegriff zu subsumieren, da er als organisierte Vermögenseinheit im Sinne der Norm zu qualifizieren sei[212].

Hierfür, und folglich gegen eine schuldrechtliche Anknüpfung an das Vertragsstatut gem. Artt. 116 ff. IPRG sprach, dass der angelsächsische Trust gerade nicht wie die schweizerische (und deutsche) Treuhand mittels Vertrag begründet, sondern im Wege einer unilateralen Übertragung von Vermögensgegenständen an den Trustee errichtet wird und somit als rechtlich selbständiges Zweckvermögen einen einer Gesellschaft angenäherten Grad an organisatorischer Eigenständigkeit aufweist. Die Schwierigkeiten, die eine vertragliche Qualifikation[213] mit sich brachte, wurden dadurch umgangen und demzufolge eine einheitliche Behandlung der verschiedenen Beziehungen der am Trust beteiligten Rechtssubjekte und der sich daraus ergebenen Rechtsfragen sichergestellt[214].

Jedoch wurde ein Trust dann nicht gesellschaftsrechtlich qualifiziert, wenn er im Einzelfall über keine ausreichende Organisationsstruktur verfügte, um als „organisierte Vermögenseinheit" i.S.d. Art. 150 IPRG angesehen zu werden. Dies galt vor allem für den Constructive Trust, der nicht infolge rechtsgeschäftlicher Bestellung, sondern unter analoger Anwendung der trustrechtlichen Bestimmungen auf gesetzlichem Wege entsteht und dem Statut des jeweiligen Rechtsverhältnisses zu unterstellen ist[215].

Eine Anknüpfung an das Vertragsstatut kam schließlich auch dann in Betracht, wenn man den Trust aufgrund seiner konkreten Ausgestaltung als Treuhand qualifizierte.

---

[212] Vischer, ZK-IPRG, Art. 150, Rn. 13; Seiler, Trust und Treuhand im Schweizerischen Recht, S. 109; Watter, ZSR 1995 II, 179, 242 ff; Thévenoz, S. 40, der auch die Möglichkeit einer erbrechtlichen Qualifikation anspricht, a.a.O., S. 38 ff.; Reichen, ECS 2005, 797, 799; Perrin, Le Trust à l'épreuve du droit successoral, S. 105.

[213] Zur vertraglichen Qualifikation siehe auch Perrin, Le Trust à l'épreuve du droit successoral, S. 91 ff.

[214] Vischer, ZK-IPRG, Art. 150, Rn. 13.

[215] Vischer, ZK-IPRG, Art. 150, Rn. 18.

bbb) Anwendbares Recht

Das Bundesgericht[216] hat sich der gesellschaftsrechtlichen Qualifikation angeschlossen, was zur Folge hatte, dass sich das anwendbare Recht infolge der Qualifikation nach Art. 150 IPRG nach dem Recht des Staates bemaß, nach dessen Vorschriften der Trust organisiert ist und dessen Registrierungs- und Publizitätsvorschriften er erfüllt, oder falls solche Vorschriften nicht bestehen, nach dessen Recht er sich organisiert hat, Art. 154 Abs. 1 IPRG.
Erfüllte der Trust diese Voraussetzungen nicht, so unterstand er nach Art. 154 Abs. 2 IPRG dem Recht des Staates, in dem er tatsächlich verwaltet wird. Selbstverständlich erwähnen die eben zitierten Normen den Terminus des Trusts so nicht; der Trust fällt lediglich unter den Begriff der Gesellschaft/organisierten Vermögenseinheit i.S.d. Art. 150 Abs. 1 IPRG.
Das schweizerische IPRG hat sich daher der Gründungs- bzw. Inkorporationstheorie angeschlossen, indem es das Recht desjenigen Staates zur Anwendung berief, in welchem und nach dessen Regeln sich der Trust gebildet hatte[217]. Wurden die dortigen Inkorporationsvoraussetzungen nicht erfüllt, und wurde der Trust in der Schweiz tatsächlich verwaltet, kam allerdings schweizerisches Recht zur Anwendung, sodass das IPRG hilfsweise über die Grundsätze der Sitztheorie den effektiven Verwaltungssitz des Trusts zum Anknüpfungsmoment der zu bestimmenden Rechtsordnung machte.
Eine Rechtswahlmöglichkeit sieht das schweizerische internationale Gesellschaftsrecht nicht vor. Falls jedoch eine solche in der Trusturkunde dennoch enthalten ist, konnte sie als Indiz für das Recht des Inkorporationsstaates, nach dessen Vorschriften der Trust in der Regel organisiert gewesen ist, aufgefasst werden[218].

Bereits hier sei erwähnt, dass das HTÜ gem. Art. 6 Abs. 1 die Wahl des anwendbaren Rechts zum Regelfall erhebt, wonach eine solche ausdrücklich erfolgen oder sich aus der Errichtungsurkunde ergeben kann. Sieht das nach dieser Vorschrift gewählte Recht allerdings Trusts oder die Art von Trusts, um die es geht, nicht vor, bestimmt sich das anzuwendende Recht nach dem Ort, mit dem der Trust die engsten Verbindungen aufweist, was wiederum regelmäßig der bezeichnete Verwaltungsort sein wird (Art. 6 Abs. 2 i.V.m. Art. 7 Abs. 1, 2 HTÜ).

---

216 BGE v. 3. September 1999 (4C.255/1998), vgl. Vischer, ZK-IPRG, Art. 150, Rn. 14.

217 Vischer, ZK-IPRG, Art. 154, Rn. 1, 2.

218 Vischer, ZK-IPRG, Art. 150, Rn. 14; Seiler, Trust und Treuhand im Schweizerischen Recht, S. 114.

ccc) Haftungsfragen

Die Frage der gesellschafts- oder vertragsrechtlichen Anknüpfung bestimmte ferner die maßgebliche Haftung des Trustees.

α) Gesellschaftsstatut

Fand auf einen Trust das Gesellschaftsstatut Anwendung, kamen nach Art. 159 IPRG die schweizerischen gesellschaftsrechtlichen Haftungsnormen[219] zur Anwendung, wenn die Gesellschaft (ergo der Trust) Geschäfte in der Schweiz oder von der Schweiz aus führte[220]. Voraussetzung hierfür war jedoch, dass der Trust einer inländischen Gesellschaftsform zugeordnet werden konnte[221]. Da eine solche Zuordnung aufgrund der mangelnden Korrespondenz des Trusts zu schweizerischen Gesellschaftsformen nicht möglich war (bzw. auch nach der Ratifizierung des HTÜ nicht möglich ist), waren entgegen dem Wortlaut des Art. 159 IPRG nur die allgemeinen Haftungsbestimmungen (Artt. 41 ff., 55 OR, Art. 55 Abs. 3 ZGB) anzuwenden[222].

β) Vertragsstatut

Die gesellschaftsrechtliche Anknüpfung des Trusts führte mangels Korrelat im schweizerischen Gesellschaftsrecht zu Unsicherheiten hinsichtlich der Haftung und der Einordnung der Pflichtverletzung[223]. Qualifizierte man den Trust hingegen vertragsrechtlich, ließen sich im Wege der in Art. 116 IPRG normierten Rechtswahlmöglichkeit derartige Unsicherheiten schon im Vorfeld vermeiden. Hatten die Parteien hingegen keine Rechtswahl getroffen, unterstand der Vertrag nach der objektiven Anknüpfung des Art. 117 Abs. 1 IPRG dem Recht des Staates, mit dem er am engsten zusammenhing. Dies ist in der Regel der Staat, in dem die Partei, welche die charakteristische Leistung erbringen soll, ihren gewöhnlichen Aufenthalt hat oder, wenn sie den Vertrag aufgrund einer beruflichen oder gewerblichen Tätigkeit ge-

---

219 Artt. 752 ff., 827, 920 OR (allgemeine Haftung juristischer Personen); Artt. 568, 594 OR (unbeschränkte persönliche Gesellschafterhaftung); Art. 608 OR (beschränkte Haftung des Kommanditärs).

220 Vgl. Vischer, ZK-IPRG, Art. 159, Rn. 15 ff.

221 Vischer, ZK-IPRG, Art. 159, Rn. 12.

222 Vischer, ZK-IPRG, Art. 159, Rn. 13.

223 Seiler, Trust und Treuhand im Schweizerischen Recht, S. 116.

schlossen hat, in dem sich ihre Niederlassung befindet, Art. 117 Abs. 2 IPRG. Ein Trustee mit Wohnsitz in der Schweiz erbringt mit der Verwaltung des Trusts die charakteristische Leistung in diesem Sinne. Im Ergebnis fanden somit die anerkannten Haftungsgrundsätze des für die schweizerische Treuhand einschlägigen Auftragsrechts Anwendung.

bb) Sonderanknüpfungen

Das Truststatut wird in einigen Bereichen von Sonderanknüpfungen überlagert. Vor allem gilt dies für das Trustvermögen, das aufgrund der gesellschaftsrechtlichen Qualifikation vom Umfang des Art. 155 IPRG nicht gedeckt ist oder für ehegüterrechtliche oder erbrechtliche Fragen[224]. Derartige Sonderanknüpfungen werden auch unter dem HTÜ zu beachten sein, vgl. Art. 15 HTÜ.

aaa) Sachenrechtsstatut

Soweit vom Trustvermögen Sachen oder Grundstücke betroffen sind, regelt das Recht des jeweiligen Belegenheitsortes (lex rei sitae) die Rechtszuständigkeit am Treugut[225], vgl. Artt. 100 Abs.1, 119 Abs. 1 IPRG. Ebenso ist die Frage der dinglich wirkenden Rechte nach Art. 99 Abs. 1 IPRG dem situs des Grundstücks zu unterstellen[226].

bbb) Güterrechtsstatut

Einer vom Truststatut gesonderten Anknüpfung unterliegen daneben die güterrechtlichen Verhältnisse[227]. Errichten Schweizer Ehegatten einen Trust, richten sich die güterrechtlichen Folgen gemäß Art. 54 IPRG –sofern keine Rechtswahl vorliegt- nach schweizerischem Recht[228]. Die rechtliche Beurteilung eines Trusts mit ausländischen Ehegatten beurteilt sich indessen nach dem für die Ehegatten maßgeblichen Güterrecht[229].

---

[224] Watter ZSR 1995 II, 179, 243; zu den Sonderanknüpfungen vgl. Seiler, Trust und Treuhand im Schweizerischen Recht, S. 118 ff.

[225] Watter, ZSR 1995 II, 179, 243.

[226] Vgl. Art. 15 lit. d) HTÜ .

[227] Vgl. Art. 15 lit. b) HTÜ .

[228] Vgl. Heini/ZK-IPRG, Art. 54, Rn. 4 ff.

[229] Vgl. Perrin, Le Trust à l´épreuve du droit successoral, S. 97.

ccc) Erbstatut

Nach Art. 90 Abs. 1 IPRG untersteht der Nachlass einer Person mit letztem Wohnsitz in der Schweiz dem schweizerischem Recht. Ein Ausländer kann jedoch nach Art. 90 Abs. 2 IPRG durch letztwillige Verfügung oder Erbvertrag den Nachlass seinem Heimatrecht unterstellen. Der Nachlassregelung mittels Trust (Testamentary Trust) durch einen Erblasser mit Wohnsitz in der Schweiz steht allerdings der Numerus Clausus der gesetzlichen Verfügungsarten (Art. 481 ff. ZGB) und der gesetzlichen Formvorschriften für letztwillige Verfügungen (Art. 498 ff. ZGB) entgegen. Ist schweizerisches Erbrecht auf einen Trust von Todes wegen jedoch dem Kollisionsrecht nach anzuwenden, muss dieser je nach seiner konkreten Ausgestaltung ins schweizerische Recht transponiert werden[230]. Diese Grundsätze werden von der Ratifizierung des HTÜ nicht berührt, vgl. Art. 15 lit. c) HTÜ.

b) Luganer Übereinkommen

In prozessualer Hinsicht bestimmt sich in Fällen mit Auslandsbezug die Frage der internationalen Entscheidungszuständigkeit nach dem Luganer Übereinkommen über die gerichtliche Zuständigkeit und die Vollstreckung gerichtlicher Entscheidungen in Zivil- und Handelssachen (LugÜ)[231], da sich diesbezügliche Vorschriften im IPRG nicht finden lassen.
Bei unterstellter Anwendbarkeit des LugÜ[232], begründet Art. 5 Nr. 6 LugÜ die internationale Entscheidungszuständigkeit schweizerischer Gerichte für Klagen, wenn jemand als Begründer, Trustee oder Begünstigter eines Trusts in Anspruch genommen wird und der Trust seinen Sitz in der Schweiz hat. Diese Vorschrift wird, gleichermaßen wie die Parallelnormen der EuGVO, um Art. 53 Abs. 2 LugÜ ergänzt, der als Sitz eines Trusts den Ort für maßgeblich hält, in dem die Klage anhängig ist.
Schließlich eröffnet Art. 17 Abs. 2 LugÜ die Möglichkeit einer Gerichtsstandsvereinbarung. Diese Norm findet ihre Notwendigkeit in dem Umstand, dass ein Trust kein Vertrag mit der Möglichkeit einer parteiautonomen Rechtswahl, sondern ein unilaterales Rechtsgeschäft ist,

---

[230] Vgl. Seiler, Trust und Treuhand im Schweizerischen Recht, S. 120.

[231] Vgl. hierzu Rauscher, IPR, S. 323 ff.

[232] Es muss sich gem. Art. 1 Abs. 1 LugÜ um eine Zivil- und Handelssache handeln und es darf keine der in Art. 1 Abs. 2 LugÜ enumerativ aufgezählten Ausnahmen vorliegen.

und somit die Beteiligten an der inhaltlichen Ausgestaltung des Trusts nicht unmittelbar mitgewirkt haben[233].

III. Treuhand und Trust im Vergleich

Stellt man die schweizerische Treuhand und den Trust einem direkten Vergleich gegenüber, sind folgende Charakteristika hervorzuheben:
Bedarf die Treuhand zur Begründung eines Vertrages, des pactum fiduciae, entsteht der Trust infolge eines einseitigen Rechtsgeschäftes im Rahmen dessen die entsprechenden Vermögensgegenstände auf den Trustee übertragen werden. Dieser Umstand war es, der für die kollisionsrechtliche Qualifikation des Trusts als organisierte Vermögenseinheit i.S.d. Art. 150 IPRG sprach.
Folgt man der Ansicht, dass dem Treugeber bzw. dem Begünstigten ein Aussonderungsrecht nach Art. 401 OR zusteht, da das Treuhandvermögen ein vom sonstigen Vermögen des Treuhänders getrenntes Sondervermögen darstellt, führt ein Vergleich mit dem Trust in diesem Bereich zu einer Identität[234]: die Vermögenssegregation beim Trust ist schließlich eines seiner konstitutiven Merkmale.
Nach schweizerischem Treuhandrecht löst der Tod des Treuhänders gem. Art. 405 OR die Treuhandabrede auf. Obgleich diese Vorschrift dispositiv ist[235] und somit mittels einer mit einem zweiten Treuhänder durch den Tod des ersten Treuhänders aufschiebend bedingten Treuhandabrede umgangen werden kann, tritt diese Rechtsfolge im Common Law Trust automatisch ein, wonach das Treugut auf den in der Trusturkunde Trustee übergeht oder ein solcher durch die Aufsichtsbehörde zu bestimmen ist[236].
Darüber hinaus ist der Trust im Gegensatz zur fiduzia in seinem Bestand und in seiner Identität von den an ihm beteiligten Personen unabhängig,
Schließlich stehen dem Beneficiary aufgrund seiner wirtschaftlichen Eigentümerstellung nach Equity-Recht eigene dingliche Ansprüche gegen den Trustee zu. Nach schweizerischem Treuhandrecht kann ein ähnliches Ergebnis auf schuldrechtlichem Wege nur über eine kon-

[233] Seiler, Trust und Treuhand im Schweizerischen Recht, S. 109 m.w.N.

[234] Vgl. Watter, ZSR 1995 II, 179, 227.

[235] OR-K I, Weber, Art. 405 OR, Rn. 1.

[236] Zur richterlichen Tätigkeit vgl. Gutzwiller, Trustrecht, S. 9, Rn. 36 ff.

kludente Konstruktion eines der Treuhandabrede immanenten Vertrages zugunsten Dritter rechtlich umgesetzt werden.

IV. Abgrenzung zu funktionsäquivalenten Rechtseinrichtungen des schweizerischen Rechts

Die obige Darstellung zum schweizerischen Treuhandrecht erfolgte nicht ihrer selbst willen. Sie sollte der Analyse des Trusts, wie er in der Rechtspraxis Eingang gefunden hat, eine vergleichende Einbettung geben. Der Vollständigkeit halber sollen schließlich noch andere Rechtsinstitute des Heimatrechts angesprochen werden, die ähnliche Funktionen wie die fiduzia erfüllen.

1. Die schweizerische Stiftung

Das schweizerische Stiftungsrecht unterscheidet zwischen der selbständigen und der sog. unselbständigen Stiftung. Erstere definiert sich als verselbständigtes Zweckvermögen[237]. So bedarf es nach Art. 80 ZGB zu deren Errichtung der Widmung eines Vermögens für einen besondern Zweck. Träger dieses Vermögens ist der Stiftungszweck, der eine eigene Rechtspersönlichkeit besitzt[238]. Die Stiftung wird daher zur Vollrechtsinhaberin der ihr übertragenen Vermögenswerte mit der Folge, dass den Organen der Stiftung, sowie selbst den Begünstigten keine Reche am Stiftungsvermögen zustehen[239]. Im Gegensatz zum Trust, ist das Stiftungsvermögen zwingend einem bestimmten Zweck zu widmen, der nicht die direkte Begünstigung von Personen zum Inhalt haben darf. Daneben besitzt der Trust keine eigene Rechtspersönlichkeit, sondern konstituiert sich aus dem durch den Trustee treuhänderisch verwalteten Sondervermögen bzw. aus den am Trust beteiligten Personen[240]. Der Trust ist darum nicht selbst das formelle Subjekt des entstandenen Zweckvermögens, sondern kann das Eigentum nur auf indirektem Wege über den Trustee ausüben. Die Einhaltung des Stiftungszwecks wird von kantonalen oder kommunalen Aufsichtsbehörden überwacht (vgl. Art. 84 ZGB). Beim Trust wird diese Aufsichtsfunktion indes teilweise von den Gerichten ausgeübt.

---

[237] Grüninger/BK-ZGB, Art. 80 Rn. 1, 2.

[238] Seiler, Trust und Treuhand im Schweizerischen Recht, S. 69 m.w.N.

[239] Vgl. Seiler, Trust und Treuhand im Schweizerischen Recht, S. 70 m.w.N.

[240] Vgl. oben Einleitung A. I. 1.

Bei der unselbständigen Stiftung handelt es sich hingegen um ein hybrides Instrumentarium ohne Rechtspersönlichkeit, welches nach der schweizerischen Dogmatik eine Schenkung mit Auflage, eine Erbeinsetzung mit Auflage oder ein Vermächtnis mit Auflage darstellt[241]. Dem Leitbild des Stiftungsrechtes unterliegt sie gleichwohl, da sie die Bindung von Vermögen zu einem bestimmten Zweck zum Gegenstand hat[242].

2. Schenkung

Als Schenkung gilt nach Art. 239 Abs. 1 OR jede Zuwendung unter Lebenden, womit jemand aus seinem Vermögen einen anderen ohne entsprechende Gegenleistung bereichert. Einer strukturellen Vergleichbarkeit mit dem Trust steht im Verhältnis des Settlors zum Trustee bereits der Umstand entgegen, dass der Trustee nicht bereichert werden soll, sondern die Vermögensgegenstände zugunsten der Begünstigten zu verwalten hat. Im Verhältnis des Settlors zu den Begünstigten des Trusts kann die Harrison-Entscheidung des Bundesgerichtes nutzbar gemacht werden, welcher zufolge die Zuwendung im Wege eines Trusts als Schenkung in Verbindung mit einem Vertrag zugunsten Dritter einzuordnen ist[243].

3. Vertrag zugunsten Dritter

Wie das deutsche Recht differenziert das schweizerische Recht zwischen dem echten und unechten Vertrag zugunsten Dritter, je nachdem ob dem Dritten ein eigenes Forderungsrecht zustehen soll oder ob nur der Versprechensempfänger (Stipulant) die Leistung an den Dritten zu fordern berechtigt ist. Beim echten Vertrag zugunsten Dritter (Art. 112 Abs. 2 OR) sind daher der Dritte oder sein Rechtsnachfolger berechtigt, die Erfüllung selbständig zu fordern. Trotz dieser strukturellen Vergleichbarkeit zur Rechtsstellung des oder der Begünstigten eines Trusts, handelt es sich beim Vertrag zugunsten Dritten um ein (bloß) schuldrechtliches Rechtsverhältnis.

---

[241] Seiler, Trust und Treuhand im Schweizerischen Recht, S. 71 m.w.N.

[242] Grüninger/BK-ZGB, Art. 80 Rn. 1; Seiler, Trust und Treuhand im Schweizerischen Recht, S. 72 m.w.N.

[243] BGE 96 II 94.

C. Die Ratifizierung des HTÜ

I. Einleitung

Im Laufe der letzten Jahre hat sich in der Schweiz ein überwiegender Konsens dahingehend gebildet, dass der ökonomischen Realität von Trusts ein juristischer Rahmen gegeben werden muss, um die Rechtssicherheit für ausländische Trusts zu erhöhen[244] und um der innerschweizerischen Volkswirtschaft ein der Globalisierung der Finanzmärkte genügendes, juristisch abgesichertes Vehikel zu geben.
Auf diesem Nährboden fand die Ratifizierung des HTÜ sukzessive eine voranschreitende Akzeptanz.

II. Ratifizierungsprozess

Von der schweizerischen Bundesverwaltung wurde eine mögliche Ratifizierung des HTÜ bereits Anfang der neunziger Jahre geprüft, allerdings mangels signalisierten Bedarfs von Seiten der Finanzwirtschaft zurückgestellt[245]. Die Arbeit des Genfer Hochschullehrers Thévenoz[246] aus dem Jahre 1999 und die vier Jahre später im schweizerischen Bundesrat eingebrachte Motion[247] des Nationalrates Suter, das HTÜ zu ratifizieren, führten allerdings wieder zu einer intensiven Auseinandersetzung mit dem HTÜ. Diese nahm ihren Weg schließlich über ein informelles Vorkonsultationsverfahren, im Rahmen dessen Wirtschaftsverbände, Rechtsfakultäten und Behörden angehört und ein Vorentwurf für eine Anpassung des schweizerischen Zivilrechts vorgelegt wurden[248]. Ende 2005 hat der schweizerische Bundesrat schließlich die sich aus den Vorkonsultationen gefundenen Ergebnisse in einer Botschaft zusammengetragen und die Bundesversammlung um Zustimmung gebeten. Am 20. Dezember 2006 genehmigte die Schweizerische Bundesversammlung das HTÜ und ermächtigte den Bundesrat zur Ratifizierung. Das Haager Trustübereinkommen trat für die Schweiz zum 1. Juli 2007 in Kraft.

---

[244] Vgl. Romann, HTÜ-CH, S. 57; Vogt, HTÜ-CH, S. 127 ff.; Gutzwiller, Trustrecht, S. 13 m.w.N.

[245] Botschaft zur Genehmigung und Umsetzung des Haager Übereinkommens über das auf Trusts anzuwendende Recht und über ihre Anerkennung, BBl. 2/2006, 551 ff.

[246] Fn. 196.

[247] Motion 03.3233.

[248] BS, BBl. 2/2006, 551, 556.

III. Qualifikation und Anwendungsbereich

Der im Abkommen festgelegte Anwendungsbereich ist weiter als der des schweizerischen IPRG. Unabhängig von seinem Organisationsgrad, untersteht ihm jeder rechtsgeschäftlich begründete Trust[249]. Vertragliche Treuhandverhältnisse wie die fiducia werden vom Anwendungsbereich indes nicht umfasst, da ihnen die Unabhängigkeit in ihrem Bestand und ihrer Identität von den an ihnen beteiligten Personen fehlt[250].
Was die Frage des anwendbaren Rechts betrifft, ist das HTÜ anerkennungsfreundlicher als das IPRG. Eine nach Art. 154 Abs. 1 IPRG erforderliche Inkorporation nach einem bestimmten Recht ist nicht erforderlich, sodass primär das vom Begründer des Trusts gewählte Recht genügt und maßgeblich ist.

IV. Ziele und Zweck

Die Ratifikation des HTÜ hat nicht zur Folge, dass der schweizerischen Rechtsordnung ein ihr fremdes Rechtsinstitut über die völkerrechtliche Hintertür zugeführt wird. Primärer Zweck der Ratifikation ist das Schaffen von innerer und äußerer Rechtssicherheit bei der Anwendung eines in der Rechtswirklichkeit auftretenden Rechtsinstituts, das auch schon vor dem Inkrafttreten des HTÜ internationalprivatrechtlich im Rahmen der Artt. 150 IPRG anerkannt wurde. Unter dem Aspekt eines höheren Maßes an Rechtssicherheit ist das HTÜ zu begrüßen, da dem Trust ein eigenes anwendbares Recht zugeordnet wird und demnach die Qualifikationsschwierigkeiten, die bei Artt. 150 IPRG auftraten, entfallen. Neben der Beseitigung der Unklarheiten zwischen gesellschafts- oder vertragrechtlicher Qualifikation, ist das HTÜ anerkennungsfreundlicher als das autonome schweizerische Kollisionsrecht[251] mit der Folge, dass ein Trust öfters dem Recht einer Rechtsordnung unterstehen wird, die den Trust in ihrem Heimatrecht kennt. Die hybride Umdeutung in funktionsäquivalente Institute des jeweiligen Heimatrechts kann insoweit künftig unterbleiben, was den involvierten Behörden und Rechts-

---

249 BS, BBl. 2/2006, 551, 570.

250 Dies verdeutlicht insbesondere die französische Fassung des HTÜ: Art. 2 Abs. 2 lit. a: „Les biens du trust constituent une masse distincte et ne font pas partie du patrimoine du Trustee", vgl. BS, BBl. 2/2006, 551, 570; zur Anwendbarkeit der Konvention auf „institutions analogues" allgemein, vgl. Gutzwiller, Trustrecht, S. 29, Rn. 1-1. Dennoch ist die Anwendbarkeit des HTÜ auf analoge Rechtsinstitutionen nicht unstrittig.

251 BS, BBl. 2/2006, 551, 574.

subjekten mehr Planungs- und Rechtsanwendungssicherheit gibt[252]. Die Anerkennung verhindert schließlich, dass ein Trust, der transnationale Berührungspunkte hat, in verschiedenen Staaten einer unterschiedlichen Rechtsordnung untersteht.
Darüber hinaus statuiert das HTÜ in Art. 9 die Möglichkeit einer Teilrechtswahl für abtrennbare Teilbereiche, die nach Art. 154 IPRG nur sehr beschränkt möglich ist.

V. Vorteile gegenüber dem aktuellen IPRG

Die mit der Ratifizierung einhergehende Rechtssicherheit und deren Sekundärfolgen begründen den Hauptvorteil gegenüber der bisherigen Rechtslage. Für alle am Trust beteiligten Parteien lässt sich nunmehr bestimmen, welchem Recht ein Trust im konkreten Einzelfall untersteht. Dies gilt freilich auch für die betroffenen Aufsichtsbehörden. Unter dem Leitaspekt der Rechtssicherheit ergeben sich zusammengefasst folgende Vorteile[253]:

- Infolge des eigens normierten Truststatuts entfällt künftig die Problematik, ob ein Trust als Gesellschaft oder als Vertragsverhältnis zu qualifizieren ist bzw. ob im Falle einer gesellschaftsrechtlichen Qualifikation wiederum Rückausnahmen zugunsten vertraglicher Regeln zu machen sind.
- Die in Art. 6 HTÜ vorgesehene Rechtswahlmöglichkeit substituiert in den meisten Fällen das Erfordernis einer formellen Inkorporation eines Trust gemäß Art. 154 Abs. 1 IPRG. Eine nach außen hin genügende organisatorische Erkennbarkeit nach einem bestimmten Recht ist jedoch auch im Falle einer Rechtswahl zu prüfen.
- Das HTÜ ist allgemein anerkennungsfreundlicher als die bisher betroffenen Normen des IPRG. Im Einzelfall wird daher ein Trust öfters nach einer Rechtsordnung zu beurteilen sein, die ihn kennt und innerhalb der er dogmatisch und justiziell konkretisiert ist.
- Art. 9 HTÜ gibt den Parteien die Möglichkeit einer Teilrechtswahl. Diese ist nach Art. 154 IPRG nur sehr beschränkt möglich.
- Schließlich stellt die Ratifizierung des HTÜ einen Schritt zur Rechtsvereinheitlichung dar. Ein Trust mit transnationalem Bezug zu verschiedenen Staaten untersteht einer einheitlichen rechtlichen Beurteilung.

---

[252] Vgl. BS, BBl. 2/2006, 551, 574.

[253] Siehe hierzu BS, BBl. 2/2006, 551, 574 f.

VI. Kompatibilität mit dem schweizerischen Zivilrecht

Bereits in der Harrison-Entscheidung wurde indirekt judiziert, dass der Trust an sich abstrakt betrachtet keine zwingenden Normen des schweizerischen Privatrechts verletzt. In concreto ist auch die Ratifikation des HTÜ mit dem bestehenden Recht kompatibel, zumal die Konvention für Extremfälle den Ordre Public-Vorbehalt sowie die Anwendbarkeit zwingender Normen statuiert.

1. Numerus clausus der Sachenrechte und das Sondervermögen

Wie das deutsche Recht, kennt das schweizerische Recht beschränkt dingliche Rechte (Pfandrechte, Dienstbarkeiten, Grundlasten), die auch einem Nicht-Eigentümer an bestimmten Vermögenswerten zustehen können[254]. Nur diese vom Gesetz vorgesehenen Rechte können folglich der Art und dem Inhalt nach begründet werden.
Einige Stimmen haben daher gefordert, den Katalog dieser absoluten Rechte an Vermögenswerten um die absoluten Rechte der am Trust Beteiligten, namentlich um das Folgerecht zwischen mehreren Trustees und vor allem um die Stellung des Trustvermögens als Sondervermögen, legislatorisch zu erweitern[255]. Die bloße durch die Konvention herbeigeführte Anerkennung von Trusts erfordert dies nach Ansicht des schweizerischen Bundesrates aber nicht zwingend: die schweizerische Regierung vertritt den Standpunkt, dass die Sonderbehandlung von fiduziarischem Eigentum in der schweizerischen Rechtsordnung schließlich im Bereich der Zwangsvollstreckung de lege lata anerkannt ist (vgl. Artt. 401 Abs. 3 OR, 37b BankG[256]), sodass die Segregation des Treugutes aus der Haftungsmasse des Trustees gegenüber seinen Gläubigern keinen Eingriff in die sachenrechtliche Ordnung bedeutet[257]. Der Trustbegriff des HTÜ fordert jedoch in Art. 2 Abs. 2 lit. a HTÜ ein echtes Sondervermögen auf Seite des Treuhänders, welches nach Art. 11 Abs. 3 lit. b HTÜ ohne Einschränkungen gegen den Vollstreckungszugriff von Gläubigern des Trustees geschützt sein muss. Insoweit wird jedoch meines Erachtens nicht hinreichend berücksichtigt, dass diese Anerkennung als Sondervermögen sowie der Zugriffsschutz unter der Bedingung des „Mittelbarkeitsprinzips“ stehen,

---

[254] Vgl. Romann, HTÜ-CH, S. 47.

[255] Romann, HTÜ-CH, S. 49.

[256] Diese Vorschrift normiert eine Grundlage für die Aussonderung von Depotwerten.

[257] Vgl. BS, BBl., 551, 576.

also –im Gegensatz zum deutschen Recht- nur solche Vermögenswerte umfassen, welche für Forderungen und bewegliche Sachen, die der Treuhänder in eigenem Namen, aber für Rechnung des Treugebers erworben hat. Unmittelbar vom Treugeber übertragene Rechte sind hiervon hingegen nicht erfasst, sodass noch weniger als im deutschen Recht von einem echten, getrennten Sondervermögen, wie vom HTÜ gefordert, in der schweizerischen Rechtspraxis die Rede sein kann.

Wie und ob die schweizerische Rspr. für inländische Treuhänderschaften am Mittelbarkeitsprinzip festhalten wird, bleibt abzuwarten. Wahrscheinlich ist jedoch eine entsprechende Kehrtwende der Judikatur. Die Benachteiligung von schweizerischen Treuhandvermögen gegenüber sich in der Schweiz befindlichen Trustvermögen, welche nach dem neuen Art. 248b SchKG[258] aus der Konkursmasse ausgeschieden werden, wird sich so nicht aufrecht erhalten lassen.

Nicht wahrscheinlich, sondern aufgrund der Ratifizierung zwingend, ist hingegen die Nichtanwendung dieser Prinzipien bei der Anerkennung ausländischer Trusts in der Schweiz. Deren Vermögensbestandteile sind ausweislich des Art. 11 Abs. 3 litt. a und b HTÜ ohne Einschränkungen im Falle der Zahlungsunfähigkeit oder des Konkurses des Trustees nicht Bestandteil seines sonstigen Vermögens und demzufolge vor dem Zugriff seiner Gläubiger zu schützen. Auch das Ziel, eine Diskrepanz in der Behandlung inländischer Treuhandschaften und ausländischer Trusts zu vermeiden, spricht für die angesprochene Abwendung von den genannten Einschränkungen de lege ferenda.

2. Sachenrechtlicher Publizitätsgrundsatz

Der allgemeine Publizitätsgrundsatz des Sachenrechts fordert, dass das Trustverhältnis die spezifisch erforderlichen Publizitätsformen des schweizerischen Rechts aufweist[259].

a) Immobiliartreugut

Der allgemeine Publizitätsträger bei Grundstücken ist im schweizerischen Recht das Grundbuch, in das dingliche Rechte konstitutiv eingetragen werden müssen, vgl. Art. 971 ZGB. Je

---

[258] Vgl. dazu unten C. VII. 2.

[259] Romann, HTÜ-CH, S. 49.

nach Vorhandensein des guten Glaubens an die eingetragenen Rechte, bemisst sich die Möglichkeit eines gutgläubigen Erwerbs (Artt. 973, 974 ZGB).

Die Einführungsgesetzgebung[260] sieht hierzu vor, dass Trustverhältnisse im Grundbuch anzumerken und im Falle der Nichtregistrierung gutgläubigen Dritten gegenüber unbeachtlich sind. Im Unterschied zur Eintragung anderer (beschränkt) dinglicher Rechte, ist die Vermerkung des Trustverhältnisses im Grundbuch bzw. die Eintragung in sonstigen bestehenden Registern jedoch eine bloße Obliegenheit mit der eben erwähnten Rechtsfolge im Falle eines Unterlassens und hat, falls sie unterbleibt, keine Auswirkungen auf den rechtlichen Bestand des Trusts selbst[261].

b) Mobiliartreugut

Um die Publizität von zum Trustvermögen gehörenden mobilen Vermögenswerten zu gewährleisten, wurde zu Beginn des Ratifizierungsverfahrens des HTÜ über eine Eintragungspflicht des Trusts entsprechend dem schweizerischen Eigentumsvorbehalt gem. Art. 715 ZGB[262] in ein Trustregister oder aber zumindest über eine Eintragung des Trustees in ein Trustee-Register nachgedacht[263].

Derartige Register hätten Mobiliartrustgut für Dritte erkennbar gemacht oder im Falle eines Trustee-Registers Dritten gegenüber signalisiert, dass sich im Eigentum der betreffenden Personen befindliche Vermögenswerte möglicherweise mit einem Trust beschwert sein könnten[264].

Bedenken hinsichtlich des damit verbundenen administrativen Aufwands und der damit einhergehenden Verkomplizierung des Trustgeschäfts führten allerdings dazu, dass derartige Überlegungen nicht weiter verfolgt wurden. Insbesondere der einer Eintragungspflicht imma-

---

260 Art. 149d IPRG in der Fassung der Umsetzungsgesetzgebung.

261 Gutzwiller, Trustrecht, S. 172, Rn. 149d-3.

262 Art. 715 Abs. 1 ZGB: „Der Vorbehalt des Eigentums an einer dem Erwerber übertragenen beweglichen Sache ist nur dann wirksam, wenn er an dessen jeweiligem Wohnort in einem vom Betreibungsbeamten zu führenden öffentlichen Register eingetragen ist".

263 Vgl. BS, BBl. 551, 575, 576.

264 BS, BBl. 551, 576.

nente Mangel an Diskretion und die damit folgende Unattraktivität für Trustkunden hätten einen Rückschritt gegenüber dem status quo bedeutet[265].

3. Rechtspolitische Bedenken

Im Hinblick auf die Verschleierungsfunktion des Trusts wurden im Vorfeld der Ratifizierung des HTÜ rechtspolitische Bedenken bezüglich der Intransparenz der wahren Eigentumsverhältnisse geäußert. Das Problem der mangelnden Transparenz ist jedoch dabei auch der schweizerischen Treuhand immanent.

Dem Umstand, dass beispielsweise den Gläubigern des Trustees der Zugriff auf das Treugut verwehrt ist, wird in der Rechtspraxis auch bei der Treuhand über Art. 401 Abs. 1 OR Rechnung getragen.
Neben den Normen und Regelungskomplexen des schweizerischen Zivilrechts, welche gemäß Artt. 4 oder 15 von der Konvention unberührt bleiben, sind darüber hinaus die schweizerischen Vorschriften unantastbar, die als „lois d´application immédiate" zwingend anzuwenden sind (Art. 16 HTÜ).

Hierunter fallen beispielsweise Art. 335 ZGB, der Familienstiftungen verbietet, sowie Art. 488 ZGB, der eine mehrfache Nacherbschaft hindert. Derartige Konstruktionen können daher auch weiterhin nicht über das HTÜ als Vehikel im schweizerischen Recht anerkannt bzw. generiert werden.

Auf dem Gebiet der Geldwäsche ist der Trustee als Finanzintermediär nach dem Bundesgesetz zur Bekämpfung der Geldwäscherei im Finanzsektor (GwG) zu umfassenden Kontroll-, Melde- und Identifizierungspflichten angehalten. Mit dem HTÜ wird der Trust auf eine rechtlich solide Basis gestellt, was die Bekämpfung der Geldwäsche letztlich begünstigt[266].

---

[265] BS, BBl. 551, 576.

[266] Vgl. Balleyguier/Sorrosal, HTÜ-CH, S. 167 ff.; vgl. zudem BS, BBl. 551, 577 ff.

VII. Gesetzliche Anpassungen

Entgegen dem Beispiel Italiens, das das HTÜ ohne innerstaatliche Anpassungen ratifizierte[267], hat sich die Schweiz für den Weg entschieden, das nationale Recht kollisions- und sachrechtlich mittels einer Einführungsgesetzgebung anzupassen. Diese wurde bewusst inhaltlich knapp und sprachlich prägnant auf das nötige Minimum beschränkt[268]. Von den Änderungen betroffen ist vor allem das IPRG, dessen neues Kapitel 9a sich der Zuständigkeit, dem anwendbaren Recht und der Anerkennung ausländischer Entscheidungen betreffs Trusts widmet und damit den Regelungsbereich des HTÜ, welches nur das anwendbare Recht verbindlich feststellen möchte, inhaltlich übertrifft[269]. Im materiellen „Kernzivilrecht" des ZGB und OR werden hingegen keine Änderungen vorgenommen[270].

Bei der Umsetzung wurde insbesondere darauf geachtet, eine weitgehende Parallelität zum LugÜ zu erreichen, das die Zuständigkeits- und Anerkennungsvorschriften des neuen Kapitels 9a ohnehin in vielen Fällen verdrängen wird[271]. Die Einführungs- bzw. Umsetzungsgesetzgebung verfolgt im Ergebnis keinen autonomen Zweck, sondern hat das Ziel, das interne Recht zur Vermeidung von Widersprüchen mit dem durch die Ratifizierung des HTÜ neu geltenden Recht zu dessen Durchsetzung und Anwendung zu ergänzen und zu modifizieren[272].

1. Anpassungen im IPRG

Die schweizerische Einführungsgesetzgebung versucht sich keiner autonomen Definition des Trusts, sondern verweist in Art. 149a IPRG auf Art. 2 HTÜ[273], der den Trust hinreichend de-

---

[267] In diesem Falle wurde die innerstaatliche Umsetzung der Konvention, aufgrund ihres völkerrechtlichen „self executing Charakters", der Rechtspraxis und Rechtsprechung überlassen. Für die Schweiz hätte eine Ratifizierung des HTÜ, das als Staatsvertragsrecht den innerstaatlichen Normen vorgeht und somit direkt angewandt werden muss (BGE 125 II 417), ohne Einführungsgesetzgebung bedeutet, dass die entsprechenden Normen des innerstaatlichen Rechts abkommens- und somit trustkonform ausgelegt und angewendet hätten werden müssen, vgl. Stieger, HTÜ-CH, S. 140.

[268] Gutzwiller, Trustrecht, S. 145, Rn. 21G-1.

[269] Vgl. Mayer, Le trust en droit international privé, S. 105.

[270] Gutzwiller, Trustrecht, S. 145, Rn. 21G-4.

[271] BS, BBl. 2/2006, 551, 586.

[272] Gutzwiller, Trustrecht, S. 146, Rn. 21G-8.

[273] Vgl. Mayer, Le trust en droit international privé, S. 106. Mayer verweist a.a.O. auf den Vorentwurf für einen Bundesbeschluss über die Genehmigung des „Haager Übereinkommens über das auf Trusts anzuwendende Recht und über ihre Anerkennung". In diesem Vorentwurf sollte der nun in Art. 149a IPRG separat verfasste Verweis auf das HTÜ einen Absatz innerhalb der Zuständigkeitsregelung (die eigentlich in Art. 149a IPRG normiert werden sollte) erhalten. Die Zuständigkeitsregelung findet sich nunmehr in Art. 149b IPRG. Entsprechend

finiert bzw. umschreibt. Darüber hinaus sollen aber auch Trusts, die gemäß Art. 3 HTÜ vom Geltungsbereich mangels ihrer schriftlichen Nachweisbarkeit ausgeschlossen sind, dem Trustbegriff des Art. 149a IPRG unterfallen. Dies fördert eine zwar einheitliche Beurteilung schriftlich fixierter und „mündlich" errichteter Trusts, zumal der schriftliche Nachweis für die Begründung und Wirksamkeit des Trusts nicht konstitutiv ist, sondern vielmehr nur ein Beweiskriterium darstellt[274]. Problematisch daran ist jedoch, dass die Bestimmungen des HTÜ auf bloß mündlich errichtete Trusts an sich nicht anwendbar ist. Die Anerkennung mündlich errichteter Trusts in Art. 149a IPRG führt dazu, dass ein Rechtsverhältnis als Trust anerkannt wird, welches dem HTÜ nicht unterfällt und für welches das HTÜ somit auch keine Wirkungen entfalten kann[275].
Im Ergebnis wird aber eine analoge Anwendung des HTÜ auf mündlich errichtete Trusts zu erwägen sein[276].

Die Zuständigkeit bei Streitigkeiten in trustrechtlichen Angelegenheiten bemisst sich nach Art. 149b IPRG, der einer in den Trustbestimmungen schriftlich erfolgten Gerichtsstandswahl die Priorität einräumt. Die Einführungsgesetzgebung korreliert hierin – dem Grundsatz der internationalprivatrechtlichen Parteiautonomie folgend -mit den entsprechenden Kollisionsnormen des Vertragsrechts (Kapitel 9) und denen des Luganer Übereinkommens (Art. 17 Abs. 2 und 3 LugÜ), die eine Rechtswahlmöglichkeit vorsehen. Dies stellt aus schweizerischer Sicht einen bewussten Bruch zur bisherigen gesellschaftsrechtlichen Qualifikation des Trusts dar, innerhalb derer eine Rechtswahlmöglichkeit nicht oder nur sehr beschränkt möglich ist. Fehlt eine Gerichtsstandswahl, werden subsidiär die Gerichte am Wohnsitz bzw. gewöhnlichen Aufenthaltsort der Parteien, am Ort der Niederlassung oder am Sitz des Trusts entscheidungszuständig. Klargestellt wird dies ohnehin bereits durch die Neufassung des Art. 21 Abs. 1 IPRG, wonach bei Trusts nach Art. 149a deren Sitz als Wohnsitz gilt.

Art. 149c Abs. 1 IPRG verweist zur Bestimmung des anwendbaren Rechts deklaratorisch auf das zur Anwendung bestimmte Recht nach der Konvention[277]. Abs. 2 der Norm erklärt dar-

---

gilt für die übrigen Änderungen im IPRG, dass diese innerhalb der Artt. 149a bis 149e IPRG um eine Vorschriftenziffer versetzt gegenüber dem Vorentwurf zu finden sind.

[274] Mayer, Le trust en droit international privé, S. 106.

[275] Gutzwiller, Trustrecht, S. 157, Rn. 149a-23.

[276] Gutzwiller, Trustrecht, S. 158, Rn. 149a-31.

über hinaus das vom HTÜ bezeichnete anwendbare Recht auch dann für maßgebend, wo dieses nach Art. 5 HTÜ nicht anzuwenden sein soll, weil es Trusts nicht kennt oder wenn nach Art. 13 HTÜ keine Verpflichtung zur Anerkennung eines Trusts besteht, weil er mit Ausnahme der Anknüpfungsmomente Rechtswahl, Verwaltungsort und gewöhnlichem Aufenthaltsort des Trustees, engere Verbindungen zu einem Nicht- Truststaat aufweist. Art. 149c Abs. 2 IPRG dient folglich der Vermeidung unterschiedlicher Beurteilungen und verwirklicht somit den dem HTÜ und dem schweizerischen IPRG immanenten Gedanken der Rechtssicherheit[278].

Die Obliegenheit, Trustverhältnisse im Grundbuch anzumerken bzw. in den entsprechenden Registern einzutragen (vgl. Art. 12 HTÜ), statuiert Art. 149d IPRG. Unterbleibt eine Eintragung oder Registrierung, ist ein solches Trustverhältnis gutgläubigen Dritten gegenüber unwirksam, Art. 149d Abs. 3 IPRG.
In Art. 149e IPRG lassen sich schließlich die Umsetzungsbestimmungen zur Anerkennungsfähigkeit ausländischer Entscheidungen in Trustsachen finden. Inhaltlich und strukturell orientiert sich die Vorschrift –entgegen Art. 149b IPRG- an der gesellschaftsrechtlichen Norm des Art. 165 IPRG[279].

2. Anpassungen im SchKG

Änderungen im Bundesgesetz über Schuldbetreibung und Konkurs (SchKG) komplettieren die Anpassungsgesetzgebung zum HTÜ, um der besonderen Stellung des Trustvermögens in der Zwangsvollstreckung Rechnung zu tragen. Im schweizerischen Recht ist die Betreibung das Korrelat zur auf eine Geldforderung gerichteten Zwangsvollstreckung, vgl. Art. 38 SchKG, die im Wege der Pfändung, der Pfandverwertung oder des Konkurses (Artt. 39, 159 ff. SchKG) fortgesetzt wird[280].

---

277 Das HTÜ ist aufgrund des staatsvertraglichen Charakters bereits aus sich heraus unmittelbar anwendbar und das vom ihm bezeichnete Recht beansprucht Geltung. Neben dieser rein deklaratorischen Bestimmung ist Art. 149c IPRG jedoch insoweit konstitutiv, als die Vorschrift auch für die erwähnten mündlichen Trusts gilt, welche der Anwendungsbereich des HTÜ nicht umfasst, vgl. Mayer, Le trust en droit international privé, S. 107; Gutzwiller, Trustrecht, S. 168, Rn. 149c-1 ff.

278 Vgl. Mayer, Le trust en droit international privé, S. 107.

279 Vgl. Gutzwiller, Trustrecht, S. 179, Rn. 149e-6

280 Der Konkurs, dessen Anwendung auf die in Art. 39 SchKG enumerativ aufgezählten und im Handelsregister eingetragenen Rechtssubjekte beschränkt ist, hat gemäß Art. 197 Abs. 1 SchKG zur Folge, dass das pfändbare

Der neu eingefügte Art. 284a SchKG regelt die Betreibung für Schulden gegen den Trust bzw. das Trustvermögen selbst, die sich formell gegen den Trustee als dessen Vertreter am Verwaltungsort des Trusts zu richten hat. Dies entspricht insoweit dem Lösungsweg des Common Law Trust[281]. Unabhängig von der Rechtsstellung des Trustees ist die Betreibung gegen das Trustvermögen auf dem Wege des Konkurses fortzusetzen, Art. 284a Abs. 3 SchKG. Der Trustee muss dafür nicht in einer von Art. 39 SchKG vorgegebenen, im Handelsregister eingetragenen Organisationsformen tätig sein[282].

Die bedeutendste Vorschrift ist jedoch Art. 284b SchKG, wonach das Trustvermögen im Konkurs des Trustees aus der Konkursmasse abgeschieden und somit dem Vollstreckungszugriff der Gläubiger des Trustees entzogen ist. Insoweit findet für in der Schweiz befindliche Trustvermögen eine Abkehr vom Mittelbarkeitsprinzip statt. Wie bzw. ob sich dies auf die Rspr. des Bundesgerichtes zu Art. 401 OR für Treuhandvermögen auswirken wird, bleibt anzuwarten.
Findet gegen den Trustee die Einzelvollstreckung statt, soll das in Art. 106 ff. SchKG festgesetzte Widerspruchsverfahren das Trustgut schützen[283].

VIII. Integrationsmodell und Resümee

Noch einmal ist klarzustellen: Mit der Ratifizierung des Haager Trustübereinkommens wird in der Schweiz kein materielles Trustrecht geschaffen. Trusts können daher auch weiterhin nicht nach Schweizerischem Recht errichtet werden.
Trotz der seit Jahren bestehenden faktischen Präsenz des Trusts in der Schweiz aufgrund der hohen Zahl internationaler Anleger, verfügte das schweizerische Recht bis dato über keine verbindlichen Regelungen bezüglich deren Qualifikation. Die damit verbundene Rechtsunsicherheit wird nun der Vergangenheit angehören. Im Ausland errichtete Trust müssen von den schweizerischen Gerichten mit allen deren Wirkungen anerkannt werden. Zwingende Normen des schweizerischen Zivilrechts werden durch das HTÜ nicht berührt.

Vermögen, das dem Schuldner zur Zeit der Konkurseröffnung gehört, eine einzige Masse (Konkursmasse) bildest, die zur gemeinsamen Befriedigung der Gläubiger dient.

281 Mayer, Le trust en droit international privé, S. 107; Gutzwiller, Trustrecht, S. 182, Rn. 284a-1.

282 Vgl. hierzu Fn. 121.

283 Mayer, Le trust en droit international privé, S. 109.

Hierbei weichen das schweizerische materielle Recht bzw. die von der Rspr. entwickelten Grundsätzen in weiten Teilen vom Leitbild des Haager Trustübereinkommens ab. Das von der Rspr. entwickelte Mittelbarkeitsprinzip darf jedoch dann nicht zur Anwendung gelangen und muss daher zwingend aufgegeben werden, wenn die Anerkennung eines ausländischen Trusts in der Schweiz betroffen ist. Einem solchen Trust ist bei der Zwangsvollstreckung oder einem Konkursverfahren gegen den Trustee nach Art. 11 Abs. 3 litt. a und b HTÜ ein unbedingter Schutz vor den Gläubigern zu gewähren, wie ihn Art. 248b SchKG verwirklicht. Inwieweit die Beschränkungen, welche für die schweizerische fiduziarische Treuhand aufgestellt wurden, weiter gelten werden, bleibt abzuwarten. Ohnehin stellt sich die interessante Frage, ob bzw. in welcher Intensität die Ratifizierung des HTÜ Spuren an der schweizerischen Treuhand hinterlassen wird. In der Zwangsvollstreckung sieht sich die schweizerische Treuhand ausländischen Trusts gegenüber de lege lata benachteiligt.

Für den Integrationsgrad des Trusts in der Schweiz ist zu sagen, was für alle Mitgliedsstaaten des Civil Law gilt. Die Konvention integriert den Trust mittelbar über die Anerkennungspflicht ausländischer Trusts im Inland, wobei bei der Schweiz die Besonderheit zu berücksichtigen ist, dass der Trust auch vor der Ratifizierung aufgrund der schweizerischen Rechtsprechung und Rechtspraxis bereits über ein gewisses Integrationsniveau verfügte.

Zweiter Teil – Frankreich: Integration durch legislative Rezeption?

A. Einleitung

Über 200 Jahre nach der französischen Revolution und dem Inkrafttreten des Code Civil als Mutter der zivilrechtlichen Kodifikationen im Jahre 1804 ereignete sich in Paris auf legislativer Ebene im Februar 2007 ein für die französische Rechtswissenschaft nicht minder revolutionäres Geschehen. Mit dem Gesetz Nr. 2007/211[284] integrierte der französische Gesetzgeber nach Zustimmung des Senats und der Nationalversammlung als gleichberechtigte gesetzgebende Kammern das trustähnliche Rechtsinstitut der „fiducie" (Treuhand) in den Code Civil. Er kam damit den Bedürfnissen der Wirtschaft nach, die dieses Rechtsinstitut bereits lange forderte, um Eigentumsverhältnisse mit treuhänderischem Charakter bedürfnisgerecht im Inland ordnen zu können, ohne dabei auf ausländische Jurisdiktionen ausweichen zu müssen[285]. Umso bemerkenswerter ist zudem der Umstand, dass entgegen den Wünschen aus der Praxis noch vor 30 Jahren nicht einmal eine allgemeine Treuhanddogmatik in Frankreich existierte. Jegliche dogmatischen Geburts- und Begründungsversuche eines treuhänderischen Rechtsinstitutes sahen sich dem Vorwurf ausgesetzt, mit Hilfe fiduziarischer Rechtskonstruktion das Gesetz umgehen zu wollen („fraude à la loi") und infolgedessen nur ein Scheingeschäft („simulation") zu sein[286].

Zuletzt im Jahre 1992 scheiterte ein Gesetzesentwurf[287] zur Einführung eines Treuhandverhältnisses in Frankreich insbesondere aus allgemeinpolitischen und steuerrechtlichen Gründen[288]. Um den Bedenken weitgehend entgegenzuwirken bzw. um insbesondere die der Treuhand immanente Missbrauchsproblematik zu kompensieren, schränkt das Gesetz den am Treuhandverhältnis beteiligten Personenkreis stark ein. So können nur juristische Personen

---

[284] Loi no 2007-211 du 19 février 2007 instituant la fiducie, JO No 44 du 21 février 2007.

[285] Vgl. „La fiducie, un joli cadeau du gouvernement au Medef"; Libération vom 6. Februar 2007 (Anm.: Medef = Mouvement des Entreprises de France), vgl. auch Witz, La fiducie en Europe, S. 64.

[286] Vgl. hierzu Wolter, Treuhandrecht im Umbruch, S. 28 ff.; Barrière, La réception du trust au travers de la fiducie, S. 367.

[287] „Projet de loi relatif à la fiducie" aus dem Jahre 1992, vgl. unten C.

[288] Vgl. Runte RIW 2005, 511, 514.

Begründer/Treugeber des Treuhandverhältnisses sein[289] und nur bestimmte Organisationsformen von Unternehmen als Treuhänder agieren[290].

Zur Vermeidung von Missverständnissen sei bereits hier angemerkt, dass das in den Code Civil integrierte Modell kein neues dingliches Recht schafft[291], welches mit dem französischen Numerus Clausus der Sachenrechte in Konflikt geraten könnte. Die fiducie lässt sich vielmehr vom Leitbild der klassischen kontinentaleuropäischen Treuhand tragen und qualifiziert sich als neuen speziellen Vertragstypus innerhalb der bestehenden Ordnung. In Abgrenzung zum Common Law Trust ist daher im Einklang mit dem kontinentaleuropäischen Treuhandverständnis die Übertragung eines Rechtes, und nicht die dingliche Aufspaltung desselbigen typusbestimmend. Dennoch ist -gerade aus deutscher Sicht- der bloße Umstand einer kodifikatorischen Integration interessant. Auf die Frage, inwieweit bzw. ob das Gesetz eine Integrationsstufe des Common Law Trusts darstellt, ist später einzugehen.

B. Entwicklung der französischen Treuhanddogmatik – ein Abriss

Um die Ausführungen zu den aktuellen legislativen Ereignissen einzubetten, soll diesen ein kurzer Überblick der allgemeinen Entwicklung der fiducie vorangestellt werden. Der Schwerpunkt soll hierbei jedoch auf dem Einführungsgesetz der „Loi instituant la fiducie" liegen. Einen ausführlichen Überblick über die Entwicklung der fiducie bis zum Scheitern des „Projet de loi" im Jahre 1992 findet man beispielsweise in der deutschsprachigen Literatur in der Dissertation von Wolter[292].
Der französische Eigentumsbegriff zeichnet sich ebenso wie der des deutschen Rechts durch seine Absolutheit aus[293]. Durch die Zweckgebundenheit der treuhänderisch übertragenen Vermögensrechte der „fiducie" wird diese Absolutheit indes (vermeintlich)[294] eingeschränkt.

---

[289] Art. 2014 CC (im Folgenden beziehen sich alle Gesetzesvorschriften, soweit nicht ausdrücklich genannt, auf den neuen Titel 14 des dritten Buches des Code Civil, vgl. Fn. 1).

[290] Art. 2015 CC. Die juristischen Personen unterliegen in Frankreich der Körperschaftssteuer („impôt sur les sociétés") mit der Folge zahlreicher gesetzlich angeordneter Berichtspflichten.

[291] Insoweit falsch der in Fn. 2 zitierte Artikel, der von einem „neuen Eigentumsrecht" spricht.

[292] Wolter, Treuhandrecht im Umbruch, S. 15 ff.

[293] Art. 544 CC: „La propriété est le droit de jouir et disposer des choses de la manière la plus absolue, pourvu qu´on n´en fasse pas un usage prohibé par les lois ou par les règlements"; vgl. hierzu auch Christian Atias, Droit civil, Les biens, S. 85 ff.

[294] Vgl. hierzu ausführlich Barrière, La réception du trust au travers de la fiducie, S. 325.

Mehr als im deutschen Recht hinderten dieser Umstand sowie ein allgemeines Misstrauen in diese Rechtsfigur deren Entwicklung über Jahrzehnte[295]. Die fiducie sah sich dem Hauptvorwurf ausgesetzt, mit ihrer Konstruktion Vorschriften des geltenden Rechts zu umgehen („fraude à la loi") und somit nichtig zu sein.
Nichtsdestotrotz konnte sich auch Frankreich deren praktischen Nutzen nicht verschließen, sodass seit nunmehr 25 Jahren sukzessive eine Treuhanddogmatik reifen konnte. Es setzte sich hierbei die Erkenntnis durch, dass der Generalvorwurf der „simulation", also der entgegen der Treuhandabrede faktisch nicht vorliegende Wille der Partien zur Vermögensübertragung des Treugutes nicht aufrechterhalten werden konnte[296].

Obgleich die Kodifizierung der „fiducie" ein Novum für die französische Rechtsordnung darstellt, wurden seit Beginn der achtziger Jahre fiduziarische Rechtskonstruktionen entwickelt[297], die dieser zwar strukturell entsprechen ohne jedoch explizit als solche bezeichnet zu sein. Dies betraf zunächst vor allem die im Rahmen von Bankgeschäften vorgenommene Sicherungstreuhand („fiducie sûreté"). Derartige Bestimmungen finden sich vor allem im „Code Monétaire et Financier" und betreffen die juristische Ausgestaltung von kapitalmarktrechtlichen Finanzierungsinstrumenten[298]. Auffallend hierbei ist, dass sich diese Entwicklung fiduziarischer Rechtskonstruktionen stets an den Bedürfnissen der Wirtschaft orientierte und somit primär und ausschließlich –im Gegensatz zu anderen kontinentalen Treuhandkonstruktionen- auf juristische Personen zugeschnitten war.

C. Das Projet de loi von 1992

I. Überblick

Aus heutiger Sicht nur noch rechtshistorischen Charakter hat das „Projet de loi instituant la fiducie" aus dem Jahre 1992, welches nach der Annahme durch den französischen Ministerrat bereits an der Hürde parlamentarischer Beratungen scheiterte[299]. Die Ziele des Gesetzesvor-

---

[295] Vgl. hierzu ausführlich Wolter, Treuhandrecht im Umbruch, S. 15 ff. sowie S. 27 ff.

[296] Wie auch schon im schweizerischen Recht, vgl. oben Erster Teil, B. I. 3.

[297] Siehe zu diesen „punktuellen Eingriffen" des französischen Gesetzgebers Wolter, Treuhandrecht im Umbruch, S. 75 ff.; sowie Witz, La fiducie en Europe, S. 64 m.w.N.

[298] Vgl. hierzu auch de Richemont, Rapport Sénat Nr. 11, S. 13, 14.

[299] Wolter, Treuhandrecht im Umbruch, S. 99.

habens kongruierten auch damals weitgehend mit denen des unlängst verabschiedeten Gesetzes. Den französischen Unternehmen sollte aus Gründen der Konkurrenzfähigkeit ein adäquates Sicherungs- und Verwaltungsinstrument, beispielsweise zur Abwicklung der Unternehmensnachfolge zur Verfügung gestellt werden[300]. Mit der Kodifizierung der „fiducie" sollte zudem vermieden werden, dass bei einer –aus damaliger Sicht- möglicherweise unmittelbar bevorstehenden Ratifizierung des HTÜ durch Frankreich als Unterzeichnerstaat des Abkommens, zwar ausländische Trusts anzuerkennen sind, den französischen Rechtssubjekten hingegen nicht einmal ein zumindest strukturell vergleichbares Rechtsinstitut zur Verfügung steht[301].

Geprägt war das Gesetzesprojekt auch schon damals vom Leitbild der fiduziarischen Treuhand, welche als gegenseitiges Vertragsverhältnis vom Trust, der durch einseitige Errichtungserklärung des Settlors begründet werden kann, dogmatisch differierte[302]. Hierbei sei erwähnt, dass im Unterschied zum nun eingeführten Gesetz, aber im Gleichklang mit dem von Marini eingebrachten Gesetzesentwurf, die Treuhand sowohl natürlichen als auch juristischen Personen offen stehen sollte. Weiter sollte die „fiducie", indem man die Möglichkeit deren Begründung zu unentgeltlichen Zwecken vorsah, als Instrument der erbrechtlichen Vermögensnachfolge dienen[303]. Das damit befürchtete Konfliktpotential zu den erbrechtlichen Bestimmungen und besonders dem im französischen Recht besonders stark ausgeprägten Pflichtteilsrecht ist evident[304].

II. Scheitern

Die Angst der Einsetzung der Treuhand zum Rechtsmissbrauch sowie ein zu weit gefasster Anwendungsbereich führten letztlich zum Scheitern des „projet de la loi". Darüber hinaus befürchtete man die Zunahme krimineller Aktivitäten wie Geldwäsche, ohne zu berücksichtigen, dass man solche mit Hilfe einer entsprechenden Einführungs- bzw. Änderungsgesetzgebung zumindest hätte kompensieren können. In den zwischen dem Scheitern und der Umset-

[300] Witz, La Fiducie en Europe, S. 64 m.w.N.

[301] Vgl. Wolter, Treuhandrecht im Umbruch, S. 102 m.w.N.

[302] Vgl. Wolter, Treuhandrecht im Umbruch, S. 103.

[303] Dazu ausführlich Wolter, a.a.O., S. 115 ff.; wie die Ausführungen zur aktuellen Rechtslage zeigen werden, ist die Unentgeltlichkeit nach Art. 2013 CC des Gesetzes nunmehr ein absoluter Nichtigkeitsgrund.

[304] Wolter, a.a.O., S. 116 m.w.N.

zung des erneuten Gesetzesentwurfs liegenden 15 Jahren erlebte die „fiducie“ nach anfänglicher Stille dennoch einen stetig ansteigenden Diskussionsprozess innerhalb der französischen Rechtswissenschaft.

D. Die Loi instituant la fiducie vom 19. Februar 2007

I. „Loi Marini“ – Ein neuer Anlauf

Der Gesetzesentwurf des Senators Philippe Marini stellte die erneute Initialzündung zur Integration der fiducie in Frankreich dar. Dieser soll im Folgenden, vor allem im Hinblick auf die Unterschiede zum später verkündeten Gesetz, kurz angesprochen werden. Marini[305] präsentierte seinen Entwurf[306] zur Kodifizierung der Treuhand erstmals am 8. Februar 2005 vor dem französischen Senat. Seine dem Gesetzesentwurf vorangestellten Ausführungen nehmen auf den voranschreitenden europäischen Integrationsprozess Bezug und greifen das allgemeine Modernisierungsbestreben des Code Civil auf, aus welchem sich die Notwendigkeit zur Einführung ergebe. Marini verstand die Treuhand, wie auch nachfolgend legislativ umgesetzt, als neuen Vertragstypus, dessen Zweck darin besteht, dem Treuhänder ein oder mehrere Mobiliar- oder Immobiliarrechte zu übertragen, welche dieser den Bestimmungen den Treugebers gemäß zu verwalten habe[307]. Der übrigen kontinentaleuropäischen Treuhanddogmatik bereits hinlänglich bekannt, stellte das infolge der Vollrechtsübertragung beim Treuhänder entstehende zweckgebundene Sondervermögen zunächst einen vermeintlichen Bruch zum französischen einheitlichen Eigentumsbegriff dar[308]. Ein umfassender Pflichtenkatalog sollte daher schon im Vorentwurf sicherstellen, dass der Treuhänder das Treuhandvermögen von seinem persönlichen Vermögen getrennt hält[309]. Hervorzuheben ist, dass Marini kein neues dingliches Recht schaffen wollte: im Gegensatz zum Common Law Trust, sollte die „fiducie“ eine Form eines „propriété modelée“, also eines „gestalteten Eigentums“ und gerade nicht eines „gespaltenen Eigentums“ sein.

---

305 Siehe http://www.senat.fr/senfic/marini_philippe92035t.html.

306 Proposition de loi instituant la fiducie, Nr. 178.

307 Proposition de loi instituant la fiducie, Nr. 178, S. 5.

308 Vgl. Proposition de loi instituant la fiducie, Nr. 178, S. 5, 9.

309 Vgl. Proposition de loi instituant la fiducie, Nr. 178, S. 5.

Nicht alle Vorschläge Marinis fanden indes im Gesetzgebungsverfahren Berücksichtigung. So sah sein Vorschlag noch eine Maximaldauer der Treuhand von 99 Jahren vor[310]. Die inhaltlich größte Diskrepanz seines Vorschlages gegenüber dem später verabschiedeten Gesetz bestand jedoch darin, dass Marini die Treuhand ohne Einschränkungen jedweden natürlichen und juristischen Personen zugänglich machen wollte, die also sowohl als Begründer, Treuhänder oder Begünstigter hätten agieren können[311]. Allein gegenüber dem Treuhänder wurden einige, an dessen persönliche Vertrauenswürdigkeit anknüpfende besondere Voraussetzungen statuiert[312]. Diese Öffnung der Treuhand gegenüber sämtlichen Rechtskreisen wurde allerdings zu Lasten einer flexiblen Verwendung des neuen Vertragstypus, vor allem aufgrund zahlreicher Bedenken der französischen Regierung weitgehend verworfen.

Im Rahmen seiner Sitzung vom 17. Oktober 2006 hat der französische Senat gegenüber dem Gesetzesentwurf Marinis einige Änderungen vollzogen, wobei die von der Regierungsseite forcierte Beschränkung der Hauptakteure der Treuhand auf juristische Personen mit Abstand die am weitesten gehende ist.

II. Inhalt und Ziel des Einführungsgesetzes

Die „Loi instituant la fiducie" besteht aus insgesamt 18 Artikeln, wovon Artikel 1 die Integration der Artt. 2011 bis 2031 unter dem Titel 14 „De la fiducie" in das dritte Buch des Code Civil anordnet[313]. Die übrigen Artikel des Einführungsgesetzes unterteilen sich im groben in zivilrechtliche und steuerrechtliche Vorschriften, wobei vor allem den zivilrechtlichen Bestimmungen des Artikel 1, also dem neu kodifizierten materiellen Treuhandrecht, das Interesse dieser Untersuchung gilt. Der steuerrechtliche Kontext kann gleichwohl nicht völlig vernachlässigt werden, da ihm im Gegensatz zu den Vergleichsrechtsordnungen, im französischen Treuhandrecht mittelbare, aber konstitutive Wirkung für die am Treuhandverhältnis

---

[310] Proposition de loi instituant la fiducie, Nr. 178, S. 8; der Zeitraum von 99 Jahren entspricht der Höchstdauer des Bestehens französischer Gesellschaft; im fertigen Gesetz wurde die Dauer der Treuhand auf 33 Jahre reduziert.

[311] Proposition de loi instituant la fiducie, Nr. 178, S. 5 f.

[312] Z.B. keine vorherige strafrechtliche Verurteilung, kein persönlicher Konkurs (Art. 625 Abs. 2 Code de Commerce), kein strafrechtliches Verbot zur Ausübung geschäftlicher Aktivitäten (Art. 131-28 Code Pénal).

[313] Artikel 1: „Dans le livre III du code civil, il est rétabli un titre XIV ainsi rédigé: (...)".

beteiligten Parteien zukommt[314]. Die steuerrechtliche Behandlung legt schließlich den Kreis der am Treuhandverhältnis beteiligten Parteien autoritativ fest. Darüber hinaus beinhaltet das Einführungsgesetz zur „fiducie" schuld- und strafrechtliche (Änderungs-) Vorschriften.

Das Einführungsgesetz erhebt aufgrund seiner Regelungsbreite und Regelungstiefe einen Anspruch auf kodifikatorische Allgemeinheit und Vollständigkeit[315]. In diesem Sinne soll den beteiligten Kreisen ein einheitlicher, sowohl die Verwaltungs- wie auch die Sicherungstreuhand umfassender Rechtsrahmen zur Verfügung gestellt werden, der diesen die Begründung, Verwaltung und Verwirklichung treuhänderischer Vermögensallokationen erleichtert[316]. Im Gegensatz zur gesetzgeberischen Liberalität bei der sich primär nach dem Parteiwillen richtenden inhaltlichen Ausgestaltung des Treuhandverhältnisses, ermöglicht der Gesetzgeber nur bestimmten (juristischen) Personen, die Funktion eines Treugebers oder Treuhänders auszuüben. Die vom Gesetz abschließend aufgezählten, positivselektierten Rechtssubjekte unterliegen bereits kraft Gesetzes bestimmten Kontroll-, Liquiditäts- und Transparenzvorschriften. Diese (meist gesellschaftsrechtlichen) Pflichten werden im Ergebnis gewissermaßen auf mittelbarem Wege auf das Treuhandverhältnis projiziert. Darüber hinaus sieht das Einführungsgesetz eigene Kontroll- und Sanktionsmechanismen vor, welche den Gebrauch der „fiducie" zu widerrechtlichen Zwecken verhindern sollen[317].

1. Allgemeine Vorschriften

a) Grundsätze

Art. 2011 CC[318] definiert die Treuhand als „(Rechts-)[319] Geschäft durch welches ein oder mehrere Treugeber bereits bestehende oder künftige Vermögenswerte, sonstige Rechte oder

---

[314] Vgl. dazu unten b) Die Parteien; nur gewisse der Körperschaftssteuer unterfallende Rechtssubjekte können Begründer oder Treuhänder der fiducie sein.

[315] Vgl. Rapport Sénat Nr. 11, S. 10.

[316] Die weitere Ausgestaltung des Treuhandverhältnissen haben die Parteien im Treuhandvertrag autonom auszugestalten; vgl. auch Rapport Nr. 11, S. 7.

[317] Rapport Sénat Nr. 11, S. 8.

[318] Art. 2011 CC: „La fiducie est l'opération par laquelle un ou plusieurs constituants transfèrent des biens, des droits ou des sûretés, ou un ensemble de biens, de droits ou de sûretés, présents ou futurs, à un ou plusieurs fiduciaires qui, les tenant séparés de leur patrimoine propre, agissent dans un but déterminé au profit d'un ou plusieurs bénéficiaires".

Sicherheiten, oder eine Gesamtheit von Vermögenswerten, sonstigen Rechten oder Sicherheiten, an einen oder mehrere Treuhänder überträgt, welche die übertragenen Rechtspositionen von ihrem eigenen Vermögen getrennt zugunsten eines oder mehrerer Begünstigter zu einem festen Zweck zu verwalten haben".

Die so übertragenen aktiven und passiven Vermögenswerte bilden beim Treuhänder ein zweckgebundenes Vermögen („*patrimoine d'affectation*")[320], über welches dieser getrennt Buch zu führen und Rechnung zu legen hat.

Die Anerkennung eines zweckgebundenen Sondervermögens, welches neben das persönliche Vermögen des Treuhänders tritt, stellt für das französische Recht und dessen Dogma des einheitlichen Vermögensbegriffes[321] ein Novum dar. Dessen ausdrückliche Normierung in Art. 2011 CC ist daher notwendig, weil der bisher aus den Artt. 2092 und 2093 CC abgeleitete einheitliche Vermögensbegriff[322] der Anerkennung eines diversifizierten Vermögensbegriffes in Eigen- und Sondervermögen eigentlich entgegensteht[323]. Wie die Ausführungen zeigen werden, erfährt das „*patrimoine d'affectation*" insbesondere bei der Frage des Vollstreckungszugriffes einen im Vergleich zum deutschen Recht intensivierten Schutz. Insoweit nähert es sich gewissermaßen dem hohen Verselbständigungs- bzw. Segregationsgrad eines Trustvermögens an.

Auffällig ist, dass das Gesetz zur eigentumsrechtlichen Komponente der fiducie schweigt, zumal sich sämtliche Artikel im dritten Buch des Code Civil („Über die verschiedenen Arten des Eigentumserwerbs") finden lassen. Die Erwähnung des Zweckvermögens auf Treuhänderseite setzt allerdings eine Eigentumsübertragung an diesen voraus, welche sich wiederum

---

319 Der französische Gesetzgeber hat sich auf den Terminus „opération" festgelegt, dem einer hoher Abstraktionsgrad zu eigen ist; er wollte hiermit auch die kraft Gesetzes begründete Treuhand von der vorangestellten Legaldefiniton erfasst wissen, vgl. Xavier de Roux, Rapport Assemblée Nationale, S. 32; vgl. auch Philippe Dupichot, Opération *fiducie* sur le sol francais", La Semaine Juridique, Entreprise et affaires, Nr. 12/2007, 134. Der Vorentwurf Marinis hat noch den Begriff des „Vertrages" zum Gegenstand, vgl. Proposition de loi instituant la fiducie, Nr. 178, Art. 2062.

320 Vgl. auch Loi 2007-211. Art. 12 I. : „Les éléments d'actif et de passif transférés dans le cadre de l'opération mentionné à l'article 2011 du code civil forment un patrimoine d'affectation. (...)".

321 Barrière, La réception du trust au travers de la fiducie, S. 338; Christian Atias (Droit Civil, Les biens, S. 16 f.) bezeichnet die Einheit des Vermögens als „règle essentielle".

322 Nach Art. 2092 CC ist der Schuldner verpflichtet, eine persönlich eingegangene Verpflichtung mit allen seinen gegenwärtigen und zukünftigen beweglichen und unbeweglichen Vermögenswerten zu erfüllen; Art. 2093 CC gewährt den Gläubiger den Schuldners ein gemeinsames Pfandrecht an dessen Vermögenswerten.

323 Christian Atias, Droit Civil, Les biens, S. 15; Rapport Assemblée Nationale, S. 10; vgl. auch Runte RIW 2005, 511, 512.

nach dem im französischen Recht geltenden Konsensprinzip[324] unmittelbar aus dem obligatorischen Verpflichtungsgeschäft, also dem Treuhandvertrag ergibt.

b) Die Parteien

Das französische Treuhandmodell orientiert sich an der dem Common Law Trust eigenen Trias der Beteiligten. Ein „constituant“ (Settlor, Treugeber bzw. Begründer des Treuhandverhältnisses) überträgt Vermögensrechte an einen „fiduciaire“ (Trustee, Treuhänder), welcher diese treuhänderisch zu einem bestimmten Zweck im Interesse und zugunsten des oder der „bénéficiaires“ (Beneficiaries, Begünstigte) zu verwalten hat. Darüber hinaus sieht Art. 2017 CC die Ernennung eines Dritten vor, welcher mit der Bewahrung der Interessen des Begründers der Treuhand befasst ist[325].

Entgegen dem Trust und den sonstigen kontinentalrechtlichen Treuhandkonstruktionen, sowie des von Marini eingebrachten Gesetzesentwurfs und dessen Behandlung im französischen Senat[326] ist jedoch der Kreis derer, die tatsächlich Partei des Treuhandverhältnisses sein können, äußerst stark beschränkt.

aa) Der Treugeber/Constituant

Als Begründer eines Treuhandverhältnisses kommen nach Art. 2014 CC nur juristische Personen in Betracht, die der französischen Körperschaftssteuer („impôt sur les sociétés“) unterliegen[327]. Natürliche Personen können somit eine Treuhand nach den Artt. 2011 ff. CC über-

---

[324] Art. 711 CC: „La propriété des biens s´acquiert et se transmet par succession, par donation entre vifs ou testamentaires, et par l´effet des obligations.“; allgemein: Sonnenberger/Autexier, S. 144.

[325] Hier hat sich das Gesetz insoweit am „Protector“ des angelsächsischen Trusts orientiert; vgl. hierzu Watt, Trusts and Equity, S. 76.

[326] Rapport Sénat, S. 49 ff.; von Seiten des Senats wurde vorgeschlagen, den Kreis der Treuhänder –wie umgesetzt- einzuschränken, die „fiducie“ aber auch natürlichen Personen als Begründer zu öffnen.

[327] Der französischen Körperschaftssteuer unterliegen nach Art. 206 des Code Général des impôts (CGI) von Gesetzes wegen die Aktiengesellschaft („société anonyme“), die Kommanditgesellschaft auf Aktien sowie die „einfache“ Kommanditgesellschaft („société à commandite par actions et en commandite simple“), die Gesellschaft mit beschränkter Haftung („société à responsabilité limitée“), die sog. bürgerlich-rechtliche Immobiliarinvestitionsgesellschaft („société civile immobilière“), die Genossenschaft („société coopérative“), die Gesellschaft bürgerlichen Rechts („société civile“) in der Form einer Kapitalgesellschaft, öffentliche Einrichtungen („établissement publics“) sowie Organe der Départements und Gemeinden. Daneben können nach Art. 8 CGI bestimmte Rechtspersonen (z.B. Gesellschaften bürgerlichen Rechts, offene Handelsgesellschaften („société en nom collectif“)), deren Mitglieder der Einkommensbesteuerung unterliegen, sich freiwillig für eine Körper-

haupt nicht begründen. Entscheidend für diese Einschränkung war letztlich das Kontrollbedürfnis des französischen Gesetzgebers. Daneben spielte auch die Befürchtung eine Rolle, mit der unmittelbaren Öffnung der „fiducie“ gegenüber natürlichen Personen, einen allzu extensiven und in seinen juristischen und faktischen Folgen unabsehbaren Eingriff in das bestehende Privatrechtssystem, vor allem im Bereich des Erbrechts zu vollziehen[328]. Der Verweis der französischen Regierung auf die unlängst umgesetzte Reform des französischen Sicherheitenrechts[329] und das damit scheinbar einhergehende mangelnde Bedürfnis natürlicher Personen an der „fiducie“ vermag nicht zu überzeugen, da letztere ein höheres Maß an Sicherheit infolge des Eigentumserwerbs auf Seiten des Treuhänders gegenüber dem Sicherungsnehmer bei der Sicherungstreuhand gewährt[330]. Weiter hätte man die Bedenken bezüglich des Missbrauchs und der mangelnden Transparenz bei natürlichen Personen mittels entsprechender, darauf angepasster Kontrollmechanismen zerstreuen können[331].
Letztlich erachteten es die französische Nationalversammlung und der Senat aber für wichtiger, das Gesetzesprojekt –trotz der genannten Unzulänglichkeiten- nicht, wie bereits in der Vergangenheit geschehen, scheitern zu lassen[332].

bb) Treuhänder/Fiduciaire

Noch enger fasst der Gesetzgeber die als Treuhänder in Frage kommenden Rechtssubjekte: Ausweislich des Art. 2015 CC können nur bestimmte Kreditinstitute, Investmentgesellschaften oder Versicherungsgesellschaften, kurzum juristische Personen, die aufgrund ihrer Organisationsverfassung eine hinreichende Gewähr für die Erfüllung von Sorgfaltspflichten bieten, mit der Verwaltung des Treugutes befasst werden. Darüber hinaus müssen sowohl Begründer als auch die als Treuhänder agierenden juristischen Personen ihren Sitz innerhalb der Europäischen Gemeinschaft oder in einem Staat haben, welcher mit Frankreich ein Abkommen zur

---

schaftsbesteuerung entscheiden. vgl. dazu Patrice Bouteiller, Loi no 2007-211 du 19 février 2007 instituant la fiducie, La Semaine Juridique, Entreprise et affaires, Nr. 13/2007, 1404, 15, 16.

328 Vgl. Rapport Assemblée Nationale, S. 24.

329 Ordonnance No 2006-346, relative aux sûretés, veröffentlicht im Journal Officiel vom 23. März 2006.

330 Vgl. Rapport Assemblée Nationale, S. 24.

331 Darüber hinaus bestünde ohnehin das Verbot der Unentgeltlichkeit des Treuhandvertrages, vgl. Art. 2013 CC.

332 Vgl. Rapport Assemblée Nationale, S. 25.

Vermeidung der Doppelbesteuerung abgeschlossen hat und gleichzeitig gegen betrügerische Handlungen und Steuerflucht Rechtshilfe gewährt[333].

cc) Begünstigter/Bénéficiaire

Natürliche Personen können entsprechend dem gesetzlich angeordneten Ausschluss von den dargestellten Funktionen, allein als Begünstigte der fiducie in Erscheinung treten. Voraussetzung hierfür ist freilich, dass sie rechtsfähig sind[334].
Was die Anzahl der jeweiligen Beteiligten betrifft, ist das Gesetz flexibel; auf allen Seiten können daher mehrere Rechtssubjekte stehen.
Im Gegensatz zu Begründer und Treuhänder, wird der Begünstigte des Treuhandvertrages – von einer dem Common Law Trust vergleichbaren dinglichen Eigentümerstellung ganz zu schweigen - nicht Vertragspartei des Treuhandverhältnisses[335]. Seine Rechtsstellung korreliert insoweit zu derjenigen des Drittbegünstigten beim Vertrag zugunsten Dritten („stipulation pour autrui")[336]. Art. 2016 CC sieht weiter vor, dass sowohl Begründer wie Treuhänder Begünstigter der Treuhand sein können. Das Treuhandmodell wird dadurch für die Grundtypen der fiduziarischen Vermögensübertragung (Verwaltungs- und Sicherungstreuhand) zugänglich gemacht.

c) Die obligatorischen Vertragselemente

Der Treuhandvertrag ist nichtig, sofern er nicht gewisse zwingend erforderliche Elemente aufweist. Nach Art. 2018 Nr. 1 CC muss zunächst bestimmt sein, welche Rechtspositionen i.S.d. Art. 2011 CC übertragen werden sollen. Handelt es sich um zukünftige Rechte, müssen sie sich hinreichend bestimmen lassen. Weiter müssen aus Transparenzgründen aus der Treuhandurkunde die (auf maximal 33 Jahre begrenzte) Dauer der Rechtsübertragung sowie die Identität von Begründer und Treuhänder sowie die des Begünstigten hervorgehen, Art. 2018

---

333 Loi 2007-211, Art. 13.

334 Dies beurteilt sich nach Art. 1123 CC.

335 Patrice Bouteiller, Loi no 2007-211 du 19 février 2007 instituant la fiducie, La Semaine Juridique, Entreprise et affaires, Nr. 13/2007, 1404, 15, 16; Rapport Assemblée Nationale, S. 9.

336 Art. 1121 CC: „On peut pareillement stipuler au profit d´un tiers, lorsque telle est la condition d´une stipulation que l´on fait pour soi-même ou d´une donation que l´on fait à un autre. Celui qui a fait cette stipulation ne peut plus la révoquer, si le tiers a déclaré vouloir en profiter".

Nr. 2 bis 5 CC. Für Letzteren ist allerdings ausreichend, dass die Treuhandurkunde Bestimmungen beinhaltet, nach denen sich seine Person hinreichend bestimmen lässt. Schließlich sind die Befugnisse und der Auftrag des Treuhänders zu konkretisieren; mittelbar ergibt sich aus dem gegenüber dem Treuhänder konzedierten Befugnisspektrum, ob das Treuhandverhältnis dem Leitbild einer Verwaltungstreuhand („fiducie gestion") oder dem einer Sicherungstreuhand („fiducie sûreté") zu unterstellen ist.

d) Der Treuhandvertrag

Der Treuhandvertrag begründet für die Parteien als neuer in den Code Civil eingefügter Vertragstypus eine gegenseitige synallagmatische Verpflichtung[337]. Aufgrund des im französischen Rechts geltenden Konsensualprinzips ergibt sich die Eigentumsübertragung unmittelbar aus dem obligatorischen Verpflichtungstatbestand[338]; die Treuhandabrede wirkt somit auch für die Eigentumsverhältnisse am Treugut unmittelbar konstitutiv. Eine dingliche Verfügung ist indessen nicht notwendig. Die in der alten französischen Treuhanddogmatik umstrittene Frage, inwieweit das Treuhandeigentum überhaupt durch einen dem Zivilrechtssystem unbekannten obligatorischen Vertrag übertragen werden kann, wurde durch dessen explizite Normierung mithin obsolet[339].

aa) Zweckbestimmung

Der Treugeber wird durch den Treuhandvertrag zur Übertragung und zur Verschaffung der Rechtsinhaberschaft der als Treugut eingebrachten Rechte an den Treuhänder verpflichtet. Mit dieser Übertragung zu vollem Recht kongruiert die mittels der Zweckbestimmung umgesetzte Finalität des Übertragungstatbestandes. Die Zweckbestimmung der Treuhand ist im französischen Recht ein wesentliches Merkmal. Die Verwaltung der „zu treuen Händen" übertragenen Vermögensrechte hat ohne Ausnahme allein dem von den Parteien vereinbarten

---

[337] Vgl. hierzu auch Rapport Assemblée Nationale, S. 34 f.

[338] Vgl. Art. 1138 CC: „L'obligation de livrer la chose est parfaite par le seul consentement des parties contractantes. Elle rend le créancier propriétaire et met la chose à ses risques dès l'instant où elle a dû être livrée (...)".

[339] Vgl. Wolter, Treuhandrecht im Umbruch, S. 35/36: Bereits damals setzte sich allerdings die Ansicht durch, dass auch nach den allgemeine Regeln wirksame, im Gesetz nicht benannte Verträge den Eigentumsübergang bewirken konnten; hierfür wurde der Wortlaut des Art. 1107 Abs. 1 CC herangezogen, demzufolge obligatorische Verträge benannt, aber auch unbenannt sein können.

Zweck („but déterminé") zu dienen. In der inhaltlichen Ausgestaltung der Finalität der Vermögensübertragung sind die Parteien im Rahmen der gesetzlichen Bestimmungen frei.

bb) Verbot der Unentgeltlichkeit

Das neu integrierte französische Treuhandrecht setzt der Privatautonomie bei aller Liberalität in der Ausgestaltung der treuhänderischen Zweckbestimmung jedoch eine bemerkenswerte Schranke. Art. 2013 CC ordnet die unabdingbare Nichtigkeit der Treuhandabrede an, sofern sie in der Absicht erfolgt, eine *unentgeltliche* Verfügung zugunsten des oder der Bénéficiaires vorzunehmen[340].

Eine Verwendung der fiducie als Instrument der Vermögensnachfolge von Todes wegen scheidet somit ohne Einschränkungen aus. In diesem Ausschluss spiegelt sich insoweit das fortdauernde Misstrauen in die Institution der fiducie wider, und nimmt dieser gleichzeitig einen Teil ihres Nutzens[341]. Wie im deutschen Recht bemisst sich die Unentgeltlichkeit einer Verfügung bzw. eines Rechtsgeschäftes nach der zu erbringenden Gegenleistung[342]. Der Begünstigte des Treuhandgeschäftes hat daher in seinem eigenen Interesse dafür Sorge zu tragen, eine tatsächliche, an den Wert der Güter oder der Rechte „angeknüpfte" Gegenleistung zu erbringen. Hierfür ist zumindest Voraussetzung, dass diese in ernst gemeinter Absicht erfolgt, wobei diese nicht vollkommen äquivalent sein muss. Es bleibt insoweit abzuwarten, wie die französischen Gerichte diesen unbestimmten Rechtsbegriff treuhandspezifisch konkretisieren werden. Bei der Bestimmung der vom Begünstigten zu erbringenden Gegenleistung ist allerdings zu bedenken, dass dieser nicht Vertragspartei des eigentlichen Treuhandverhältnisses ist. Dies hat zur Folge, dass die Bestimmung der Gegenleistung praktisch einem außerhalb der „fiducie" liegendem Rechtsverhältnis zu entnehmen sein wird[343].

In den Fällen, in denen der Treugeber zugleich Begünstigter ist, stellt sich hingegen die Frage einer tatsächlich erbrachten Gegenleistung bereits definitorisch nicht; der Begriff der Unent-

---

[340] Art. 2013 CC: „Le contrat de fiducie est nul s'il procède d'une intention libérale au profit du bénéficiaire. Cette nullité est d'ordre public".

[341] Dupichot, Opération *fiducie* sur le sol français", La Semaine Juridique Nr. 12/2007, 134, 3, 4.

[342] Vgl. Art. 893 CC: „La libéralité est l'acte par lequel une personne dispose à titre gratuit de tout ou partie de ses biens ou de ses droits au profit d'une autre personne. Il ne peut être fait de libéralité que par donation entre vifs ou par testament".

[343] Rapport Assemblée Nationale, S. 36.

geltlichkeit impliziert insoweit zwingend das Vorhandensein eines anderen, vom Treugeber personenverschiedenen Rechtssubjektes[344]. Ein Treuhandvertrag, bei dem Treugeber und Begünstigter personengleich sind, kann daher nicht nach Art. 2013 CC nichtig sein.

Diese einschneidende Beschränkung wurde zwar noch im Gesetzgebungsverfahren bemäkelt und wird von Seiten der Rechtsanwender größtenteils weiter kritisiert[345]. Mit der genannten Einschränkung werden jedoch bereits im legislativen Vorfeld mögliche Konkurrenzprobleme zu den Grundsätzen des französischen Erb- und Schenkungsrechts vermieden, welche das Gesetzesprojekt aus dem Jahre 1992 beispielsweise haben scheitern lassen.

cc) Begründung der fiducie

Zur wirksamen Begründung der Treuhand ist ein darauf gerichteter ausdrücklicher Parteiwille erforderlich[346].
Neben der rechtsgeschäftlichen Begründung des Treuhandverhältnisses mittels Vertrag sieht das französische Treuhandrecht eine Errichtung der Treuhand von Gesetzes wegen vor, Art. 2012 CC. Eine tatsächliche Parallele zum „by operation of law“ entstehenden „Constructive Trust“ des angelsächsischen Rechts besteht, wie man der bloßen normativen Regelung entnehmen könnte, faktisch nicht. Zu der Frage, inwiefern ein Rechtssubjekt zur Übertragung von Vermögensrechten gezwungen werden kann – eine qua lege entstehende Treuhand hätte schließlich diese Wirkung – gibt das französische Zivilrecht keine Antwort. Mithin ist nach der derzeitigen Rechtslage die Begründung einer Treuhand „par la loi“ nicht umzusetzen. Es ist daher anzunehmen, dass sich der französische Gesetzgeber mit der Möglichkeit einer gesetzlich begründeten Treuhand, unter Berücksichtigung der Rechtslage im Common Law als Inspirationsquelle, die Integration spezieller fiduziarischer Rechtskonstruktionen außerhalb des hier untersuchten Regelungskomplexes für die Zukunft offen halten wollte[347].

Die Treuhandabrede ist formgebunden und daher nichtig, wenn sie nicht die angesprochenen obligatorischen Vertragselemente beinhaltet. Über diese innere Transparenz hinaus sind die

---

[344] Rapport Assemblée Nationale, S. 36.

[345] Dupichot, Opération *fiducie* sur le sol français“, La Semaine Juridique Nr. 12/2007, 134, 3, 4.

[346] Art. 2012 S. 2 CC.

[347] Dupichot, Opération *fiducie* sur le sol français“, La Semaine Juridique Nr. 12/2007, 134, 3.

fiducie sowie deren Nebenbestimmungen aus Publizitätsgründen innerhalb eines Monats nach ihrer Begründung in einem nationalen „Treuhandregister"[348] zwingend einzutragen, Art. 2019 Abs. 1 CC. Gleiches gilt für im Wege der fiducie übertragene Rechte ebenso wie für die nachträgliche Bezeichnung des Begünstigten, sofern dieser noch nicht im Treuhandvertrag bestimmt ist[349].

dd) Beendigung

Der angelsächsischen „Rule against perpetuities" folgend[350], ist die fiducie auf eine Dauer von 33 Jahren, vom Zeitpunkt der Unterzeichnung der Treuhandurkunde an gerechnet, beschränkt[351]. Nach Ablauf dieser Zeit endet das Treuhandverhältnis von Gesetzes wegen, Art. 2029 Abs. 1 Alt. 1 CC. Dies ändert freilich nichts an der Möglichkeit, den Treuhandvertrag nach Ablauf dieser Zeit zu den gleichen inhaltlichen Bedingungen erneut abzuschließen[352].

Daneben endet das Treuhandverhältnis mit der Erreichung des festgelegten Zweckes, dem es zu dienen bestimmt ist, sofern dieser Zeitpunkt vor der angesprochenen starren Beendigungsfrist liegt[353].

Neben diesen, der Disposition der Parteien entzogenen, da qua lege angeordneten Beendigungstatbeständen, kann das Ende der Treuhand durch entsprechende Gestaltungserklärungen herbeigeführt werden: Konstituiert nicht bereits die Treuhandabrede selbst mögliche Beendigungsgründe[354], kann der Treugeber die fiducie widerrufen, solange der Treuhandvertrag bzw. dass durch ihn gewährte Recht vom Begünstigten nicht angenommen wurde, Art. 2028 Abs. 1 CC. Wurden die durch den Treugeber intendierten Rechtsfolgen des Treuhandvertrages je-

---

[348] Art. 2020 CC; sämtliche das Treuhandregister/Treuhandverzeichnis betreffende Errichtungs- und Durchführungsbestimmungen werden noch mittels Rechtsverordnung des französischen Staatsrates (Conseil d'Etat) festgelegt.

[349] Art. 2019 Abs. 3 CC; vgl. Art. 2018 Nr. 5: dieser erfordert zwar im Treuhandvertrag zwingend Angaben über die Identität des oder der Begünstigen, lässt es jedoch genügen, wenn sich deren spätere Bestimmung anderweitig eindeutig entnehmen lässt.

[350] Durch die zeitliche Beschränkung soll ein zu langes Auseinanderfallen zwischen „legal-„ und „equitable ownership" vermieden werden, vgl. hierzu Haley/McMurtry, Equity and Trusts, S. 102, Rn. 4.32; Czermak, Express Trust S. 36 m.w.N.; Kötz, Trust und Treuhand, S. 50.

[351] Art. 2018 Nr. 2 CC; der Gesetzesentwurf sah noch eine Maximaldauer von 99 Jahren vor.

[352] Patrice Bouteiller, Loi no 2007-211 du 19 février 2007 instituant la fiducie, La Semaine Juridique, Entreprise et affaires, Nr. 13/2007, 1404, 15, 17.

[353] Art. 2029 Abs. 1 Alt. 2 CC.

[354] Art. 2029 Abs. 2 Alt. 1 CC.

doch vom Begünstigten angenommen, kann der Treuhandvertrag nur mit dem Einverständnis des Letzteren oder im Wege einer gerichtlichen Entscheidung[355] inhaltlich verändert oder widerrufen werden[356]. Eine darauf gerichtete gerichtliche Entscheidung wird in den Fällen ergehen, in denen zwingende Bestimmungen des Treuhandrechts von den Parteien nicht beachtet worden sind[357].

Insoweit weist die „fiducie“ Parallelen zum in Art. 1121 CC normierten Vertrag zugunsten Dritter („stipulation pour autrui“) auf, bei welchem die Annahme durch den Begünstigten keine Wirksamkeitsvoraussetzung darstellt[358]. Der Vertrag zugunsten Dritter gewährt dem Begünstigten – wie im deutschen Recht[359] - ein unmittelbares Forderungsrecht, welches vom Versprechenden nur dann widerrufen werden kann, wenn es der Dritte noch nicht angenommen hat; danach besteht es unwiderruflich. Vertragspartner wird in diesem Falle der Dritte.
Obgleich sich die Vorschriften zur fiducie im Gegensatz zu den Möglichkeiten einer Beendigung zur Frage der Abwicklung eines beendeten Treuhandverhältnisses bedeckt halten, sind die Vermögensrechte in diesem Falle entweder an den Treugeber zurück zu geben oder an den Begünstigten zu übertragen[360]. Allein Art. 2030 CC ordnet an, dass im Falle des Nichtvorhandenseins eines Begünstigten, die in das Treuhandvermögen übertragenen Rechte zu vollem Recht („de plein droit“) an den Treugeber zurückfallen. Eines besonderen Übertragungsaktes bedarf es dem Wortlaut der Norm entsprechend folglich nicht.
Stirbt der Treugeber oder fällt dieser aus anderen Gründen weg[361], lässt das Gesetz eine sofortige Übertragung der in die Treuhand eingebrachten Rechte an seine Rechtsnachfolger nur dann zu, wenn diese selbst - wie schon der Treugeber - der Körperschaftssteuer unterfallende juristische Personen sind[362]. Sind der oder die Rechtsnachfolger hingegen natürliche Personen, kann ihnen das Treuhandvermögen erst mit Ablauf des Beendigungszeitpunktes des

---

[355] Vgl. dazu unten die Ausführungen zur gerichtlichen Kontrolle.

[356] Art. 2028 Abs. 2 CC.

[357] Vgl. Artt. 2013, 2018, 2019 CC; Rapport Assemblée Nationale, S. 54.

[358] Vgl. Cour de Cassation Civile 1ère, Entscheidung vom 19. Dezember 2000, „M. Carvais u.a../. Banque de Neuflize Schlumberger Mallet“.

[359] §§ 328 ff. BGB.

[360] Vgl. Dupichot, Opération *fiducie* sur le sol français“, La Semaine Juridique Nr. 12/2007, 134, 3, 6.

[361] Z.B. bei Verlust der Geschäftsfähigkeit.

[362] Art. 2031 S. 1 CC.

Treuhandverhältnisses zuteil werden[363]. Bis zu diesem Zeitpunkt besteht das Vermögen zweckgebunden weiter fort.

e) Das Treugut

Im Gegensatz zu den Einschränkungen hinsichtlich der sonstigen an der Treuhand beteiligten Personen, lässt der französische Gesetzgeber dem Treugeber bei der Entscheidung, welche Rechte dieser zum Vertragsgegenstand erheben und somit als Treugut einbringen will, eine große Entscheidungsfreiheit. Neben Mobiliar- und Immobiliargütern („biens“) können schuldrechtliche oder dingliche Rechtspositionen („droits“) bzw. dingliche oder persönliche Sicherheiten („sûretés“) dem Treuhänder zur Verwaltung nach Art. 2011 CC übertragen werden. Die Rechtspositionen können ferner zukünftiger Natur sein, müssen sich jedoch in diesem Fall bereits bestimmen lassen, vgl. Art. 2018 Nr. 1 CC. Darüber hinaus hindert die weite Fassung des Wortlautes von Art. 2011 CC auch nicht die Einbringung von Vermögenspassiva in das Treuhandverhältnis[364]. Dies kann beispielsweise zum Zweck der „défaisance“ bzw. „defeasance“ geschehen. Hierbei handelt es sich um die treuhänderische Übertragung zur Eliminierung von Schulden aus der Unternehmensbilanz[365].

f) Rechtsstellung des Treuhänders

Mit Abschluss des Treuhandvertrages wird der Treuhänder Eigentümer der übertragenen Rechtspositionen, welche dieser als zweckgebundenes Sondervermögen nach den vertraglichen Bestimmungen zu verwalten hat.

aa) Außenverhältnis

Infolge der Vollrechtsübertragung des Treugutes an den Treuhänder besteht auch im französischen Recht das der deutschen Treuhandlehre bekannte Spannungsverhältnis zwischen rechtlichem Dürfen im Innenverhältnis und dem rechtlichen Können nach Außen. Im französischen Recht ist der Treuhänder daher gegenüber Dritten verpflichtet, zu deren Schutz auf die

---

[363] Art. 2031 S.1 a.E. CC.

[364] Vgl. Rapport Assemblée Nationale, S. 33.

[365] Vgl. hierzu Wolter, Treuhandrecht im Umbruch, S. 68 ff.

Zweckgebundenheit des Treuhandvermögens hinzuweisen[366]. Unterlässt er dies, wird er persönlich verpflichtet. Dem Dritten soll dadurch die Kenntnis verschafft werden, ob ihm sein Vertragspartner mit dessen persönlichen Vermögen nach Art. 2092 CC oder mit dem fiduziarischen Treuhandvermögen aufgrund einer mit diesem eingegangenen Verpflichtung gegenüber tritt. Art. 2023 CC konzediert dem Treuhänder aus Gründen der Rechtssicherheit gegenüber gutgläubigen Dritten eine umfassende Verfügungsbefugnis mit der Folge eines gutgläubigen Eigentumserwerbs des Dritten, sofern dieser keine Kenntnis von der fiduziarischen Bindung und der sich daraus ergebenden Beschränkung der Rechtsmacht hat. Etwas anderes gilt nur dann, wenn der Dritte hinsichtlich der schuldrechtlichen Verfügungsbeschränkungen des Treuhänders bösgläubig war. In diesem Falle tritt die aufgrund der Vollrechtsübertragung des Treugutes bestehende unbeschränkte Rechtsmacht im Außenverhältnis zurück, mit der Folge einer eventuellen Unwirksamkeit einer dennoch erfolgten Übereignung des Treugutes. Diese vom Gesetz angeordnete Rechtsfolge ist den im deutschen Recht entwickelten Grundsätzen der Unwirksamkeit einer mit Kenntnis des Dritten von der Zweckgebundenheit treuwidrig erfolgten Verfügung angenähert, im Rahmen derer die fahrlässige Unkenntnis des Erwerbers auf dessen Seite zu einem gutgläubigen Eigentumserwerb führt[367].

bb) Innenverhältnis

Das neu geschaffene Treuhandrecht normiert keine ausdrücklichen Leistungspflichten des Treuhänders. Dieser ist dem Treugeber gegenüber daher entsprechend den Bestimmungen des Treuhandvertrages und den allgemeinen gesetzlichen Vorschriften (vgl. Art. 1134 Abs. 3 CC) zur ordnungsgemäßen Ausführung verpflichtet. Er hat dabei für die Verwahrung, Verwaltung und Anlage der ihm übertragenen Vermögenswerte im Interesse des Treugebers Sorge zu tragen.

Der Treuhandvertrag legt fest, unter welchen Voraussetzungen der Treuhänder dem Begründer über seine Ausführung zu berichten hat. Gleichzeitig legt der Treuhandvertrag auch fest, in welchen Zeitabständen dem Treuhänder derartige Berichtspflichten obliegen[368]. Insoweit begründen die Bestimmungen der Treuhandabrede den Haftungsrahmen, nach dem sich eventuelle Verstöße des Treuhänders zu bemessen haben.

---

[366] Art. 2021 Abs. 1 CC.

[367] Vgl. Sechster Teil B. II. 3.

[368] Art. 2022 CC.

Für Pflichtverletzungen, die der Treuhänder in Ausübung seiner Tätigkeit begeht, haftet er mit seinem Eigenvermögen, Art. 2026 CC. Zur Frage, nach welchem Haftungsregime[369] sich dies beurteilt, schweigt das Gesetz indessen. Hierbei ist jedoch den allgemeinen Grundsätzen nach zu differenzieren: Der Rechtsbeziehung zwischen dem Treuhänder und Treugeber liegt der Treuhandvertrag zugrunde, sodass sich etwaige Pflichtverletzungen des Treuhänders auch nach diesem bzw. nach den vertraglichen Haftungsnormen zu messen haben. Gegenüber dem sich außerhalb der treuhänderischen Pflichtenbeziehung befindlichen Begünstigten liegt hingegen zunächst eine deliktische Haftung näher. Daneben kommt allerdings eine vertragliche Haftung dann in Betracht, wenn der Treuhandabrede ausnahmsweise Drittwirkung zukommt. Dies kann wiederum nur dann der Fall sein, wenn der Begünstigte damit einverstanden ist bzw. der Begünstigte sein aus dem Treuhandvertrag entstehendes Forderungsrecht annimmt[370].

Verletzt der Treuhänder seine Pflichten oder gefährdet er die ihm anvertrauten Interessen, können der Treugeber, der Begünstigte oder ein eventuell mit der Interessenwahrung und Ausführung nach Art. 2017 CC beauftragter Dritter, gerichtliche Hilfe in Anspruch nehmen: die genannten aktivlegitimierten Parteien können vom angerufenen Gericht gemäß Art. 2027 CC die Ernennung eines vorläufigen Treuhänders („fiduciaire provisoire") verlangen oder die Ersetzung des bisherigen Treuhänders beantragen. Die Ernennung eines vorläufigen Treuhänders kommt insbesondere dann in Betracht, wenn sich Treugeber und Begünstigter über einen neuen Treuhänder nicht verständigen können[371].

g) Gläubigerschutz: das Treuhandvermögen in Insolvenz und Zwangsvollstreckung

Das französische Recht folgt bei Insolvenz oder Zwangsvollstreckung zunächst den allgemeinen Grundsätzen, welche sich aus der bei der fiduziarischen Treuhand geänderten Rechtszuständigkeit am Treugut ergeben. Aufgrund der Vollrechtsübertragung befindet sich das Treugut nicht mehr in der Haftungs-/Vollstreckungsmasse des Treugebers; beim Treuhänder hingegen stellen die zu vollem Recht übertragenen Vermögensrechte ein zweckgebundenes Son-

---

[369] Das französische Recht unterscheidet hierbei traditionell die vertragliche Haftung (Artt. 1147 ff. CC) sowie die deliktische Haftung nach den Artt. 1382 ff. CC.

[370] Vgl. Rapport Assemblée Nationale, S. 52.

[371] Patrice Bouteiller, Loi no 2007-211 du 19 février 2007 instituant la fiducie, La Semaine Juridique, Entreprise et affaires, Nr. 13/2007, 1404, 15, 19.

dervermögen dar, welches von dessen persönlichen Vermögen getrennt zu betrachten ist. Gläubigern sowohl des Treugebers als auch des Treuhänders ist der Vollstreckungszugriff gegen beide somit grundsätzlich verwehrt.
Art. 2024 CC bestimmt daher ausdrücklich, dass im Falle der Zahlungsunfähigkeit[372] auf Treuhänderseite das zugunsten des Treugebers gehaltene Zweckvermögen unberührt bleibt. In dieser Vorschrift verwirklicht sich insofern faktisch die Aufgabe des in Art. 2092 CC[373] zum Ausdruck kommenden einheitlichen Vermögensbegriffs. Die Vorschrift ist dabei die logische Konsequenz aus der zeitlich beschränkten und zweckgebundenen Vermögensübertragung an den Treuhänder und verhindert dessen Verwendung als Haftungsmasse von Treuhänderverbindlichkeiten.

Das neue französische Treuhandrecht lässt die Gläubigerinteressen jedoch gleichwohl nicht vollkommen schutzlos. Trotz der fiduziarischen Übertragung ermöglicht das Gesetz den Zugriff[374] in solche Rechtspositionen des Treugebers, welche mit zuvor im Treuhandvertrag offen gelegten Sicherheiten belastet sind, Art. 2025 Abs. 1 Alt. 1 CC. Gleiches gilt nach Art. 2025 Abs. 1 Alt. 2 CC dann, wenn der Begründer der Treuhand Vermögensrechte mit der Absicht übertragen hat, seine Gläubiger zu schädigen („fraude"). In letzterem Fall ist nicht einmal Voraussetzung, dass sich der Gläubiger auf ein besonderes Folgerecht/Verwertungsrecht berufen kann[375].

Ansprüche gegen das Treugut, welche erst im Rahmen von dessen Erhalt oder Verwaltung entstehen, können hingegen von deren Gläubigern uneingeschränkt geltend gemacht werden[376]. Reicht die Höhe des Treuhandvermögens in diesen Fällen zur Anspruchsbefriedigung nicht aus, haftet subsidiär das übrige, nicht im Wege der Treuhand übertragene Vermögen des

---

[372] Art. 2024 CC führt hier die Eröffnung von Sicherungsmaßnahmen („procédure de sauvegarde"), eines Sanierungs- („procédure de redressement judiciaire") oder Konkursverfahrens („procédure de liquidation judiciaire") an. Beim „procédure de redressement judiciaire" handelt es sich um ein handelsrechtliches Betriebssanierungsverfahren, welchem sich bei Fehlschlagen der Sanierung oder Veräußerung ein Konkursverfahren („procédure de liquidation judiciaire") anschließt, vgl. Doucet/Fleck, Band 1, S. 645: „redressement judiciaire"; sowie Rapport Assemblée Nationale, S. 49.

[373] Vgl. Fn. 322.

[374] Das Gesetz gewährt den Gläubigern hierbei ein „Folgerecht" („droit de suite"); mit dem „Tracing" des Common Law ist dieses jedoch nur bedingt vergleichbar, da es sich bei diesem um ein im Wege einer Fiktion entstehendes Pfandrecht ich Höhe des dem Begünstigten zustehenden Betrages handelt, vgl. Kötz, Trust und Treuhand, S. 30 ff.

[375] Dupichot, Opération *fiducie* sur le sol français", La Semaine Juridique Nr. 12/2007, 134, 3, 5.

[376] Art. 2025 Abs. 1 a.E. CC.

Begründers der Treuhand. Dieses bildet hierfür ausweislich des Art. 2025 Abs. 2 CC die Haftungsmasse („gage commun des créanciers"), sofern nicht in der Treuhandurkunde eine Haftung für einen Teil oder die Gesamtheit der Verbindlichkeiten zulasten des Treuhänders vereinbart wurde, Art. 2025 Abs.2 a.E. CC. In der Praxis wird eine solche Vereinbarung aus Gründen der Risikoverteilung wohl eher selten oder überhaupt nicht anzutreffen sein. Mit der *Subsidiär*haftung des Restvermögens auf Treugeberseite soll somit der Errichtung von „Scheinvermögen" in betrügerischer Absicht entgegengewirkt werden[377].
Sofern die Gläubiger ausdrücklich zustimmen, sieht das Gesetz ferner vor, die Haftung für treuhänderische Verbindlichkeiten auf die Höhe des Treuhandvermögens zu beschränken[378].

Im Ergebnis ist daher festzuhalten, dass trotz der angesprochenen, in bestimmten Konstellationen möglichen Zugriffsmöglichkeiten der Gläubiger, ein wirklich unbeschränkter Schutz des Treuhandvermögens nur insoweit besteht, als dass Gläubigern des Treuhänders ein Zugriff auf dieses gänzlich verwehrt wird. In anderen Konstellationen sieht das Gesetz hingegen schutzwürdige Ausnahmen vor.

h) Gerichtliche Kontrolle

Das dem Treuhänder bei Abschluss des Treuhandvertrages entgegengebrachte Vertrauen können Treugeber oder Begünstigter im Laufe der Zeit beeinträchtigt sehen. Dies mag es erfordern, zur Erreichung des in der Treuhandurkunde festgelegten Zwecks, das Treuhandverhältnis als besonderes Vertrauensverhältnis einer intensiveren gerichtlichen Kontrolle als sonstige Vertragsverhältnisse zu unterwerfen. Das Gesetz orientiert sich insoweit am Trust, als es den Gerichten die bereits angesprochenen Ersetzungs- und Gestaltungsbefugnisse zuspricht, vgl. Artt. 2027 S. 1, 2038 Abs. 2 Alt. 2 CC. Gleichwohl darf nicht jedes subjektiv empfundene Misstrauen in die treuhänderische Verwaltungstätigkeit eine Auswechslung des Treuhänders nach sich ziehen. Eine solche steht daher ausschließlich nur dann zur Disposition, wenn eine Pflichtverletzung des Treuhänders vorliegt oder dieser –ohne dass notwendigerweise eine Pflichtverletzung vorliegt- die Verwirklichung der ihm anvertrauten Interessen anderweitig gefährdet[379].

---

[377] Rapport Assemblée Nationale, S. 51.

[378] Art. 2025 Abs. 3 CC.

[379] Art. 2027 S. 1 CC; vgl. auch Rapport Assemblée Nationale, S. 53.

2. Änderungs- und Einführungsgesetzgebung

Noch stärker als in anderen kontinentalen Ländern sahen sich fiduziarische Rechtsgeschäfte in Frankreich dem Vorwurf ausgesetzt, als Vehikel zur Geldwäsche und Steuerflucht zu dienen. Um dem a priori entgegen zu steuern, begleiten das Einführungsgesetz einige Änderungsvorschriften, welche der Transparenz dienen und diese verwirklichen sollen und somit den Zweck haben, der „fiducie" jeglichen Anschein widerrechtlicher Umgehungsabsichten des geltenden Rechts zu nehmen.

a) Maßnahmen gegen Geldwäsche

Zur Prävention gegen Geldwäsche sind Finanzinstitutionen und andere einschlägige Berufsgruppen wie Anwälte oder Notare bereits nach geltendem Recht[380] verpflichtet, aus bestimmten Rechtsgeschäften herrührende Finanzströme zu melden. Darunter fällt ab sofort auch die Begründung, Verwaltung und Führung von Treuhänderschaften nach Artt. 2011 bis 2031 CC; von der Meldepflicht sind ebenso Treuhandschaften nach ausländischem Recht, sowie sonstige strukturell ähnliche Rechtsfiguren betroffen[381]. Schließlich ermächtigt Artikel 15 des Einführungsgesetzes[382] bestimmte staatliche Kontrollbehörden, die Übermittlung das Treuhandverhältnis betreffender Dokumente bis zum Ablauf von 10 Jahren (!) nach Beendigung der Treuhand von allen beteiligten Parteien (Treugeber, Treuhänder, Begünstigter und sonstige mit der Treuhand unmittelbar oder mittelbar (!) in Verbindung stehender Dritte) zu verlangen, ohne dass diese durch die Übermittlung gegen ein eventuelles Berufsgeheimnis verstoßen.

b) Steuerrechtliche Vorschriften

Die steuerrechtlichen Änderungsvorschriften nehmen proportional den umfangreichsten Teil des Einführungsgesetzes ein (Artikel 3 bis 11). Sie betreffen zahlreiche Änderungen des allgemeinen Steuergesetzbuches (Code général des impôts) und Vorschriften bezüglich der buchhalterischen Behandlung der „fiducie". Gleichwohl sind sie nicht Gegenstand dieser Arbeit.

---

[380] Art. L. 562-2 Code monétaire et financier.

[381] Art. L .562-2-1 Code monétaire et financier.

[382] Vgl. hierzu auch Rapport Assemblée Nationale, S. 95.

c) Sonstige Änderungen

Das Einführungsgesetz normiert keine Änderungen des französischen materiellen Zivilrechts. Davon unberührt bleiben vereinzelte formale Änderungen, mittels derer die fiducie und die ihr immanenten rechtlichen Wirkungen in das bestehende zivil- und handelsrechtliche Normengefüge integriert werden sollen[383].

III. Sachlicher Anwendungsbereich

Vom Anwendungsbereich des Einführungsgesetzes expressis verbis ausgenommen, ist – wie erwähnt - jedwede Errichtung der Treuhand zu Zwecken der unentgeltlichen Vermögenszuwendung an einen oder mehrere Begünstigte („fiducie liberalité")[384]. Die „Loi instituant la fiducie" ist somit auf die Kategorien der Verwaltungs- und Sicherungstreuhand ausgelegt. Art. 2016 CC, der es ermöglicht, dass sowohl Treugeber wie auch Treuhänder als Begünstigte der fiducie vorgesehen werden können, schafft insoweit die nötige Flexibilität in der vertraglichen Ausgestaltung.

1. Verwaltungstreuhand („fiducie gestion")

Im Rahmen einer „fiducie gestion" oder „fiducie à fin de gestion" ermöglicht das Gesetz einer juristischen Person als Treugeberin[385] für den im Treuhandvertrag vorgesehenen Zeitraum, maximal jedoch für 33 Jahre, Bestandteile ihres Vermögens an einen Treuhänder bzw. ein Treuunternehmen[386] zu übertragen, welches diese für den Treugeber selbst, sofern jener nach Art. 2016 CC als Begünstigter eingesetzt ist oder für einen Dritten im Rahmen einer entgeltlichen Überlassung zu verwalten hat[387]. Hierfür kann in der Treuhandabrede eine Vergütungsregelung getroffen werden[388]. Für die französische Rechtspraxis bedeutet dies insoweit nichts

---

[383] Dies betrifft beispielsweise Art. 1596 CC, wonach sich der Treuhänder nicht mit dem Treuhandvermögen an öffentlichen Ausschreibungen beteiligen darf (Art. 17 Loi instituant la fiducie).

[384] Vgl. hierzu ausführlich oben D. II. d) bb).

[385] Art. 2014 CC.

[386] Art. 2015 CC.

[387] Vgl. Patrice Bouteiller, Loi no 2007-211 du 19 février 2007 instituant la fiducie, La Semaine Juridique, Entreprise et affaires, Nr. 13/2007, 1404, 15, 17.

[388] Vgl. Rapport Assemblée Nationale, S. 12.

Neues, da bereits de lege lata Rechtsnormen im Bereich von Pensionsgeschäften[389] oder der treuhänderischen Wertpapierverwaltung[390] existieren, die vergleichbare Rechtskonstruktionen gestatten. Mit der legislativen Umsetzung der „fiducie" werden jedoch komplexe Finanzgeschäfte, zu deren Durchführung man sich bisher beispielsweise der Hilfe von ausländischen Trusts bedienen musste, erleichtert, indem man den beteiligten Wirtschaftskreisen ein inländisches vergleichbares Rechtsinstitut zur Verfügung stellt.

Daneben bietet die französische Treuhand aber auch gegenüber dem klassischen Auftragsverhältnis/Geschäftsbesorgung[391] („mandat de gestion") einige Vorteile, insbesondere dann, wenn der Beauftragte bestimmte Formalitäten zu erfüllen hätte, welche ihm als Treuhänder nicht obliegen, da er im letzteren Fall nach außen als Vollrechtsinhaber der übertragenen Vermögenswerte auftritt. Als Beispiel dafür ist die Veräußerung von einem Minderjährigen gehörender Rechtspositionen zu nennen, welche – würde der Veräußernde nur als dessen „mandataire", also Beauftragter auftreten - auch nach französischem Recht die Genehmigung eines Sorgeberechtigten („tuteur") oder gar des Vormundschaftsrichters erfordern würden[392]. Ein weiterer Vorteil besteht darin, dass ein Treuhänder im Gegensatz zu einem Beauftragten über eine ausschließliche Rechtsmacht am Treugut verfügt und dieses somit vor unerwünschten Parallelverfügungen des Treugebers geschützt ist. Bei einem bloßen Auftrags- bzw. Geschäftsbesorgungsverhältnis ist der Auftraggeber selbst dann, wenn das Vertragsverhältnis unwiderruflich ausgestaltet ist, nicht daran gehindert, über die Vermögensgegenstände zu verfügen bzw. diese anderweitig zu verpflichten[393].

2. Sicherungstreuhand („fiducie sûreté")

Im Falle einer Sicherungstreuhand (auch „fiducie à fin de garantie") ist der Treuhänder zugleich als Begünstigter durch die ihm übertragenen Rechtspositionen dahingehend abgesichert, dass der Treugeber und Begründer der Treuhandabrede eine ihm gegenüber bestehende

---

[389] Art. L. 432-12 Code monétaire et financier; vgl. hierzu zum deutschen Recht § 340b HGB.

[390] Sog. „portage"; hierbei handelt es sich um die Verpflichtung einer Person gegenüber einer anderen, Wertpapiere zu erwerben und diese später zu einem bestimmten Zeitpunkt an den Auftraggeber oder einen Dritten zu einem vereinbarten Preis abzutreten, vgl. Simler/Delebecque, Droit Civil, S. 457 m.w.N.

[391] Artt. 1984 ff. CC.

[392] Art. 450, 457 CC; Rapport Assemblée Nationale, S. 12.

[393] Vgl. dazu Rapport Sénat, S. 16 f.

Verbindlichkeit nicht erfüllt. Die Erfüllung der Verbindlichkeit bildet also den „but déterminé" des Treuhandvertrages. Tritt diese Zweckerfüllung ein, ist der Gläubiger zur Rückübertragung des Treugutes an seinen bisherigen Schuldner/"constituant" verpflichtet; leistet der „constituant" hingegen nicht, steht dem Treuhänder/Sicherungsnehmer als Begünstigter der „fiducie sûreté" das Treugut zu seiner freien Disposition[394].

Insoweit beendet der französische Gesetzgeber die rechtlichen Unsicherheiten, welche sich aus der Rechtsprechung[395] zur Gültigkeit fiduziarischer Abtretungen zu Sicherungszwecken ergaben. Schließlich wird dadurch auch die erst im März 2006 eingefügte Vorschrift des Art. 2367 CC[396], wonach Sicherheiten im Sinne einer Eigentumsvorbehaltsklausel („clause de réserve de propriété") zugunsten des Gläubigers gesetzlich anerkannt werden, im legislativen Kontext gefestigt.

E. Der Trust im französischen Internationalen Privatrecht

Eine Besonderheit des französischen autonomen Kollisionsrechts besteht darin, dass nur wenige gesetzlich verankerte Normen existieren. Allein im Code Civil lassen sich vereinzelt Vorschriften zur Handhabung von Sachverhalten mit Auslandsberührung finden[397]. Als Rechtsquelle dienen dem französischen IPR daher größtenteils die von der Rechtsprechung und der juristischen Lehre entwickelten, ungeschriebenen Rechtsgrundsätze.

Die Qualifikation von Trusts erfolgt im französischen Internationalen Privatrecht nicht einheitlich[398]. Die französischen Gerichte haben zusammen mit der Rechtswissenschaft im Laufe der Jahrzehnte unterschiedliche Qualifikationsversuche der dem französischen Recht unbekannten Rechtsfigur unternommen[399]. Dabei waren die Gerichte teilweise sehr flexibel und setzten sich nicht selten über trustspezifische Strukturelemente hinweg. In diesem Kontext wurde die innerhalb der übrigen kontinentaleuropäischen Rechtsordnungen anerkannte Diffe-

---

[394] Rapport Assemblée Nationale, S. 13.

[395] Cour de Cassation Commerciale, Entscheidung vom 19. Dezember 2006, JCP E 2007, 1131.

[396] Art. 2367 CC: „La propriété d'un bien peut être retenue en garantie par l'effet d'une clause de réserve de propriété qui suspend l'effet translatif d'un contrat jusqu'au complet paiement de l'obligation qui en constitue la contrepartie. La propriété ainsi réservée est l'accessoire de la créance dont elle garantit le paiement".

[397] Z.B. Artt. 3, 14, 15, 2133 CC; diese Normen sind größtenteils einseitige Kollisionsvorschriften, welche die ausschließliche Anwendung französischen Rechts anordnen, vgl. Audit, Droit international privé, S. 21.

[398] Zur Qualifikation im französischen IPR vgl. allgemein Audit, Droit international privé, S. 171 ff.

[399] Eine gute Darstellung erfolgt im Überblick bei : Perrin, Le Trust à l´épreuve du droit successoral, S. 126 ff. sowie bei Béraudo, Les trusts anglo-saxons et le droit français, S. 196 ff.; ausführlich Barrière, La réception du trust au travers de la fiducie, S. 125 ff.

renzierung nach Testamentary und Inter-Vivos Trust bei der Anknüpfung weitgehend aufgehoben[400].

Regelmäßig wurde versucht, den Trust in funktionsäquivalente Rechtserscheinungen umzudeuten. Dies hatte zur Konsequenz, dass eine einheitliche Qualifikation verhindert wurde[401]. Die Gerichte versuchten, dem dargestellten Beispiel der Schweizerischen Rechtspraxis folgend, den Trust in seine Funktionen aufzuspalten und diese unter die bekannten französischen funktionsäquivalenten Rechtskategorien zu subsumieren[402]. Wurden französische Gerichte mit einem ausländischen Trust konfrontiert, kam es bisweilen kaum vor, dass dessen Wirkungen, sofern er im Ausland wirksam errichtet wurde, nicht anerkannt wurden. Der ausländische Trust wurde dabei aber allzu oft in seinem Wesen verändert und gleichsam rechtlich denaturiert[403]. Anbei soll darüber der Vollständigkeit halber ein kurzer Ausriss der von der französischen Rechtsprechung unternommenen Qualifikationsversuche gegeben werden; zur Vertiefung sei auf die angegebene Literatur verwiesen.

I. Vertragliche Qualifikation

Die Befürworter einer vertraglichen Qualifikation[404] ordneten den Trust dem Leitbild eines synallagmatischen Vertrages unter, der sowohl gegenseitige Verpflichtungen inter partes als auch Rechte zugunsten Dritter zu begründen beabsichtigt. Daneben wurde auch die Qualifikation eines Trusts als Schenkung favorisiert[405]. Zweifelhaft an dieser Qualifikation war in einigen Fällen, dass der zur Entscheidung stehende Trust jeweils als Testamentary Trust zur

---

400 Vgl. dazu auch Wittuhn, IPR des Trusts, S. 85 m.w.N.

401 Perrin, Le Trust à l´épreuve du droit successoral, S. 127 ; Béraudo, Les trusts anglo-saxons et le droit français, S. 195.

402 Béraudo, Les trusts anglo-saxons et le droit français, S. 195.

403 Goré, Reconnaissance des trusts, S. 51 ; vgl. auch Barrière, La réception du trust au travers de la fiducie, S. 147.

404 Cour d´appel de Paris, Entscheidung vom 10. Januar 1970, Gazette du Palais 1970 I 313; Arrêt de la Cour de cassation, Chambre Civile, vom 20. Februar 1996 JCP 1996 I 22647; beide Entscheidungen werden bei Perrin, Le Trust à l´épreuve du droit successoral, S. 128-131, besprochen.

405 Konkret wurde ein als Schenkung qualifizierter Trust für unwirksam gehalten, weil er vom Begünstigten nicht „angenommen wurde". Bei einer französischem Sachrecht unterstehenden Schenkung ist die Annahme durch den Begünstigten aber gemäß Art. 932 CC Wirksamkeitsvoraussetzung. Vollkommen unberücksichtigt lässt diese Qualifikation, dass der Begünstigte bereits mit der Trusterrichtung durch den Settlor über den „equity title" am Trustgut verfügt; vgl. zu dem Fall Béraudo, Les trusts anglo-saxons et le droit français, S. 213; Barrière, La réception du trust au travers de la fiducie, S. 136.

Vermögensnachfolge von Todes wegen errichtet worden ist. Die Gerichte sahen sich jedoch nicht gehindert, die erbrechtliche Komponente außen vor zu lassen und den alleinigen Schwerpunkt der Qualifikation auf dem Umstand der rechtsgeschäftlichen, autonomen Trusterrichtung durch den Settlor zu legen. Eine von der erbrechtlichen Qualifikation losgelöste Betrachtungsweise ist zwar insofern nicht zurückzuweisen, als dass der Trust nach dessen Errichtung derart verselbständigt ist, dass die zu seiner Begründung führenden Umstände (inter vivos oder von Todes wegen) zugunsten einer einheitlichen Qualifikation durchaus vernachlässigt werden könnten[406]. Die vertragliche Qualifikation widerspricht aber der tatsächlichen Struktur des Trusts, welcher infolge eines einseitigen Übertragungsaktes durch den Settlor und nicht mittels Rechtsgeschäft begründet wird.

II. Erbrechtliche Qualifikation

Im Rahmen einer erbrechtlichen Qualifikation des Trusts ist in Frankreich zu differenzieren: Fallen bewegliche Sachen in den Nachlass, bemisst sich deren rechtliches Schicksal nach dem letzten Aufenthaltsort („domicile") des Erblassers; für Immobiliarrechte ist hingegen das Recht an deren Belegenheitsort maßgeblich (lex rei sitae, Art. 3 Abs. 2 CC[407]). Eine Rechtswahlmöglichkeit sieht das französische Internationale Erbrecht, ebenso wie das deutsche, nicht vor. Aus Sicht des französischen Kollisionserbrechtes kann an Immobiliarrechten ein Trust daher nur in Common Law Staaten wirksam begründet werden. Die erbrechtliche Qualifikation ist jedoch nicht in der Lage, die Rechtsfragen, welche den Trust selbst betreffen, hinreichend zu erfassen.

III. Sachenrechtliche Qualifikation

Die sachenrechtliche Qualifikation nahm die französische Judikatur mehrfach zum Anlass, die Grundprinzipien des Common Law Trusts auf Kollisionsrechtsebene zu missachten bzw. zu konterkarieren. Dies geschah auf disparatem Wege, indem versucht wurde, dem Dualismus der Rechtsinhaberschaft beim Trust durch eine Schwerpunktbildung Herr zu werden. Einigen Urteilen zufolge wurde daher der Beneficiary des Trusts als Rechtsinhaber („ayant droit") des

---

406 Perrin, Le Trust à l´épreuve du droit successoral, S. 136/137 ; zur einheitlichen Qualifikation des Trusts im deutschen IPR ablehnend Wittuhn, IPR des Trusts, S. 94.

407 Art. 3 Abs. 2 CC: „Les immeubles, même ceux possédés par des étrangers, sont régis par la loi française".

Trustvermögens angesehen, wohingegen der Trustee als einfacher Beauftragter oder Verwalter eingeordnet wurde[408]. Sein ihm nach Common Law zukommender Legal Title am Trustvermögen wurde von den französischen Gerichten hierbei schlichtweg ignoriert. Andere Urteile[409] qualifizierten hingegen den Trustee als Rechtsinhaber und vernachlässigten die Zweckbindung zugunsten des Begünstigten. Homogene Differenzierungskriterien zur Bestimmung der Rechtsinhaberschaft wurden dabei nicht entwickelt[410].

IV. Ergebnis

Der gegenüber Trusts praktizierten Anerkennungsfreundlichkeit französischer Gerichte steht eines hohes Maß an Rechtsunsicherheit gegenüber. Dies macht es für die am Trust beteiligten Personen unmöglich, dessen rechtliches Schicksal vorherzusehen, wenn der Trust oder Trustbestandteile einen Berührungspunkt zur französischen Rechtsordnung aufweisen. Die disparaten Lösungswege zeigen den oft misslungenen Versuch der Umdeutung in die juristischen Denkkategorien des Forumstaates, der meint, die hybriden Wirkungen ausländischer, der eigenen Rechtsordnung unbekannter Rechtsinstitute nur dann hinreichend erfassen zu können, indem diese ihrer vermeintlichen Funktionsäquivalenz nach regelrecht juristisch seziert werden. Eine einheitliche Qualifikation entspräche dabei am ehesten dem Trust und seinem rechtlichen Verselbständigungsgrad, obgleich diese faktisch und juristisch bei allen Praktikabilitätserwägungen nicht ohne weiteres umsetzbar ist.

F. Frankreich und das Haager Trustübereinkommen

1. Ratifizierungsprozess

Frankreich hat das HTÜ bereits zu einem sehr frühen Zeitpunkt unterzeichnet (26. November 1991). Unter dem Einfluss der Unterzeichnung muss auch das letztlich gescheiterte „Projet de loi" aus dem Folgejahr gestanden haben, welches sich aus der Unterzeichnung integrative Synergien erhoffte.

---

[408] Nachweise bei Perrin, Le Trust à l´épreuve du droit successoral, S. 137/138.

[409] Nachweise bei Perrin, Le Trust à l´épreuve du droit successoral, S. 138/139.

[410] Perrin, Le Trust à l´épreuve du droit successoral, S. 139.

Bis heute wurde die Haager Trustkonvention von Frankreich nicht ratifiziert. Auch im Rahmen des Prozesses der Integration der fiducie in den Code Civil spielte sie keine oder nur eine nebensächliche Rolle. Eine Ratifizierung des HTÜ wäre unter dem Aspekt der Beseitigung der gezeigten Qualifikationsschwierigkeiten für Frankreich im Ergebnis allgemein zu befürworten[411].

2. Kompatibilität der „fiducie" mit dem HTÜ

Mit dem neu geschaffenen Treuhandrecht wurden die Voraussetzungen für eine zukünftige Ratifizierung des HTÜ in Kompatibilität mit dem materiellen Treuhandrecht geschaffen. Anhand einiger Punkte soll dies nachstehend dargestellt werden.

a) Der Trustbegriff des HTÜ und die „fiducie"

Die „fiducie" kongruiert mit dem Trustbegriff der Konvention, welcher, sofern dessen Voraussetzungen erfüllt sind, auch auf entsprechende Rechtsinstitutionen Anwendung finden soll[412]. Wie oben festgestellt, ist insbesondere die Entstehung einer echten getrennten Sondervermögensmasse eine konstitutive Eigenschaft, welche ein Trust i.S.d. des HTÜ aufweisen muss. Wäre diese Frage ohne das Einführungsgesetz aufgrund der Einheitlichkeit des französischen Vermögensbegriffes klar zu verneinen gewesen, stellt sich die aktuelle Rechtslage entgegengesetzt dar. Die gesetzliche Anordnung des „patrimoine séparé" in Art. 2011 CC bzw. in Artikel 12 des Einführungsgesetzes („patrimoine d´affectation") entspricht insoweit den von Art. 2 Abs. 2 lit. a HTÜ normierten Anforderungen an das Trustvermögen[413].

b) Schutz des Treugutes in der Zwangsvollstreckung

In den Fällen der Zwangsvollstreckung oder Insolvenz des Treuhänders gewährt Art. 2025 CC einen unbedingten Schutz des Treugutes, wie ihn auch Art. 11 Abs. 3 lit. b HTÜ als Mindestwirkung der Anerkennung eines Trusts statuiert.

---

[411] Béraudo, Les trusts anglo-saxons et le droit français, S. 214, 232 ; Goré, Reconnaissance des trusts, S. 51 ; Perrin, Le Trust à l´épreuve du droit successoral, S. 145.

[412] Vgl. oben; von Overbeck Report, Ziff. 26.

[413] Der französische Wortlaut des HTÜ spricht hierbei von einer „masse distincte".

c) Gutgläubiger Erwerb nach treuwidrigen Verfügungen, Art. 11 Abs. 3 lit. d HTÜ

Die Problematik des gutgläubigen Erwerbs treuwidrig veräußerter Vermögensbestandteile regelt Art. 2023 CC dahingehend, dass die Unkenntnis des Erwerbers von der treuhänderischen Bindung einen gutgläubigen Erwerb zur Folge hat. Diese Rechtsfolge wäre auch unter dem HTÜ zu respektieren, welche in Art. 11 Abs. 3 lit. d S. 2 für die Beurteilung der Rechte und Pflichten Dritter die lex fori zur Anwendung beruft.

d) Registerfähigkeit, Art. 12 HTÜ

Schließlich hat der französische Gesetzgeber mit Art. 2019 CC die Verpflichtung zur Eintragung der „fiducie" sowie mit ihr verbundener Immobiliarrechte in ein Treuhandregister angeordnet. Insoweit sollte einer Eintragungsfähigkeit trustrechtlicher Beziehungen, wie von Art. 12 HTÜ gefordert, nichts im Wege stehen.

G. Bewertung

Auf den ersten Blick revolutionär, besteht die Besonderheit der französischen fiducie in ihrer Kodifizierung selbst. Ein französisches Treuhandrecht wurde zwar kodifiziert, der Trust hingegen dadurch nicht legislativ rezipiert.

Die Einschränkung, dass nur bestimmte juristische Personen die neue französische Treuhand begründen und betrauen dürfen, sowie das absolute Verbot ihrer Begründung zum Zwecke der unentgeltlichen Vermögensübertragung, ist mit dem allgemeinen Misstrauen der französischen Rechtswissenschaften vor der Verschleierung von Vermögenswerten und dem damit einhergehenden Rechtsmissbrauch zu begründen und nimmt dieser leider einen Teil ihres von der Rechtspraxis gewünschten Anwendungsspektrums. Die den beteiligten Rechtssubjekten obliegenden gesellschaftsrechtlichen Kontrollpflichten wirken über die gesetzlich angeordnete Positivselektion in das Treuhandverhältnis hinein; ihnen kommt somit mittelbare Wirkung zu. Dementsprechend müsste der Kreis der an der fiducie beteiligten Rechtspersonen an sich terminologisch dahingehend konkretisiert werden, anstelle von Treuhänder von Treuunternehmen zu sprechen bzw. den „constituant" als Treugeberunternehmen o.ä. zu bezeichnen.

Unbestritten ist, dass die „fiducie" als neuer Vertragstypus innerhalb der bestehenden Zivilrechtsordnung mit den französischen Grundsätzen des Sachenrechts nicht in Konflikt tritt. Allein das mit ihr bewirkte, beim Treuhänder entstehende zweckgebundene Sondervermögen („patrimoine d´affectation") stellt den bisher einheitlichen französischen Vermögensbegriff vor eine neue dogmatische Herausforderung, ohne aber für jenen eine unbezwingbare Schranke darzustellen.

Trotz der klaren Orientierung der „fiducie" am kontinentalen Leitbild der fiduziarischen Treuhand, sind die Quellen des angelsächsischen Trusts als partielle Inspirationsquelle nicht von der Hand zu weisen. Die Kontroll- und Substitutionsbefugnisse der Gerichte, sowie die in Art. 2017 CC vorgesehene Einsetzung eines Dritten entsprechen dem Common Law Trust. Gerade bei der Bestimmung des Art. 2017 CC ist dessen praktischer Nutzen allerdings insoweit fraglich, als dass bereits aufgrund der angesprochenen gesellschaftsrechtlich determinierten Kontroll- und Überwachungspflichten für die Einsetzung eines „Protektors" aus Gründen zusätzlicher Kontrollnahme wohl faktisch kein Bedürfnis bestehen wird. Die Norm verdeutlicht indessen das extensive Kontrollbestreben des Gesetzgebers.

Der Trust hat dogmatisch auch mit dem Einführungsgesetz der „fiducie" in den Code Civil keine Integration in die französische Zivilrechtsordnung gefunden. Er diente aber insofern als Integrationsmotor, dass er dem Gesetzgeber die Notwendigkeit einer kodifizierten Treuhandkonstruktion vor Augen führte, welche die inländischen Unternehmen bis dato dadurch realisierten, dass sie sich der Errichtung von Trusts im Ausland bedienten.

Es bleibt abzuwarten, ob Frankreich in naher Zukunft das HTÜ ratifizieren wird. Der oben angesprochene Vorwand, den französischen Rechtssubjekten als „Ausgleich" für die aus dem HTÜ folgende Anerkennungspflicht ausländischer Trusts erst ein vergleichbares Rechtsinstitut zur Verfügung zu stellen, besteht so nicht mehr[414]. Die Ratifizierung des HTÜ wäre demnach eine logische Folge zur transnationalen Komplettierung der „fiducie". Darüber hinaus würden die angeführten Qualifikationsschwierigkeiten ausländischer Trusts der Vergangenheit angehören.

---

[414] Vgl. Perrin, Le Trust à l´épreuve du droit successoral, S. 143.

Dritter Teil – Liechtenstein: retrograde Integration durch Ratifizierung

A. Einleitung

Als erster kontinentaleuropäischer Staat verfügte das Fürstentum Liechtenstein bereits vor über 80 Jahren über ein kodifiziertes Treuhandrecht[415]. Das liechtensteinische Recht entwickelte sich im Wege mehrerer Rezeptionsprozesse aus Elementen des österreichischen und schweizerischen Rechts[416]. Mit Ende des ersten Weltkrieges und dem Zerfall der Habsburger Monarchie löste das schweizerische Recht die österreichische Rechtsordnung[417] als Rezeptionsquelle ab. Die Kodifikation des Personen- und Gesellschaftsrechts (PGR) im Jahre 1926 war maßgeblich vom schweizerischen Nachbarn geprägt und bildete das Fundament, in welches zwei Jahre später das Gesetz über das Treuunternehmen (TrUG)[418] als eigenständige liechtensteinische Rechtsschöpfung und erste und bisher einzige Kodifizierung der Treuhänderschaft im Sinne des angloamerikanischen Trusts integriert wurde[419]. Die im TrUG normierte Geschäftstreuhand, die als Unternehmen ohne oder mit Rechtspersönlichkeit geführt werden kann, komplettierte die „Treuhänderschaft im Allgemeinen" nach den Artt. 879 ff. PGR, der kein kaufmännisches Leitbild zugrunde liegt. Ausweislich des Fürstlich Liechtensteinischen Obersten Gerichtshofes (FL OGH) wurden mit der legislativen Rezeption der trustrechtlichen Wesensmerkmale die der römisch-rechtlichen fiducia immanenten Probleme hinsichtlich des Außenschutzes des Treuhandverhältnisses gemindert. Über den Geltungsanspruch der Artt. 897 ff. PGR besteht indes Streit: regeln die entsprechenden Bestimmungen zur Treuhänderschaft nach einer Ansicht alle erdenklichen treuhänderrechtlichen Konstellationen[420] erschöpfend und umfassend[421], können nach der Gegenmeinung[422] die treuhänder-

---

[415] Artt. 879 ff. Personen- und Gesellschaftsrecht vom 20.1.1926 (PGR), LGBl. 1926 Nr. 4; LR 216.0; mittlerweile ist das Fürstentum Liechtenstein, wie das Beispiel Frankreichs zeigt, dabei nicht mehr allein, vgl. oben.

[416] Vgl. dazu den Überblick bei Legerer, Der Grundsatz von Treu und Glauben im liechtensteinischen Privatrecht, S. 51 ff.

[417] Am bedeutendsten ist hier die 1812 erfolgte Einführung des österreichischen Allgemeinen Bürgerlichen Gesetzbuches (ABGB).

[418] Das TrUG (LGBl. 1928 Nr. 6) besteht aus 170 Artikeln und wurde als Art. 932a in das PGR eingefügt.

[419] Vgl. Legerer, Der Grundsatz von Treu und Glauben im liechtensteinischen Privatrecht, S. 55.

[420] Im Sinne von „fiduciary relationships".

[421] Biedermann, S. 567 ff.; Wenaweser LJZ 2005, 7, 11.

[422] Bösch LJZ 2001, 73, 91 sowie FL OGH LES 2000, 148, 154 ff. Diese Ansicht hat zur Folge, dass die Parteien privatautonom auch neben einem Treuhandverhältnis ein fiduziarisches Rechtsverhältnis auf Grundlage der

schaftlichen Bestimmungen des PGR nicht von vornherein auf vom Rechtsinstitut der Treuhänderschaft verschiedene Fallkonstellationen angewendet werden.

Auf die Frage, ob es sich bei der Treuhänderschaft des liechtensteinischen Rechts juristisch um einen Trust nach Common Law oder um ein funktional und strukturell identisches Rechtsinstitut handelt, das in die Kategorien des kontinentaleuropäischen Rechtskreises transformiert wurde, ist später einzugehen. Unabhängig davon wurde die Entwicklung Liechtensteins zu einem internationalen Finanzplatz maßgeblich durch die Integrationsoffenheit und Flexibilität seiner inländischen Rechtsinstitute beeinflusst.

Im fortlaufenden internationalen Vernetzungsprozess des liechtensteinischen Finanzplatzes hat die Ratifizierung des HTÜ mit Wirkung zum 1. April 2006 – im Gegensatz zu den anderen Vertragsstaaten des Kontinents, die den Trust oder ein trustähnliches Rechtsverhältnis nicht kennen - insbesondere die Anerkennung der eigenen, liechtensteinischen Treuhänderschaft im Ausland zur Folge. Diese entspricht darüber hinaus konzeptionell dem Trustbegriff, wie ihn Art. 2 HTÜ vorsieht. Für die Anerkennung ausländischer Trusts in Liechtenstein trafen und treffen ohnehin bereits Artt. 930 und 931 PGR eine Regelung.

B. Der status quo – liechtensteinisches Treuhandrecht

I. Die liechtensteinische Treuhänderschaft (Artt. 897 ff. PGR)

1. Begriff

Die Nähe zum angelsächsischen Recht und dessen Inspirationscharakter werden bereits durch den Wortlaut des Art. 897 Abs. 1 PGR verdeutlicht, wonach Treuhänder (Trustee oder Salmann[423]) derjenige ist, welchem der Treugeber bewegliches oder unbewegliches Vermögen mit der Verpflichtung zuwendet, dieses als Treugut im eigenen Namen zugunsten eines oder mehrerer Begünstigter mit Wirkung gegen jedermann zu verwalten oder zu verwenden. Inso-

---

§§ 1002 ff. ABGB vereinbaren können, welches beispielsweise den gerichtlichen Kontrollbefugnissen der Art. 897 ff. PGR entzogen ist.

423 Beim Salmann handelt es sich um eine Treuhanderscheinung des altdeutschen Rechts, vgl. FL OGH LES 2000, 148, 153; Bösch, Treuhänderschaft, S. 255.

weit ergibt sich bereits aus dieser Definition das konzeptionelle Verständnis der liechtensteinischen Treuhänderschaft als fremdnützige Verwaltungstreuhand[424].

Neben dieser auf Rechtsgeschäft beruhenden Treuhänderschaft kennt das liechtensteinische Recht das sog. vermutete Treuhandverhältnis (Art. 898 Abs. 1 PGR), welches dann entsteht, wenn jemand kraft Gesetzes oder behördlicher Anordnung oder in anderer Weise ohne ausdrückliche Bestellung zum Treuhänder zugunsten des bisherigen Eigentümer oder eines Dritten besitzt. Der hauptsächliche Unterschied zwischen dem vermuteten Treuhandverhältnis und der „Regeltreuhand" nach Art. 897 PGR ist darin begründet, dass die Übertragung der Vermögenspositionen bei Art. 897 PGR mit der ausdrücklichen Widmung als Treugut erfolgt, wohingegen bei Art. 898 PGR das Vermögen von einem anderen bloß mit der ausdrücklichen oder stillschweigenden Widmung übertragen wird, dieses zugunsten des bisherigen Eigentümers oder eines Dritten zu besitzen[425]. Die vermutete Treuhand ähnelt dabei dem angelsächsischen, auf gesetzlichem Wege unmittelbar kraft objektiven Rechts begründeten Constructive Trust[426].

Das Treuhandvermögen wird zu einem vom sonstigen Vermögen des Treuhänders getrennt zu haltenden *Sondervermögen*, das rechtlich nicht verselbständigt und keine juristische Person ist[427]. Vermögensträger des zur Treuhandschaft gewidmeten Vermögens ist somit stets der Treuhänder[428] selbst.

2. Begründung und Beendigung der Treuhand

a) Begründung

Nach Art. 899 PGR kann das Treuhandverhältnis durch schriftlichen Vertrag zwischen Treugeber und Treuhänder (Abs. 1) oder durch einseitige Erklärung, die der schriftlichen Annah-

---

[424] Die dem deutschen und schweizerischen Recht bekannte fiduziarische Sicherungstreuhand wird somit bereits definitorisch a priori von den Artt. 897 ff. PGR ausgenommen.

[425] Vgl. Wenaweser LJZ 2005, 7, 8.

[426] Vgl. oben Einleitung A. I. 2. d).

[427] Kulms, ZEuP 2001, 653, 667; FL OGH LES 1999, 248.

[428] Wenaweser LJZ 2005, 7, 8.

meerklärung des Treuhänders bedarf (Abs.2), begründet werden[429]. Wird das Treuhandverhältnis für mehr als zwölf Monate errichtet, ist es nach Artt. 900 und 903 PGR in ein Öffentlichkeitsregister einzutragen. Die Registrierung dient der kapitalmarktrechtlichen Transparenz und ist keine konstitutive Voraussetzung einer wirksamen Begründung der Treuhand[430]. Vom Eintragungserfordernis bestehen zudem weitere Ausnahmen, wenn beispielsweise Bestandteile des Treuhandvermögens bereits von anderen öffentlichen Registern erfasst worden sind, vgl. Art. 901 PGR.
Von der schuldrechtlichen Begründung unabhängig, sind die Bestandteile des Treuhandvermögens nach den für die Übertragung von Sachen und anderen Vermögenswerten geltenden Formvorschriften an den Treuhänder zu übertragen, Art. 899 Abs. 4 PGR[431]. Der Dualismus von schuldrechtlicher Begründung und dinglicher Ausführung ist somit auch dem liechtensteinischen Treuhandrecht immanent.

b) Beendigung der Treuhand

Die Beendigung des Treuhandverhältnisses bemisst sich gemäß Art. 906 Abs. 1 Alt.1 PGR zuvorderst nach den getroffenen Bestimmungen in der Treuhandurkunde. Außerdem erlischt das Treuhandverhältnis mit dem ersatzlosen Untergang des Treugutes (Art. 906 Abs. 1 Alt.2 PGR). Sehen der Vertrag oder die Treuhandurkunde kein ausdrückliches Widerrufsrecht des Treugebers vor, steht ein solches dem Treugeber ausweislich des Art. 907 Abs. 1 PGR nicht zu[432]. Ein Widerrufsrecht kommt allerdings dann in Betracht, wenn stiftungs- oder erbrechtliche Widerrufsvorschriften das Treuhandverhältnis überlagern, Art. 907 Abs. 1 a.E. PGR.

Im Falle des Todes des Treuhänders bleibt die Treuhand nach Art. 907 Abs. 4 PGR bestehen; es wird jedoch von Amts wegen ein neuer Treuhänder ernannt[433]. Gleiches gilt in den Fällen, in denen dem Treuhänder ein Kündigungsrecht zusteht (Art. 908 PGR). Schließlich kann ein Treuhänder gemäß Art. 929 Abs. 3 PGR von Gerichts wegen von seinem Amt enthoben wer-

---

[429] Daneben kann der Treuhänder auch vom Gericht bestellt werden. Dies ist nach Art. 904 Abs. 1 PGR von Nöten, wenn die Fortführung der Treuhänderschaft ansonsten nicht gewährleistet wäre, vgl. Bösch, Treuhänderschaft, S. 84; ebs. Biedermann, S. 204 ff.

[430] Vgl. Kulms ZEuP 2001, 653, 670 m.w.N.

[431] Vgl. Art. 912 PGR für Grundstücke.

[432] Vgl. auch Coing, Die Treuhand kraft privaten Rechtsgeschäfts, S. 241.

[433] Art. 909 Abs. 4 i.V.m. Art. 908 Abs. 4 PGR.

den, wenn er sich einer groben Verletzung der Treupflichten[434] schuldig gemacht hat, und dem Begünstigten die Weiterführung der Treuhänderschaft durch den gleichen Treuhänder nicht mehr zugemutet werden kann[435].

Wurde von den Parteien in der Treuhandurkunde nichts Gegenteiliges vereinbart, ist das Treugut nach Beendigung des Treuhandverhältnisses an den Treugeber oder dessen Rechtsnachfolger bzw. sofern diese fehlen, an den Begünstigten herauszugeben, Art. 906 Abs. 4 PGR.

3. Die Rechtsstellung des Treuhänders

Über die Rechtsstellung des Treuhänders nach liechtensteinischem Recht besteht trotz oder gerade wegen der detaillierten gesetzlichen Ausgestaltung Uneinstimmigkeit. Ob seine Rechtsstellung mit derjenigen eines Verwaltungs- und Verfügungsberechtigten an einem Sondervermögen[436] zu vergleichen ist oder ob der Treuhänder als Eigentümer bzw. Vollrechtsträger[437] des Sondervermögens zu sehen ist, lässt das FL OGH offen[438].

Erstere Klassifizierung würde insoweit eine strukturelle Vergleichbarkeit zur in § 2209 BGB geregelten Verwaltungs- und Dauervollstreckung begründen; dies kann auch der Rspr. des BGH[439] entnommen werden, demzufolge ein Testamentsvollstrecker als „Treuhänder und Inhaber eines (privaten) Amtes" zu klassifizieren ist.

Im Ergebnis muss jedoch der Treuhänder unabhängig von seiner genauen Rechtsstellung in die Lage versetzt werden, über das Treugut disponieren zu können. Dazu ist es von Nöten, dass dem Treuhänder die als Treugut bestimmten Vermögenswerte zu vollem Recht übertragen werden[440].

---

[434] Vgl. Bösch, Treuhänderschaft, S. 97.

[435] Bösch, Treuhandrecht, S. 97; zuvor müssen die Beteiligten angehört worden sein und der Enthebung muss eine Ermahnung i.S.e. Abmahnung vorangegangen sein.

[436] Bösch, Treuhänderrecht, S. 322; Coing, Die Treuhand kraft privaten Rechtsgeschäfts, S. 240.

[437] Biedermann, S. 432, 461 ff, 464.

[438] FL OGH LES 1999, 248, 256, 257.

[439] BGH NJW 1983, 40.

[440] FL OGH LES 1999, 248, 257 mit ausdrücklichem Verweis auf Biedermann, S. 462.

a) Rechtsstellung am Treugut

Ausweislich des FL OGH[441] bildet das zugewendete Treugut ein vom übrigen Vermögen des Treuhänders getrennt zu haltendes Sondervermögen, welches rechtlich jedoch nicht verselbständigt ist.

aa) Umfang des Treugutes

Zum Treugut gehören nach Art. 911 PGR zunächst alle Vermögensgegenstände, die der Treugeber im Rahmen der Treuhandurkunde der Treuhand gewidmet hat[442]. Daneben verwirklicht das liechtensteinische Treuhandrecht vollumfänglich das Surrogationsprinzip, wonach zum Treugut auch alle durch die Treuhandverwaltung erworbenen Vermögenspositionen gerechnet werden, sowie alles, was auf Grund eines zum Treugut gehörenden Rechtes als Ersatz für die Zerstörung, Beschädigung oder Entziehung eines zum Treuhandgut gehörenden Gegenstandes oder sonst mit Mitteln des Treugutes oder durch ein auf dieses sich beziehendes Rechtsgeschäft erworben wird[443].

bb) Art. 910 Abs. 3 PGR – das dingliche Verwaltungsrecht

Die rechtliche Stellung des Treuhänders am Treugut konkretisiert Art. 910 Abs. 3 PGR[444], wonach dem Treuhänder ein *dingliches Verwaltungsrecht* daran zusteht. Über den genauen Bedeutungsgehalt dieser Norm besteht indes Unstimmigkeit, zumal das Gesetz zu der Frage schweigt, ob der Treuhänder Eigentümer bzw. Vollrechtsinhaber des Treugutes wird[445]. So wird die Ansicht vertreten, dass sich das dingliche Verwaltungsrecht mit dem Wesen der Treuhand überhaupt nicht vereinbaren lasse, da der Treuhänder wie nach englischem Treuhandrecht zwar das Vollrecht am Treugut erwirbt, dingliche Verwaltungsrechte aber nur in

---

[441] LES 1999, 248, 256.

[442] Coing, Die Treuhand kraft privaten Rechtsgeschäfts, S. 241.

[443] Art. 911 Abs. 1 und 3 PGR.

[444] Art. 910 Abs. 3 PGR: „Sofern sich Inhalt und Wirkung des Treuhandverhältnisses unter den Beteiligten und Dritten nicht aus der Treuhandurkunde beurteilen lassen, gelten im übrigen die in diesem Titel enthaltenden Vorschriften, wobei die über grundbuchliche Rechte eingetragene Treuhand gegenüber jedermann wirkt, während der Treuhänder bei anderen Rechten die Stellung eines Selbstberechtigten (dingliches Verwaltungsrecht) hat".

[445] Vgl. Kulms ZEuP 2001, 653, 668.

solchen Treuhandverhältnissen bestehen, innerhalb derer die Rechtsinhaberschaft von Vermögenswerten und die Verwaltung derselbigen bei unterschiedlichen Personen liegen[446].

Die Analyse des insgesamt detailliert gefassten Gesetzestextes lässt allerdings den nachvollziehbaren Rückschluss zu, dass der Treuhänder kein Eigentum am Treugut erwirbt. Neben der ausdrücklichen Erwähnung des dinglichen Verwaltungsrechts spricht auch der Wortlaut des Art. 919 Abs. 3 PGR für diese Auslegung, wonach der Treuhänder berechtigt ist, *wie* ein Eigentümer über das Treugut zu verfügen. Die Befugnis *wie* ein Eigentümer zu verfügen, ist gerade nicht der Befugnis *als* Eigentümer gleichzusetzen[447]. Im Falle eines dinglichen Verwaltungsrechtes als auch unter Zugrundelegung eines Vollrechtserwerbes muss der Treuhänder nach Art. 897 PGR in der Lage sein, über das Treugut nach Vorgabe der in der Treuhandurkunde festgelegten „Marschroute" rechtlich und auch faktisch verfügen zu können[448].
Weiter stellt sich die Frage, ob das dem Treuhänder zugestandene dinglich wirkende Verwaltungsrecht nur ein rechtliches Plus im Vergleich zur deutschrechtlichen fiduziarischen Treuhand ist, jedoch ansonsten mit dieser strukturell identisch ist[449]. Dies trifft jedoch nicht zu: Zum einen ist das Treugut ausweislich der Artt. 897, 898 PGR ein rechtlich geschütztes, weitgehend verselbständigtes Sondervermögen. Daneben erlaubt das dingliche Verwaltungsrecht eine dem Trust entsprechende Teilung der Rechtszuständigkeit, ohne mit den Prinzipien des liechtensteinischen Sachenrechts in Konflikt zu treten[450].

Nach Ansicht der liechtensteinischen Rspr. nimmt der Treuhänder nach liechtensteinischem Recht eine Mittelposition zwischen dem an einem Sondervermögen Verwaltungs- und Verfügungsberechtigten und einem Eigentümer bzw. Vollrechtsinhaber des Treugutes ein[451]. Weitgehend ungeklärt bleibt jedoch, ob und inwieweit die am Treuhandverhältnis beteiligten Parteien über die Intensität und das Ausmaß der dinglichen Wirkungen der Treuhand disponieren können[452].

---

[446] Biedermann LJZ 1981, 9, 16.

[447] So Bösch, Treuhänderschaft, S. 294 ff. mit weiteren Argumenten.

[448] Vgl. Bösch LJZ 1999, 73, 78.

[449] Kulms ZEuP 2001, 653, 668.

[450] Bösch LJZ 2001, 73, 91; ders., Treuhänderschaft, S. 346.

[451] FL OGH LES 1999, 248, 256.

[452] FL OGH LES 2000, 148, 154.

cc) Das Treugut bei Zwangsvollstreckung und Konkurs auf Treuhänderseite

Wird gegen den Treuhänder vollstreckt oder fällt dieser in Konkurs, ist das Treuhandvermögen nach Art. 915 Abs. 1 PGR als *Fremdvermögen* bereits von Gesetzes wegen dem Gläubigerzugriff entzogen. Die Gläubiger des Treuhänders haben hierauf keinen Anspruch, soweit es sich nicht um Ersatz- und Entschädigungsansprüche des Treuhänders handelt. Im Kontext der kontinentaleuropäischen fiduziarischen Treuhand ist die gesetzliche Statuierung als Fremdvermögen ein wesentliches Distinktionsmerkmal; der Treuhänder wird dort Eigentümer des Treugutes, sodass von einem Fremdvermögen gerade nicht gesprochen werden kann[453].

Im Falle des schweizerischen und des deutschen Treuhandrechts unterliegt die Einordnung als Fremdvermögen bestimmten Voraussetzungen und ist damit nicht wie im liechtensteinischen Recht unbedingt. Besteht das Treugut aus Grundstücken, Fahrnissen (bewegliche Sachen) oder sonstigen Vermögenswerten, ist es auszusondern. Qua lege geht es in Folge auf den nächsten oder einen gerichtlich zu bestellenden Treuhänder über (Art. 915 Abs. 2 PGR).

Wurden Treuhandvermögen und persönliches Vermögen des Treuhänders vermischt, nimmt das Landgericht eine Ausscheidung vor, Art. 915 Abs. 3 PGR. Diese Rechtsfolge verdeutlicht den rechtlich fortgeschrittenen Abstrahierungsgrad des Treuhandvermögens von den sonstigen Vermögensbestandteilen.

b) Außenverhältnis

Die Haftung des Treuhänders im Außenverhältnis regelt Art. 916 Abs. 1 PGR. Für von ihm zu Lasten des Treugutes eingegangene Schulden des Treugutes hat er demnach persönlich und unbeschränkt zu haften. Für im Interesse der Treuhänderschaft eingegangene Verbindlichkeiten haftet der Treuhänder allerdings nur subsidiär und insoweit, wie das Treugut deren Umfang nicht deckt[454].

---

[453] Vgl. Bösch, Treuhänderschaft, S. 127; auch das neue französische Treuhandrecht ordnet das ausdrückliche Entstehen eines „patrimoine d'affectation", also eines zweckgebunden Sondervermögens an, vgl. dazu die entsprechenden Ausführungen.

[454] Vgl. Bösch, Treuhandrecht, S. 91.

c) Persönliche Pflichten und Haftung des Treuhänders

Ähnlich den Grundsätzen des Common Law bürdet das liechtensteinische Gesetz dem Treuhänder ein umfangreiches Pflichtenspektrum auf, bei dessen Zuwiderhandlung (Treuhandbruch) der Treuhänder nach den Grundsätzen des Vertragsrechts persönlich und mit seinem ganzen Vermögen haftet, Art. 924 Abs. 1 PGR.

Nach Art. 922 Abs. 1 PGR ist der Treuhänder verpflichtet, die Bestimmungen der Treuhandurkunde und die gesetzlichen Vorschriften getreulich zu befolgen, das Treugut mit der Sorgfalt eines ordentlichen Geschäftsmannes zu verwahren und zu verwalten und das Vermögen soweit erforderlich gegen Gefahren zu versichern.

Art. 919 Abs. 3 PGR berechtigt den Treuhänder unter Vorbehalt der Bestimmungen der Treuhandurkunde zu Verfügungen über das Treugut gleich einem selbständigen Träger von Rechten und Pflichten, namentlich einem Eigentümer.

Gemäß Art. 922 Abs. 2 PGR darf der Treuhänder jedoch keine Verfügungen über das Treugut vornehmen, die den besonderen Zweck der Treuhänderschaft beeinträchtigen oder vereiteln könnten. Weiter ist er zur Anlage eines Vermögensverzeichnisses verpflichtet und hat je nach Vereinbarung in der Treuhandurkunde dem Treugeber, dem Begünstigten oder dem Landgericht Rechnung zu legen und Auskunft zu erteilen (Art. 923 Abs. 1 und 2 PGR).

Das Landgericht, das darüber hinaus auch Aufsichtsbehörde (Art. 929 Abs. 1 PGR) ist und das bei Wegfall eines Treuhänders einen gerichtlichen Treuhänder bestellen kann (Art. 904 Abs. 1 PGR) übernimmt im Ergebnis die Aufsichts-, Kontroll- und Gestaltungsfunktionen, die den Equity Gerichten beim Common Law Trust zukommen[455].

Die Vorschrift des Art. 924 Abs. 3 PGR weitet die Haftung des Treuhänders auch für Handlungen und Unterlassungen Dritter aus, denen er die Besorgung von Treuhandgeschäften übertragen oder die er sonst hierbei verwendet hat.

d) Rückgriffsrecht des Treuhänders

Soweit nicht in der Treuhandurkunde abbedungen, ermöglicht Art. 916 Abs. 1 PGR dem Treuhänder den Rückgriff gegenüber dem Treugeber sowie gegenüber dem Begünstigten, im letzteren Fall allerdings nur, sofern die Voraussetzungen für eine Anfechtung oder eine ungerechtfertigte Bereicherung gegeben sind. Diese Einbindung des Treugebers und seines Privat-

---

[455] Vgl. Coing, Die Treuhand kraft privaten Rechtsgeschäfts, S. 240.

vermögens in die Verantwortung über die Errichtung der Treuhänderschaft hinaus weicht vom Common Law Trust insoweit ab[456].

4. Die Rechtsstellung des Treugebers

In Einklang mit der deutschrechtlichen Treuhandlehre konzediert das liechtensteinische Recht dem Treugeber zahlreiche Befugnisse. Dies steht in einem Gegensatz zum Trust nach Common Law, der auf die Rechte der Beneficiaries fokussiert ist.
Nach Art. 917 Abs. 1 S. 1 PGR ist der Treugeber berechtigt, durch Treuhandvertrag, Treuhandbrief, Testament oder Statut beliebige Teile seines Vermögens unter die Treuhand eines von ihm bezeichneten Treuhänders zu stellen und darin, vorbehältlich der zwingenden Bestimmungen des Gesetzes, die Bedingungen des Treuhandverhältnisses näher zu umschreiben. Als solche Bedingungen kommen insbesondere der zeitlich oder sonstig aufschiebend bedingte Rückfall an den Treugeber, an seine Rechtsnachfolger oder Dritte in Betracht sowie Verfügungen über die Abberufung bestehender oder die Ernennung zukünftiger Treuhänder und über die Begünstigtennachfolge[457].
Über die Errichtung der Treuhänderschaft hinaus obliegen dem Treugeber[458] jedoch weitere gesetzliche Pflichten, die allerdings größtenteils nur dispositiver Natur sind[459]. So kann der Treuhänder nach Abschluss des Treuhandvertrages vom Treugeber Erfüllung, Art. 919 Abs. 1 PGR, und alle notwendig gewordenen Auslagen, Verwendungen im Interesse des Treuguts und aus dem Treugut erwachsende Schäden ersetzt verlangen, Art. 920 Abs. 1 PGR. Darüber ist der Treugeber verpflichtet, den Treuhänder von im Interesse des Treugutes eingegangenen Verbindlichkeiten freizustellen und ihm einen angemessene Entschädigung (Treulohn) zu zahlen.
Im Übrigen ist es dem Treugeber verwehrt, den Treuhänder über *fortlaufende* Weisungen zu binden, Art. 918 Abs. 1 PGR. Insoweit unterscheidet sich die Treuhänderschaft von der deutschen fiduziarischen Verwaltungstreuhand, die aufgrund ihrer auftragsrechtlichen Kategorisierung ein jederzeitiges Weisungsrecht des Treugebers gegenüber dem Treuhänder geradezu

456 Vgl. Bösch, Treuhänderschaft, S. 93, 94.

457 Art. 917 Abs. 3 PGR.

458 Die Ansprüche richten sich nach Art. 920 Abs. 3 PGR in erster Linie gegen den Treugeber, sofern nichts anderes vereinbart ist, daneben auch gegen den Begünstigten.

459 Vgl. Bösch, Treuhänderschaft, S. 99.

typusprägend vorsieht[460]. Werden derartige Weisungen dennoch aufgestellt, ist das Rechtsverhältnis nicht mehr als Treuhänderschaft zu qualifizieren; das Rechtsgeschäft ist vielmehr in die von den Parteien beabsichtigten Vertragskategorien, insbesondere in einen Auftrag oder in einen Dienstvertrag, umzudeuten[461]. Nach herrschender Ansicht sind Art. 918 Abs. 1 und 2 PGR allerdings dahingehend teleologisch zu reduzieren, dass sich der Treugeber in der Treuhandurkunde über die fortlaufenden Weisungsrechte keinerlei Weisungsrechte vorbehalten darf, die ihm einen Zugriff auf das Treugut ermöglichen[462]. Eine andere Auslegung würde zur Folge haben, dass die die Beurteilung des Treuhandvermögens als Sondervermögen begründende rechtliche Abstrahierung in Frage gestellt werden würde.

Haben Dritte zum Treugut gehörende Sachen oder Rechte in Kenntnis ihrer Treuhandeigenschaft vom Treuhänder, ohne dass dieser verfügungsberechtigt war, erworben, ist der Treugeber nach Art. 912 Abs. 3 PGR zur Geltendmachung eines Herausgabe- oder Bereicherungsanspruches zu Gunsten des Treuhandvermögens aktivlegitimiert (sog. Spurfolgerecht[463]).

5. Die Rechtsstellung des Begünstigten

Entgegen dem deutschen und schweizerischen Treuhandrecht, jedoch kongruierend zur rechtlichen Ausgestaltung des Common Law Trust, ist die Rechtsstellung des Begünstigten in den Artt. 927 und 928 PGR ausdrücklich geregelt.

Der Begünstigte ist nach Art. 927 Abs. 1 PGR berechtigt, vom Treuhänder die Ausführungen der Treuhandbestimmungen zu verlangen. Darunter fällt neben der Einhaltung der gesetzlichen Bestimmungen auch die Einhaltung der Bestimmungen der Treuhandurkunde[464]. Sieht sich der Begünstigte durch eine Verfügung oder Verwaltungshandlung des Treuhänders in seinen Rechten beeinträchtigt, steht ihm der Weg zum Landgericht offen, welches entsprechende gerichtliche Maßnahmen gegen den Treuhänder erlassen kann (Art. 927 Abs. 2 PGR).

Haben Dritte zum Treugut gehörende Sachen oder Rechte in Kenntnis ihrer Treuhandeigenschaft vom Treuhänder, ohne dass dieser verfügungsberechtigt war, erworben, so kann nach

[460] Vgl. Bösch, Treuhänderschaft, S. 391.

[461] Bösch, Treuhänderschaft, S. 402 m.w.N.; die andere denkbare Rechtsfolge wäre die Nichtigkeit des Rechtsgeschäftes.

[462] Bösch, Treuhänderschaft, S. 438.

[463] Vgl. die folgenden Ausführungen zur Rechtsstellung des Begünstigten.

[464] Bösch, Treuhänderschaft, S. 106.

Art. 912 Abs. 3 PGR auch der Begünstigte einen Herausgabe- oder Bereicherungsanspruch zu Gunsten des Treuhandvermögens geltend machen. Entscheidend ist neben der fehlenden Verfügungsberechtigung des Treuhänders, dass der erwerbende Dritte Kenntnis von der Treuhandeigenschaft des von der treuwidrigen Verfügung betroffenen Treugutes hatte[465]. Eine Kenntnis von der Treuwidrigkeit der konkreten Verfügung ist dem Gesetzeswortlaut nach hingegen nicht erforderlich[466]. Bei diesem sog. *Spurfolgerecht* handelt es sich um einen dinglichen Anspruch, mit Hilfe dessen treuwidrig abhanden gekommene Vermögensgegenstände des Treugutes oder dessen Surrogate herausverlangt werden können[467]. Insoweit verwirklicht das liechtensteinische Recht das dem Common Law bekannte Tracing als Folgerecht gegenüber Dritten. Dies gilt allerdings nur, wenn in der Verfügung des Treuhänders auch ein Treubruch zu sehen ist[468].

Nach Art. 927 Abs. 6 PGR kann sich auch der Treugeber selbst begünstigen.

II. Das liechtensteinische Treuunternehmen (§§ 1 TrUG ff.)

Das in das PGR inkorporierte Gesetz über das Treuunternehmen (TrUG) sollte dem Modell des Business Trusts entspringend, die liechtensteinischen Rechtsordnung um eine zusätzliche privatrechtliche Organisationsform für Unternehmen zu bereichern. Für die vergleichende Untersuchung soll es hier nur am Rande der Vollständigkeit halber erwähnt werden.

Beim Treuunternehmen handelt es sich um ein Treuhandverhältnis, bei dem das Treugut durch ein Unternehmen gebildet wird[469]. Gegenüber der Treuhänderschaft weist das Treuunternehmen demgemäß infolge seiner korporativen Verfassung einen höheren Organisationsgrad auf. Neben speziell auf das Treuunternehmen bezogenen Vorschriften enthält das TrUG auch einige allgemeine treuhandrechtlichen Bestimmungen[470], die zum einen die Bestimmungen der Art. 897 ff. PGR ergänzen sollen, zum anderen aber dem Treuunternehmen einen gesetzlichen Rahmen geben. Diesen Dualismus greift Art. 910 Abs. 5 PGR auf, wonach die Bestimmungen des TrUG unter bestimmten Voraussetzungen ergänzend für die Treuhänder-

---

[465] Bösch, Treuhänderschaft, S. 112.

[466] Biedermann, S. 414; Bösch, Treuhänderschaft, S. 112.

[467] Bösch, Treuhänderschaft, S. 86 m.w.N.

[468] FL OGH LES 1991, 162.

[469] Coing, Die Treuhand kraft privaten Rechtsgeschäfts, S. 242.

[470] Vgl. Bösch, Treuhänderschaft, S. 53.

schaft anzuwenden sind[471]. Im Gegenzug verweist § 5 Abs. 4 TrUG auf die Vorschriften der Treuhänderschaft nach den Artt. 897 ff. PGR. In der Praxis bestehen jedoch zahlreiche Rechtsanwendungsschwierigkeiten, da entgegen der infolge der gegenseitigen Verweisung zu vermutenden Reziprozität zahlreiche Unterschiede zwischen TrUG und den Artt. 897 ff. PGR bestehen[472].

III. Klassifikation der liechtensteinischen Treuhandschaft

1. Epigonenhafte Rezeption des Common Law Trusts oder eigenständige Rechtsschöpfung?

Über die sog. Rezeptionsfrage der Treuhänderschaft besteht in der liechtensteinischen Lehre und Rspr. bis heute Streit. Angelpunkt ist die Frage nach dem Grad des Einflusses des Common Law Trust auf die legislative Rezeption der Treuhänderschaft vor nunmehr über 80 Jahren bzw. inwieweit daneben deutschrechtliche fiduziarische Treuhandgrundsätze eine Rolle spielten. Über die rein dogmatische Komponente hinaus hat diese Frage auch rechtspraktische Bedeutung, da sich die liechtensteinische Rechtsanwendung der Rspr. und Lehre desjenigen Landes bedient, aus dem das Rechtsinstitut rezipiert wurde[473].

Nach herrschender Meinung[474] ist die Treuhänderschaft nach liechtensteinischem Recht ein alleiniges Produkt des Common Law Trusts, welcher ihr als Modell und „spiritus rector" diente. Diese Meinung wird nach Ansicht ihrer Vertreter durch den Wortlaut der Gesetzesmaterialien und die dort angeführten Hinweise unterstützt. Die zusätzliche Heranziehung deutschrechtlicher Treuhandgrundsätze führe hingegen zu Rechtsunsicherheit und praktischen Problemen in der Rechtsanwendung[475].

Die Gegenposition[476] verleugnet zwar nicht den Einfluss des Trusts nach Common Law und dessen Leitbildcharakter, will die liechtensteinische Treuhänderschaft jedoch von der deutschrechtlichen Doktrin der fiduziarischen Treuhand nicht gänzlich isoliert verstehen. Hierfür

---

[471] Zu den Problemen dieser Verweisung vgl. Bösch, Treuhänderschaft, S. 52 ff.

[472] Exemplarisch sind dies ein unterschiedlicher Haftungsmaßstab des Treuhänders (Art. 922 Abs.1 vs. § 65 Abs. 2 TrUG) oder die unterschiedliche Normierung des Spurfolgerechtes (Art. 912 Abs. 3 PGR vs. § 30 TrUG).

[473] Wenaweser LJZ 2001, 1, 2; vgl. OGH LES 1989, 3, 10; 1991, 162, 177.

[474] Kötz, Trust und Treuhand, S. 160; Wenaweser LJZ 2005, 7, 13, ders. LJZ 2001, 1 ff.; Biedermann, LJZ 1981, 9, 16.

[475] Wenaweser LJZ 2001, 1, 2.

[476] Bösch LJZ 2001, 42 ff., 73 ff.

spreche, dass der Trust und die deutschrechtlichen Treuhandgrundsätze einerseits keinen zwingenden antagonistischen Dualismus bilden, sondern durchaus gewisse funktionelle Interferenzen haben. Die Integration der fiduziarischen Treuhand in das Erklärungsmodell zur liechtensteinischen Treuhänderschaft schließt daher nicht aus, dass ein Trust, ohne gegen inländische zwingende Rechtsgrundsätze zu verstoßen, wirksam privatautonom vereinbart werden kann[477].

Die obergerichtliche Rspr.[478] hat zuletzt das kontinentaleuropäische Fundament des liechtensteinischen Treuhänderrechts unter Abweichung von seiner früheren Rspr.[479] betont. Die besondere Stellung des Treuhänders und die zahlreichen Befugnisse des Treugebers differieren trotz aller Gemeinsamkeiten vom Leitbild des Common Law Trusts und lassen sich mit dessen Rolle als alleiniges Rezeptionsvorbild nicht vereinbaren. Ob sich diese Rspr. festigen wird, bleibt, wie die Volatilität dieser Diskussion zeigt, abzuwarten.

2. Die liechtensteinische Treuhänderschaft und die besondere Rolle der Gerichte

Dem Vorbild des Common Law folgend, hat der liechtensteinische Gesetzgeber den Gerichten umfangreiche Kontroll-, Aufsichts- aber auch Ersetzungsbefugnisse übertragen[480]. Insoweit besteht zu den Vergleichsrechtsordnungen – vom neuen französischen Treuhandrecht abgesehen - ein signifikanter Unterschied. Nach Ansicht des FL OGH[481] folgt die extensive Rechtsmacht der Gerichte über die gerichtliche Kontrolle hinaus in den präventiven Bereich einer allgemeinen Aufsicht als Konsequenz seiner Fürsorgepflicht gegenüber der in seiner Rechtsordnung zugelassenen Institution der Treuhänderschaft, die den Treuhänder verpflichtet, „zu treuen Händen" tätig zu sein. Ein gerichtliches Tätigwerden sei daher nicht nur im Falle divergierender oder kollidierender Parteiinteressen zur Streitentscheidung und Rechtsdurchsetzung von Nöten, sondern ist bereits im Vorfeld geboten[482], um das in die Treuhänderschaft von den Parteien eingebrachte Vertrauen nach dem Grundsatz „Vertrauen ist gut, Kontrolle ist besser" einem Korrektiv zuzuführen. Einzelne Kompetenzen der liechtensteinischen

---

[477] Bösch, Treuhänderschaft, S. 367 ff.
[478] FL OGH LES 2000, 148 ff.
[479] Vgl. FL OGH LES 1989, 3, 9.
[480] Vgl. nur Art. 919 Abs. 6, 929 PGR; dazu im Überblick Biedermann, LJZ 1981, 9, 16 ff.
[481] LES 1986, 87, 91.
[482] Vgl. FL OGH LES 1983, 45.

Gerichte wurden bereits oben angesprochen. Eine besondere Erwähnung bedarf jedoch Art. 919 Abs. 6 PGR, demzufolge sich der Treuhänder bei Zweifeln über die Zulässigkeit oder Angemessenheit einer Verwaltungshandlung oder eines Rechtsgeschäftes über das Treuhandgut an das Landgericht um bindende Auskunft wenden kann. Insoweit nimmt das Handeln des Gerichts schon mittelbar mediatorische Züge an.

3. Internationale Anerkennung (Artt. 930, 931 PGR)

Seit 1996 verfügt Liechtenstein über ein eigenständiges Internationales Privatrecht (IPRG)[483]. Zuvor griff das FL OGH auf Bestimmungen des österreichischen IPRG zurück[484]. Die dem deutschen Recht bekannte Problematik der Qualifikation eines Trusts mit Hilfe funktionsäquivalenter Rechtsinstitute besteht in Liechtenstein nicht. Unabhängig von der umstrittenen Frage des Intensitätsgrades des Einflusses des Trusts auf die liechtensteinische Treuhandrezeption, lässt sich dieser unter den Treuhandbegriff der Art. 897 ff., 930 PGR subsumieren.

a) Kollisionsrechtliche Bestimmungen

Dem Grundsatz der freien Rechtswahl folgend, untersteht ein Treuhandverhältnis zunächst dem in der Treuhandurkunde bestimmten Recht, Art. 930 Abs. 1 S. 1 PGR. Fehlt eine Rechtswahl oder ist eine solche nicht ausdrücklich der Treuhandurkunde zu entnehmen, ist gemäß Art. 930 Abs. 1 S. 2 PGR das Recht anzuwenden, in dem der Treuhänder seinen gewöhnlichen Aufenthalt oder Sitz hat. Insoweit knüpft die Vorschrift an den Ort an, an dem mit der Verwaltung des Treuhandvermögens die charakteristische Hauptleistung erbracht wird. Lassen sich der gewöhnliche Aufenthaltsort bzw. der Sitz des Treuhänders nicht feststellen, ist das Treuhandverhältnis subsidiär dem Recht des Staates zu unterstellen, in dem die treuhänderischen Funktionen effektiv ausgeübt werden (Art. 930 Abs. 1 S. 2 a.E. PGR).
Art. 930 Abs. 2 PGR normiert schließlich einen Vorbehalt dahingehend, dass Treuhänderschaften, die dem liechtensteinischen Recht nicht unterliegen, keine bessere rechtliche Stellung erfahren dürfen, als inländische.

---

[483] Gesetz vom 19. September 1996 über das internationale Privatrecht, LGBl. 1996/194.

[484] Dies folgt aus oben angesprochenen Rezeptionsgrundlage des österreichischen Rechts; vgl. auch FL OGH LES 1992, 111.

b) Treuhänderschaften nach ausländischem Recht

Eine Besonderheit des liechtensteinischen Rechts, welche mit der noch darzustellenden monegassischen Lösung größtenteils[485] identisch ist, statuiert Art. 931 PGR. Danach können Treuhänderschaften nach ausländischem Recht in Liechtenstein errichtet werden. Dazu müssen in Bezug auf das Verhältnis zwischen Treugeber, Treuhänder und Begünstigten die in die Treuhandurkunde ausführlich aufzunehmenden Treuhandvorschriften des ausländischen Rechts und für das Verhältnis gegenüber Dritten die inländischen Rechtsbestimmungen zur Anwendung gelangen. Darüber hinaus muss über Streitigkeiten der am Treuhandverhältnis beteiligten Parteien ein Schiedsgericht zu entscheiden haben. Mit diesen Voraussetzungen sollen die Schwierigkeiten, mit denen die Rechtsfindung und Rechtsanwendung ansonsten konfrontiert wäre, kompensiert werden[486].

4. Gemeinsamkeiten und Unterschiede zum Trust nach Common Law

Diente, wie im liechtensteinischen Treuhandrecht geschehen, der angelsächsische Trust als Vorbild, liegt es auf der Hand, dass eine Vielzahl struktureller Gemeinsamkeiten und Typusmerkmale den Rezeptionsprozess überdauert haben.

Zuvorderst ist hier das den Gerichten zugewiesene, über die Streitentscheidung hinausgehende Aufgabenspektrum zu erwähnen, welches der zentralen Bedeutung der Equity Gerichte im angelsächsischen Rechtskreis entspricht. Darüber hinaus konzediert das liechtensteinische Recht der Treuhandurkunde, wie Artt. 910 Abs. 1, 2, 922 Abs. 1 PGR illustrieren, eine wichtige Funktion als Leitbild und Maßregel des treuhänderischen Handelns, wie es im englischen Recht dem „Trust Instrument" zu Eigen ist[487]. Ein weiteres strukuridentisches Wesensmerkmal zum Trust ist die grundsätzlich vorgesehene Unwiderrufbarkeit der Treuhänderschaft, sofern die Treuhandurkunde keinen Widerrufsvorbehalt vorsieht[488].
Weiter zeichnen die Indifferenz des Treuhandverhältnisses vom Tod des Treuhänders (Art. 907 Abs. 4 PGR), die Restriktionen von Geschäften des Treuhänders zu eigenen Gunsten

---

[485] Das monegassische Recht ist restriktiver: es beschränkt die Errichtung auf Treugeber, welchen die Errichtung eines Trusts nach Maßgabe ihres Heimatrechts gestattet ist.

[486] Vgl. Biedermann, S. 12, Fn. 10 a.E.

[487] Vgl. Bösch, Treuhänderschaft, S. 344.

[488] Art. 907 Abs. 1, 2 PGR.

(Art. 925 Abs. 1 PGR) sowie der Schutz der Begünstigtenrechte in Zwangsvollstreckung gegen den Treuhänder oder Konkurs des Treuhänders bzw. der damit einhergehende Segregationsgrad des Treuhandvermögens gleichlaufende Anknüpfungspunkte zum Common Law Trust[489].

Daneben bestehen jedoch auch nicht wenige strukturelle Unterschiede, die die Diskussion um die Rezeptionsgrundlage des Trusts mitbestimmen. Wie bereits erwähnt, sind diese insbesondere in der Ausgestaltung der Rechtsstellung von Treuhänder und Treugeber zu finden. Das vom Gesetzgeber ausdrücklich in Art. 910 Abs. 3 PGR erwähnte dingliche Verwaltungsrecht des Treuhänders schafft einerseits den Differenzierungsraum zur fiduziarischen Treuhand, welche der Vollrechtstheorie folgt, schafft aber andererseits einen funktionalen Gleichlauf zum Trust, bei dem die Eigentümerstellung des Trustees nach Common Law über die Grundsätzen der Equity ebenso formal reduziert ist[490].

Liegt der Schwerpunkt der Betrachtung des Common Law Trust schließlich bei den Rechten der Begünstigten, fokussiert sich das liechtensteinische Recht dem deutschrechtlichen Vorbild folgend auf die Rechte des Treugebers.

C. Die Ratifizierung des HTÜ

Unabhängig von der dogmatischen Diskussion über die Rezeptionsgrundlage hat der Common Law Trust mit den Artt. 897 ff. PGR Eingang in die liechtensteinische Rechtsordnung gefunden[491]. Es verwundert daher, dass Liechtenstein das HTÜ erst zum 1. April 2006 und nicht zu einem früheren Zeitpunkt ratifizierte, zumal der Treuhandbegriff der liechtensteinischen Treuhänderschaft dem Trustbegriff des Art. 2 HTÜ entspricht.

Daneben hat der liechtensteinische Gesetzgeber in den Artt. 930 und 931 PGR die Anerkennung ausländischer Trusts im Inland grundsätzlich geregelt. Durch das HTÜ wird die Anerkennung ausländischer Trusts in Liechtenstein jedoch über diese Bestimmungen hinaus sichergestellt. Umgekehrt ermöglicht das Übereinkommen auch die Anerkennung der Treuhän-

---

[489] Vgl. im einzelnen Bösch, Treuhänderschaft, S. 343 ff. m.w.N.

[490] Vgl. Bösch, Treuhänderschaft, S. 346.

[491] Vgl. Vernehmlassungsbericht der Regierung (Liechtensteins) betreffend das Übereinkommen über das auf die Anerkennung von Trusts anzuwendende Recht, vom 3. September 2004.

derschaft liechtensteinischen Rechts im Ausland. Dies dürfte der zukünftigen Errichtung von Trusts im Inland förderlich sein. Mit Ratifizierung des HTÜ wird demzufolge eine Stärkung der Wettbewerbsfähigkeit des liechtensteinischen Finanzplatzes einhergehen[492].

I. Ratifizierungsverfahren

Liechtenstein hat das Haager Trustübereinkommen mit Landtagsbeschluss vom 20. Oktober 2004 mit Wirkung zum 1. April 2006 ratifiziert[493]. Das Ratifizierungsverfahren gestaltete sich –im Vergleich zur Schweiz- ohne Bedenken.

II. Änderungsgesetzgebung

Im liechtensteinischen Recht sind mit der Ratifizierung des HTÜ keine Gesetzesänderungen im Sinne einer Einführungsgesetzgebung verbunden. Aufgrund des staatsvertraglichen Charakters des HTÜ[494] sind dessen Bestimmungen auch ohne entsprechenden Umsetzungsakt aus sich heraus unmittelbar anwendbar („self executing“). Die entsprechenden innerstaatlichen Vorschriften müssen hierbei abkommenskonform ausgelegt werden.

III. Kompatibilität mit dem HTÜ

Das liechtensteinische Treuhänderrecht ist mit dem HTÜ vollumfänglich kompatibel. Es kongruiert insbesondere in seinen mit dem in Art. 2 HTÜ umschriebenen Trustbegriff und sichert vollumfänglich und unbedingt die Sicherung des Trustvermögens als Sondervermögen i.S.v. Art. 11 Abs. 2 HTÜ.

D. Integrationsmodell und Resümee

Im Kontext der Vergleichsrechtsordnungen hat sich in Liechtenstein die intensivste Integrationsstufe des Trusts im Wege einer legislativen Rezeption verwirklicht. Dies gilt unabhängig

---

[492] Vgl. die entsprechende Pressemitteilung des liechtensteinischen Amtes für auswärtige Angelegenheiten vom 30. März 2006.

[493] LGBl. 2006/62.

[494] Vgl. allgemein Art. 8 Abs. 2 der Liechtensteinischen Verfassung.

vom angesprochenen Streit über den Anteil angelsächsischer Trustgrundsätze in der Grundlage der Rezeption der Treuhänderschaft. Trotz aller strukturellen Gemeinsamkeiten zum Trust kann das kontinentale Fundament der Treuhänderschaft in Liechtenstein aber nicht völlig verleugnet werden, zumal dies nach der hier vertretenen Ansicht auch in keinem Widerspruch zum Trust als Grundlage der Rezeption steht.

Der Integrationsgrad, der innerhalb der liechtensteinischen Rechtsordnung ohnehin schon bestand, wurde durch die Ratifizierung des HTÜ nun auch nach außen zur Sicherung der Anerkennung der Treuhänderschaft manifestiert. Diese Manifestation ist jedoch eher deklaratorischer Art, da die Trustkonvention die Mitgliedstaaten zur Anerkennung ausländischer Trusts auch dann verpflichtet, wenn diese dem Recht eines Nicht-Mitgliedsstaates unterliegen[495]. Ein liechtensteinischer Trust hätte in den anderen Mitgliedstaaten auch ohne Ratifizierung durch Liechtenstein anerkannt werden müssen, für Nicht–Mitgliedstaaten richtet sich die Anerkennung der liechtensteinischen Treuhänderschaft wie auch zuvor nach deren autonomen kollisionsrechtlichen Bestimmungen.

Das liberale Wirtschaftsrecht Liechtensteins, das es den Rechtssubjekten seit Jahrzehnten ermöglicht, zur Regelung ihrer wirtschaftlichen Angelegenheiten auf ein mannigfaltiges Spektrum von Organisationsformen zurückzugreifen, hat die Entwicklung des Fürstentums zu einem internationalen Finanzplatz befördert. Das teilweise im Ausland stark negativ konnotierte Bild Liechtensteins als Hort der Geldwäsche und Steuerhinterziehung kann rechtsfaktisch unter Berücksichtigung des liechtensteinischen Binnenrechts schon seit längerem nicht mehr aufrechterhalten werden. Dies gilt umso mehr, als dass in Liechtenstein infolge des EWR-Beitritts und der damit verbundenen mittelbaren Nähe zur Europäischen Union und der somit auch für den EWR-Staat Liechtenstein geltenden Homogenitätspflicht hinsichtlich des gesellschafts- und finanzrechtlichen „acquis communautaire“, ein Sammelsurium umfassender Kontroll- und Transparenzpflichten entwickelt wurde, deren Einhaltung durch eine Finanzmarktaufsicht[496] überwacht wird.

---

[495] Vgl. die obigen Ausführungen zum Haager Trustübereinkommen Einleitung, B. 3.

[496] Die Finanzmarktaufsicht Liechtenstein ist online unter www.fma-li.li zu erreichen.

Vierter Teil – Monaco: Integration durch Anerkennung

A. Einleitung

Wenden wir uns nun der letzten Vergleichsrechtsordnung, dem Fürstentum Monaco zu. Monaco hat sich innerhalb der letzten Jahre mit einer investitionsfreudigen Politik zu einem ernstzunehmenden und konkurrenzfähigen Wirtschaftsstandort entwickelt.

Vergleicht man dabei die ökonomische Ausgangslage Monacos mit der des Fürstentums Liechtenstein zu Beginn des letzten Jahrhunderts, fällt auf, dass beide Staaten bereits zu einem frühen Zeitpunkt die Notwendigkeit sahen, sich mit Hilfe der Schaffung entsprechender von ihrem „Mutterrechtsstaat" abweichender, juristischer Rahmenbedingungen als Mikrostaaten von diesen abzusetzen und damit die Grundlage für ihre Existenz nach innen sowie nach außen zu sichern.

Das monegassische Rechtssystem ist in weiten Teilen vom französischen Code Civil geprägt; zwischen beiden Staaten besteht bis heute ein besonderes rechtliches, wirtschaftliches und kulturelles Näheverhältnis[497].
Dies hinderte das Fürstentum nicht daran, sich bereits im Jahre 1935 Gedanken darüber zu machen, welcher Rechtsvehikel sich im Inland niedergelassene, vorwiegend aus Großbritannien stammende Ausländer bedienen können, um ihre Vermögensangelegenheiten bedarfsgerecht zu regeln.

B. Der status quo – monegassisches Trustrecht

Wie die Darstellung zeigen wird, hat sich Monaco für einen besonderen Weg der Integration des Common Law Trusts entschieden. Von einem eigenen „monegassischen Trustrecht" zu sprechen geht, wie die Ausführungen zeigen werden, inhaltlich etwas zu weit, trifft jedoch im Ergebnis faktisch zu.

---

[497] Bis 2002 war die Beziehung zwischen Frankreich und Monaco als sog. „völkerrechtliches Protektoratsverhältnis" einzuordnen; im Jahre 2002 wurde zwischen beiden Staaten ein neuer „Grundlagenvertrag" geschlossen, im Rahmen dessen Frankreich dem Fürstentum ein höheres Maß an Autonomie gewährte; vgl. François, Introduction au droit monégasque, S. 109.

I. Das Gesetz N° 214 vom 27. Februar 1936 über Trusts

1. Grundlagen

Grundlage für die Rechtsfigur des Trusts in Monaco ist das entsprechende Gesetz Nr. 214 vom 27. Februar 1936[498], welches zuletzt 1999 geändert wurde[499]. Eine Definition des Trusts oder eine autonome dogmatische Konkretisierung enthält das Gesetz nicht. Eine solche ist nach der konzeptionellen Ausgestaltung des Trustgesetzes ohnehin nicht notwendig: Art. 1 des Gesetzes[500] gewährt Personen[501] das Recht, einen Trust im Inland zu errichten, sofern ihnen diese Möglichkeit nach ihrem Heimatrecht (Personalstatut) zusteht.

Das Gesetz überlässt somit ausländischen Rechtsordnungen die verbindliche Bestimmung darüber, ob ein Trust überhaupt errichtet werden kann. Wird dies von Seiten des ausländischen Rechts bejaht, bestimmt sich das weitere juristische Schicksal eines Trusts nach den Vorschriften des inländischen monegassischen Rechts. Bei einem nach dem Trustgesetz errichteten Trust handelt es sich also um einen Trust, der zwar dem monegassischen Recht unterliegt. Materiell wird jedoch auf das ausländische Heimatrecht des Trustbegründers verwiesen und für maßgeblich erklärt.

Dies gilt auch für mit der Errichtung oder der Übertragung bzw. der Verwaltung eines Trusts in Zusammenhang stehende Streitigkeiten. Nach Art. 5 des Trustgesetzes[502] unterfallen derartige Streitigkeiten zwar der Gerichtsbarkeit monegassischer Gerichte. Diese haben jedoch bei ihrer Beurteilung, sofern dem nicht der monegassische ordre public entgegensteht, die Vorschriften des ausländischen Rechts anzuwenden.

---

[498] Loi No 214 du 27 février 1936 sur les trusts (im folgenden: „Trustgesetz").

[499] Loi No 1216 du 7 juillet 1999 modifiant la loi No 214 du 27 février 1936 sur les trusts.

[500] Art. 1: „Les personnes qui, en vertu de leur statut personnel, ont la faculté de régler le sort de leurs biens de leur vivant ou après leur mort, suivant un régime par elles choisi de trusts, peuvent en user dans le territoire de la Principauté, avec le concours et l'appui des institutions locales".

[501] Den Kreis der Personen definiert Art. 3 des Gesetzes, modifiziert durch Art. 2 des Änderungsgesetzes N° 1216 vom 7. Juli 1999.

[502] Art. 5: „Toutes contestations relatives soit à la constitution ou au transfert, soit au fonctionnement des trusts dans la Principauté, seront soumises aux tribunaux monégasques, qui sans être liés par l'ordre public monégasque, appliqueront ici, conformément à la présente loi, les dispositions de la loi étrangère".

2. Formvorschriften

Das Gesetz stellt die Entscheidung über die wirksame Errichtung eines „monegassischen“ Trusts unter die Bedingung, dass bestimmte Formvorschriften eingehalten wurden, vgl. Art. 2 Trustgesetz[503]. Für Trusts von Todes wegen ist deshalb zwingend erforderlich, dass diese den Formvorschriften entsprechen, welche das monegassische Recht ansonsten für öffentliche („testament par acte public“) oder in amtliche Verwahrung gegebene eigenhändige Testamente („testament mystique“) anordnet. Trusts unter Lebenden (inter vivos) müssen hingegen nach den Formvorschriften errichtet worden sein, die normalerweise an eine Schenkung unter Lebenden geknüpft sind.

Daneben ist von einem dazu qualifizierten Rechtskundigen[504] eine Bestätigung über die Übereinstimmung des Begründungsaktes des Trusts mit den materiell-rechtlichen Vorschriften des ausländischen Rechts, nach dem er errichtet wurde, zu erbringen. Dies dient dem Nachweis der materiell-rechtlichen Uniformität der in Monaco errichteten Trusts zu ihrem Heimatrecht.

3. Parteien

Allein juristische Personen können nach Art. 3 des Trustgesetzes als Trustee eingesetzt werden; natürlichen Personen steht diese Funktion jedoch insoweit offen, dass jene als „Co-Trustee“ oder als örtlicher Stellvertreter („représentant local“) agieren können. Ein örtlicher Stellvertreter ist von Gesetzes wegen dann zwingend zu bestellen, wenn der Trustee in Monaco selbst über keinen eigenen Wohnsitz bzw. Niederlassung verfügt, Art. 3 Abs. 3 Trustgesetz. Voraussetzung ist aber für beide, dass sie sich in einem öffentlichen Trustregister eintragen lassen. Dieses unterliegt der gerichtlichen Aufsicht und Kontrolle. Für die Bestimmung und Ernennung der Trustees und örtlichen Stellvertreter sieht sich allein das monegassische

---

[503] Art. 2 Abs.1: „La constitution du trust devra être faite, à peine de nullité, pour les trusts testamentaires, selon les formes prévues par la loi monégasque pour les testaments par acte public ou mystique et, pour les trusts inter-vivos, selon celles prévues pour les donations entre vifs. Une attestation de conformité de l'acte aux prescriptions de fond de la loi étrangère sous l'autorité de laquelle il se place devra être produite. Cette attestation sera donnée par un jurisconsulte qualifié“.

[504] Auf Antrag können sich für England jeder am „Supreme Court“ zugelassene „solicitor“, und für die USA jeder „attorney at law“ in einer Liste eintragen lassen, welche vom ersten Präsidenten des monegassischen Berufungsgerichtes (Cour d´Appel) geführt wird, Art. 2 Abs. 2 und 3 Trustgesetz. Die erfolgte Eintragung hat die formale Qualifikation nach dem Trustgesetz zur Folge.

Recht entscheidungskompetent. Insoweit wird die sonst geltende Delegation zugunsten der Maßgeblichkeit des ausländischen Heimatrechts eingeschränkt.
Davon ausgenommen, kann jedoch ein „Co-Trustee" vom Settlor des Trusts – soweit nach den Vorschriften des ausländischen Rechts zulässig - nach dessen Belieben bestimmt werden, ohne der Eintragungspflicht in das Trustregister zu unterliegen.

4. Übertragung eines ausländischen Trusts ins Inland

Art. 4 des Trustgesetzes befasst sich schließlich mit der Übertragung („transfert") eines im Ausland errichteten Trusts nach Monaco. Die Übertragung folgt hierbei den Vorschriften, welche bereits für die Errichtung eines Trusts im Inland gelten. Eine solche Übertragung steht jedem Rechtssubjekt offen, welches zum Zeitpunkt der Errichtung ausländischer Nationalität war. Ein späterer Wechsel der Staatsbürgerschaft lässt die Übertragung unberührt.
Wird ein Trust in Monaco in der Absicht errichtet, einen zuvor im Ausland wirksamen begründeten Trust zu ersetzen, stellt das monegassische Trustrecht dies einer Übertragung gleich[505]. Hierbei muss ein Original der ausländischen Trusturkunde von Settlor und Trustee bei einem inländischen Notar hinterlegt werden.
Da die Übertragung den für die Errichtung bestehenden Vorschriften zu entsprechen hat, müssen folglich auch die in Art. 2 aufgestellten Formerfordernisse erfüllt sein. Freilich können die im Ausland erfolgten Errichtungsakte den monegassischen Formvorschriften nicht absolut entsprechen. Voraussetzung muss aber sein, dass sie sich zumindest in die inländischen Rechtskategorien umdeuten lassen bzw. ihnen funktional entsprechen. Im Ergebnis wird die Formgültigkeit eines im Ausland errichteten Trusts bei dessen Übertragung über die Einhaltung inländischer Formvorschriften fingiert.

II. Rechtstechnische Ausgestaltung

Der angesprochene besondere Integrationsweg des Trusts in Monaco besteht aus der Koexistenz bzw. dem symbiotischen Verhältnis des inländischen Rechts und dem jeweiligen Heimatrechts des Settlors. Dem Heimatrecht des Settlors kommt für in Monaco errichtete Trusts insoweit eine konstituierende und definierende Rolle zu. Ohne das ausländische Recht für umfassend anwendbar zu erklären, gibt der monegassische Gesetzgeber den ausländischen Vor-

---

505 Art. 4 Abs. 2 Trustgesetz.

schriften einen eingeschränkten Geltungsbefehl bezüglich der materiell-rechtlichen Wirksamkeit eines Trusts und den als Settlor in Frage kommenden Kreis an Rechtssubjekten. Bei damit in Zusammenhang stehenden gerichtlichen Auseinandersetzungen kommt es schließlich zu einer Divergenz zwischen der dem Trust unterstehenden Rechtsordnung und dem von den Gerichten anzuwendenden Recht. Der Grundsatz der lex fori wird insoweit für Trusts von Gesetzes wegen aufgehoben.

C. Monaco und das HTÜ

Monaco hat das Haager Trustübereinkommen am 1. Juni 2007 unterzeichnet. Das Inkrafttreten der Konvention erfolgte zum 1. September 2008[506].

Das Fürstentum Monaco hat dabei erklärt, die Konvention auch für durch eine gerichtliche Entscheidung errichtete Trusts im Sinne des Art. 20 HTÜ anwenden zu wollen[507]. Dies ist Ausdruck des uneingeschränkt am Common Law Trust orientierten monegassischen Trustverständnisses.

Zu den Ratifizierungszielen dürfte das zu Liechtenstein Gesagte entsprechend gelten. Da bereits das Trustgesetz die Grundlage für die Errichtung und die Übertragung ausländischer Trusts schafft, wird der Zweck des HTÜ, die Anerkennung ausländischer Trusts im Inland zu erreichen, insoweit hinfällig, wenn das inländische Recht die ausländischen Bestimmungen bereits von sich aus als maßgeblich erklärt. Gleichzeitig impliziert die „heimtatrechtliche Verweisung" bei der Begründung eines monegassischen Trusts die Anerkennung eines diesem Recht unterliegenden Trusts. In Zukunft werden zwar ausländische Trusts ohne Rücksicht uneingeschränkt anzuerkennen sein; die bisherige von Gesetzes wegen angeordnete Einschränkung, dass innerhalb Monacos nur ein bestimmter Personenkreis die Funktion eines Trustee auszuüben berechtigt ist, bleibt davon indessen – unter Geltung der derzeitigen Rechtslage - unangetastet.

D. Integrationsmodell

Monaco hat den Trust unbestritten in seine Rechtsordnung integriert; um eine legislative Rezeption des Trusts handelt es sich indes nicht. Die Umsetzung der Integration mag hierbei

---

[506] Vgl. http://www.hcch.net/index_en.php?act=conventions.status&cid=59.

[507] Vgl. http://www.hcch.net/index_en.php?act=status.comment&csid=1007&disp=resdn.

zunächst kurios erscheinen: Im Inland ansässigen ausländischen Personen wird die Errichtung eines sich nach monegassischem Recht beurteilenden Trusts ermöglicht, sofern deren Heimatrecht eine Errichtung zulässt.
Bei allen Zugeständnissen, welche der monegassische Staat allgemein an seine eigenen Staatsangehörigen macht (diese besitzen zahlreiche Privilegien in Form extensiver staatlicher Sozialleistungen[508]) schließt er diese, im Gegensatz zu bestimmten ausländischen Rechtssubjekten, von der Möglichkeit der Begründung eines Trusts aus.
Bei dem vom Gesetz Nr. 214 umfassten Trusttypus handelt es sich um einen monegassischen Trust, der dem monegassischen Recht unterfällt, gleichwohl vom ausländischen Heimatrecht seines Settlors überlagert wird. Die Integrationsoffenheit zeigt sich schließlich in der angesprochenen Aufgabe des lex fori Grundsatzes zugunsten des ausländischen Rechts bei der gerichtlichen Kontrolle eines letztlich inländischen Rechtsinstitutes.

---

[508] Vgl. dazu François, Introduction au droit monégasque, S. 175 ff.

Fünfter Teil – Zusammenfassung der Integrationsstufen

A. Einleitung und Zusammenfassung

Die obigen Ausführungen haben exemplarisch die aktuelle Volatilität der Trust- und Treuhanddiskussion in Kontinentaleuropa gezeigt. Zum Ende der Darstellung soll ein abschließender Blick auf das *Tertium Comparationis* der Arbeit, nämlich die Integrationsstufen des Trusts innerhalb der Vergleichsrechtsordnungen geworfen werden. Zu dessen Bestimmung ist eine präzise Begriffsbestimmung hilfreich.

I. Distinktionskriterien

Im Verlauf der Darstellung hat sich herausgestellt, dass die Frage nach dem *Abstraktionsgrad des Treuhandvermögens* und dessen Behandlung bei Zugriffsversuchen der Gläubiger des Treuhänders das komparative Distinktionskriterium ist. Im Gegenzug wird dem *Eigentumsdualismus* des Common Law Trust, der prima facie der Fixpunkt der Diskussion um Kompatibilität und Vergleichbarkeit kontinentaler Treuhänderschaften mit dem Trust zu sein scheint, nur eine zweitrangige Rolle konzediert. Dies gilt insbesondere für den Trustbegriff des Haager Trustübereinkommens, welcher auf die Festlegung der dinglichen Komponente zugunsten der Frage der Vermögenssegregation verzichtet. Auch die „Principles of European Trust Law" bieten sich ausdrücklich als flexibler Treuhandtypus an, der sowohl auf Treuhandmodelle, die dem fiduziarischen Leitbild unterstehen, als auch für solche (also dem Trust) anwendbar ist, im Rahmen derer dem Begünstigten neben dem Treuhänder dingliche Rechtsmacht zugestanden wird.

Ohne den Kern ihrer materiellen Rechtsgrundsätze anzugreifen, konnten und wollten sich alle Vergleichsrechtsordnungen im Ergebnis den Strukturen des Trusts nicht verschließen. Dies geschah freilich unterschiedlich intensiv und mit divergierenden Modalitäten. Die Unterschiede in den einzelnen Staaten sind teilweise beträchtlich. So ist es interessant, dass die jeweiligen Töchter der zu betrachtenden Mutterrechtsordnung (Liechtenstein-Schweiz und Monaco/Frankreich) die oben dargestellten, in zeitlicher und materieller Hinsicht abweichenden Modi wählten, obgleich ihre Zivilrechtsordnung von der jeweiligen Mutterrechtsordnung unübersehbar geprägt worden ist.

Zur Verwirklichung der Integration sind die Vergleichsrechtsordnungen größtenteils Konzessionen eingegangen. Frankreich brach mit dem seinem Rechtssystem bis dato einheitlichen Vermögensbegriff, um das „patrimoine d'affectation“ zu schaffen. Dieser „Bruch“ wird jedoch juristisch rasch verheilen, da von ihm das übrige materielle französische Zivilrecht nicht betroffen ist und er zudem durch eine entsprechende ausdrückliche gesetzliche Normierung „legislativ behandelt“ wurde. Auch kodifiziertes Recht ist schließlich nicht statisch zu betrachten, sondern ist im Kontext einer bedürfnisorientierten Dynamik zu sehen; statt mit Hilfe von Equity ist diese freilich im uns vertrauten Civil Law auf legislativer Grundlage zu verwirklichen.

Die Schweiz wird mit der Ratifizierung des HTÜ verpflichtet sein, bei ausländischen Trusts von ihrem im Treuhandrecht praktizierten Mittelbarkeitsprinzip zugunsten eines uneingeschränkten und vollumfänglichen Schutzes des Trustgutes in der Zwangsvollstreckung gegen den Treuhänder Abstand zu nehmen.
Liechtenstein hat den Schutz des Treuhandvermögens in das Gesetz geschrieben und Monaco gewährt über sein spezielles Trustrecht die Segregation des Trustvermögens analog zum Common Law Trust.

II. Integrationsstufen – eine eigene Begriffsbestimmung

Zur Bestimmung des Integrationsgrades erscheint meines Erachtens folgende terminologische Klassifizierung zweckmäßig: Danach ist der jeweilige Normenkomplex einer Rechtsordnung, welcher die Innen- und Außenwirkungen der Übertragung des Treugutes zum Gegenstand hat, als eigentliches *Trustrecht* zu klassifizieren, wenn eine Rechtsordnung den Common Law Trust in seinem materiellen Bedeutungsgehalt *strukturell* vollständig integriert hat. Dieser Bestimmung ist folglich die begriffliche Prämisse immanent, auch den Common Law Trust als Treuhandrecht im weitesten Sinne anzusehen.
Eine Rechtsordnung mit einem Trustrecht hat gleichzeitig den höchsten bzw. intensivsten Integrationsgrad des Trusts erreicht. Davon zu unterschieden sind ihrer Intensität nach skalierte Integrationsgrade des Trusts, welche das Treuhandrecht *funktionell* unterschiedlich über- oder unterlagern. In diesem Falle ist von einer trustrechtlichen Determination zu sprechen. Gleichwohl ist derartiges Recht, welches die Treuhänderschaft zum Gegenstand hat, als Treuhandrecht und nicht als Trustrecht zu klassifizieren. Erfährt der Trust unabhängig vom Intensitätsgrad eine Integration in das materielle Recht selbst, erfolgt diese endogen. Demgegen-

über ist von einer exogenen Integration auszugehen, wenn eine Integrationsstufe des Trusts wiederum unabhängig von ihrer Intensität und ohne materielle Zäsuren in das zu beurteilende Treuhandrecht von statten geht.

B. Integrationsgrad: Schweiz

I. Abriss

Mit der Ratifizierung des Haager Trustübereinkommens wurde in der Schweiz kein materielles Trustrecht geschaffen. Trusts können daher auch weiterhin nicht nach Schweizerischem Recht errichtet werden.

Für den Integrationsgrad des Trusts in der Schweiz ist zu sagen, was für alle Mitgliedstaaten des Civil Law gilt. Die Konvention integriert den Trust mittelbar über die Anerkennungspflicht ausländischer Trusts im Inland, wobei bei der Schweiz die Besonderheit zu berücksichtigen ist, dass der Trust auch vor der Ratifizierung aufgrund der schweizerischen Rechtsprechung und Rechtspraxis über ein bestimmtes Integrationsniveau verfügte.

II. Ergebnis

Das schweizerische Treuhandrecht wurde durch die Ratifizierung des HTÜ *nicht zu einem schweizerischen Trustrecht*. Es ist aber wahrscheinlich, dass das bestehende *Treuhandrecht* über die endogene Integration der dem HTÜ immanenten Trustgrundsätze, sowie über die Änderungen im Kollisionsrecht und SchKG einen stetig ansteigenden *Grad trustrechtlicher Determination* erfahren wird.

Bezüglich der Normenkomplexe der über das HTÜ in der Schweiz anerkennungspflichtiger ausländischer Trusts, kann hingegen von einem *„Schweizerischen Internationalen Trustrecht"* gesprochen werden.

C. Integrationsgrad: Frankreich

I. Abriss

Der Trust hat auch mit dem Einführungsgesetz der „fiducie" in den Code Civil keine Integration in die französische Zivilrechtsordnung gefunden. Er diente aber insofern als Integrati-

onsmotor, dass er dem Gesetzgeber die Notwendigkeit einer kodifizierten Treuhandkonstruktion vor Augen führte, welche die inländischen Unternehmen bis dato dadurch realisierten, dass sie sich der Errichtung von Trusts im Ausland bedienten.
Mit dem „Loi instituant la fiducie“ wurde zwar ein französisches Treuhandrecht geschaffen, der Trust hingegen nicht legislativ rezipiert.

II. Ergebnis

Die „fiducie“ ist eine *fiduziarische Treuhänderschaft kontinentalen Charakters mit abgeschwächter trustrechtlicher Determination.* Letztere beschränkt sich darauf, als inhaltliches Integrationsbeispiel gedient zu haben ohne dabei selbst integriert worden zu sein.

D. Integrationsgrad: Liechtenstein

I. Abriss

Im Kontext der Vergleichsrechtsordnungen hat sich in Liechtenstein die intensivste Integrationsstufe des Trusts im Wege einer legislativen Rezeption verwirklicht. Dies gilt unabhängig vom angesprochenen Streit über den Anteil angelsächsischer Trustgrundsätze in der Grundlage der Rezeption der Treuhänderschaft. Trotz aller strukturellen Gemeinsamkeiten zum Trust kann das kontinentale Fundament der Treuhänderschaft in Liechtenstein aber nicht völlig verleugnet werden, zumal dies nach der hier vertretenen Ansicht auch in keinem Widerspruch zum Trust als Grundlage der Rezeption steht.
Der Integrationsgrad, der innerhalb der liechtensteinischen Rechtsordnung ohnehin schon bestand, wurde durch die Ratifizierung des HTÜ nun auch nach außen zur Sicherung der Anerkennung der Treuhänderschaft manifestiert.

II. Ergebnis

Das liechtensteinische Treuhandrecht kann aufgrund des hohen Integrationsgrades des Common Law Trust als *Trustrecht im engeren Sinn* bezeichnet werden. Hierbei ist es kontinentalrechtlich determiniert.

E. Integrationsgrad: Monaco

I. Abriss

Monaco hat den Trust unbestritten in seine Rechtsordnung integriert; um eine legislative Rezeption des Trusts handelt es sich indes nicht.

Bei dem vom Gesetz Nr. 214 umfassten Trusttypus handelt es sich um einen monegassischen Trust, der dem monegassischen Recht unterfällt, gleichwohl vom ausländischen Heimatrecht seines Settlors überlagert wird. Die Integrationsoffenheit zeigt sich auch in der angesprochenen Aufgabe des lex fori Grundsatzes zugunsten des ausländischen Rechts bei der gerichtlichen Kontrolle eines letztlich inländischen Rechtsinstitutes. Die unlängst erfolgte Ratifizierung des HTÜ, welche zum 1. September 2008 in Kraft trat, komplettiert die trustrechtliche Integrationsoffenheit nach außen und nach innen.

II. Ergebnis

Aufgrund der speziellen rechtstechnischen Ausgestaltung kann das monegassische Beispiel als *Trustrecht im weiteren Sinn* bezeichnet werden. Eine endogene Integration des Trusts in das monegassische Zivilrechtssystem wurde gleichwohl nicht verwirklicht. Aufgrund der Intensität der exogenen Verweisung und ihrer Bedeutung für das inländische Recht ist sie gleichwohl vertretbar.

Die Ratifizierung des HTÜ ist schließlich eine logische Folge des in Monaco bestehenden hohen Integrationsgrades.

Sechster Teil – Integration in Deutschland de lege ferenda

A. Einleitung und Grundlagen

Die Untersuchung hat gezeigt, dass der Trust in den kontinentalen Vergleichsrechtsstaaten unterschiedliche Integrationsstufen - und sei es nur als Integrationsvorbild - in die jeweilige Rechtsordnung gefunden hat. Zum Ende soll nun der Frage nachgegangen werden, inwieweit bzw. ob sich möglicherweise die Vorzeichen einer Integration des Trusts oder, um im Sinne des HTÜ zu sprechen, trustähnlicher Grundsätze, gleich welcher Intensität in Deutschland geändert haben. Dies wäre gegebenenfalls dann positiv zu beantworten, wenn sich der deutsche Gesetzgeber aufgrund der normativen Kraft der tatsächlichen Entwicklung und der sich daraus ergebenden faktischen Bedürfnisse der Rechtsanwender verpflichtet sehen müsste, darauf - wie immer geartet - zu reagieren. Leitbild jedweder legislativen Tätigkeit ist schließlich die Verwirklichung des innerhalb der Privatautonomie zulässigen Bedürfnisspektrums der Rechtssubjekte.

Als Integrationsmotor hierfür könnte die nicht von der Hand zu weisende fortschreitende Europäisierung des Trusts[509] dienen, wie sie sich auf der Ebene des europäischen Gemeinschaftsrechts, in der zunehmenden Akzeptanz des Trusts in unseren Nachbarstaaten als auch in den von unseren inländischen Unternehmen aus Gründen der internationalen Wettbewerbsfähigkeit zu generierenden Rechtskonstruktionen insbesondere auf dem Finanzmarkt zeigt.

I. Integrationsmotive

1. Wettbewerbsfähigkeit

Die Wettbewerbsfähigkeit deutscher Unternehmen ist insofern eingeschränkt, als sie zur Umsetzung zahlreicher Finanzierungsinstrumente im inländischen Rechtssystem keine adäquaten Gestaltungsmöglichkeiten finden. Sie weichen daher zu deren Umsetzung auf Trust-Jurisdiktionen aus. Ausländische Unternehmen werden als potentielle Investoren davon abgehalten, ihre Aktivitäten in Deutschland auszuüben, da ihnen entsprechende bzw. ihnen strukturell vertraute Rechtsvehikel nicht zur Verfügung stehen.

---

[509] Vgl. hierzu Pirrung, FS Heldrich, S. 925.

2. Der Trustbegriff der EuGVO

Auf der Ebene des europäischen Sekundärrechts erfährt der Trust, abgesehen von den angesprochenen gemeinschaftsrechtlich determinierten Trustgrundsätzen, denen jedoch kein normativer Charakter zukommt, in der Verordnung des Rates über die gerichtliche Zuständigkeit und die Anerkennung und Vollstreckung von gerichtlichen Entscheidungen in Zivil- und Handelssachen (EuGVO)[510] in den Artikeln 5 Nr. 6, 24 Abs. 4 und 60 Abs. 3 eine ausdrückliche Erwähnung. Diese Vorschriften wurden mit Rücksicht auf das Vereinigte Königreich und Irland als Common Law geprägte Mitgliedsstaaten eingefügt[511] und hierbei unverändert aus dem EuGVÜ[512] übernommen[513] und sind auf den Rechtsverkehr mit und zwischen diesen Staaten zugeschnitten. Der Trustbegriff ist somit allein nach dem angelsächsischen Rechtsverständnis auszulegen[514]. Für Nicht-Truststaaten der EG sind die Vorschriften indessen aus integrativer Sicht rechtlich indifferent, da es so gut wie ausgeschlossen ist, dass der zur Beurteilung stehende Trust in deren Hoheitsgebiet, wie von Art. 5 Nr.6 EuGVO gefordert, einen Sitz i.S.d. Art. 60 Abs. 3 EuGVO[515] haben wird. Gleichwohl wird sich das internationale Prozessrecht mit den durch Trusts aufgeworfenen Rechtsfragen auch ohne deren Normierung im Einzelfall anzunehmen haben[516].

3. Real Estate Investment Trusts

Am 30. März 2007 stimmte der deutsche Bundestag dem Gesetz zur Schaffung deutscher Immobilien-Aktiengesellschaften mit börsennotierten Anteilen zu (Real Estate Investment *Trusts*, sog. REITs), welches rückwirkend zum 1. Januar 2007 in Kraft getreten ist.

---

[510] Verordnung (EG) Nr. 44 /2001 vom 22.12.2000, Abl. EG 2001, L 12, S. 1.

[511] Rauscher, IPR, S. 362.

[512] Zur Entwicklung des EuGVÜ vgl. Rauscher, IPR, S. 339 ff; die EuGVO löste das EuGVÜ ab, Art. 68 Abs. 1 EuGVO.

[513] Pirrung, FS Heldrich, S. 925.

[514] Rauscher, IPR, S. 363.

[515] Dieser Sitz, der im Rechtssinn eigentlich keiner ist, da der Trust keine juristische Person oder Gesellschaft ist, bestimmt sich der Vorschrift zufolge nach dem IPR des Gerichtsstaates, vgl. Rauscher, IPR, S. 363.

[516] Pirrung, FS Heldrich, S. 926. Vgl. aber in diesem Zusammenhang das Grünbuch „Erb- und Testamentsrecht", KOM (2005) 65 endg., welches sich der Frage widmet, ob für „Erbschaftstrusts" einheitliche Kollisionsnormen eingeführt werden sollen, vgl. dazu auch unten B. IV. 1.

Bei einer REIT handelt es sich um eine normale Aktiengesellschaft mit Sitz und Geschäftsleitung in Deutschland[517]. Entgegen der englischen Terminologie ist deren tatsächliche Binnenstruktur allerdings nicht mit derjenigen eines Trusts zu vergleichen. Entgegen eines im Rahmen des Gesetzgebungsverfahrens vorgeschlagenen „Trustvermögensmodells" hat sich der Gesetzgeber bei der rechtstechnischen Ausgestaltung der REITs in Deutschland für ein am Aktienrecht orientiertes Beteiligtenmodell an Immobiliarwerten entschieden[518].
Für die vorliegende Untersuchung sind sie daher trotz ihrer Aktualität nicht von Bedeutung; insoweit kommt ihnen auch für die Frage einer Integration des angelsächsischen Trusts keine integrative Funktion zu.

Der Vollständigkeit halber erfolgt nun ein Überblick über die deutsche Treuhanddogmatik sowie die Behandlung des Trusts im deutschen Kollisionsrecht.

II. Wesen der deutschen Treuhand

Die deutsche Treuhanddogmatik bestimmt und konkretisiert das Wesen der Treuhand nicht einheitlich. Eine allgemein anerkannte Definition ist nicht vorfindbar[519]. Dennoch sind typusbestimmende Voraussetzungen anerkannt, die ein Rechtsgeschäft erfüllen muss, damit dieses als treuhänderisch qualifiziert werden kann. Die Übertragung von Vermögensgegenständen „zur treuen Hand" erfreut sich entgegen dem Schweigen des Gesetzgebers[520] in der Wirtschaftspraxis auch in Deutschland eines breiten Anwendungsspektrums. Sich vom Zweck abwendend, über ein Treuhandgeschäft die sachenrechtlichen, erbrechtlichen und steuerrechtlichen Folgen einer unmittelbaren Rechtsinhaberschaft und Rechtsausübung zu verschleiern bzw. zu umgehen, steht heutzutage die Vereinfachung und zweckorientierte Kanalisierung von Rechtsgeschäften mit dem Treugut, wie in der Vermögensverwaltung üblich, im Vordergrund[521].

---

[517] Schultz, Das deutsche REIT-Gesetz, BB-Status Recht 2007, 165.

[518] Vgl. Schultz, Das deutsche REIT-Gesetz, BB-Status Recht 2007, 165: Es handelt sich dabei um ein „Dividendenmodell mit Streubesitz- und Höchstbeteiligungsklausel".

[519] Gernhuber JuS 1988, 355.

[520] Dennoch nimmt der Gesetzgeber in zahlreichen Spezialgesetzen auf Treuhandverhältnisse Bezug. Dies betrifft beispielsweise die in § 6 Abs. 2 KAGG normierte Zuordnung des treuhänderischen Sondervermögens oder die in § 70 AktG vorgesehene Zurechnung von Aktienbesitzzeiten eines Treuhänders.

[521] Vgl. hierzu Henssler AcP 196, 37, 38; ausführlich: Coing, Die Treuhand kraft privaten Rechtsgeschäfts, S. 54 ff.; Liebich/Mathews, Treuhand und Treuhänder, S. 75 ff.

1. Die rechtsgeschäftliche Treuhand

Allen rechtsgeschäftlich begründeten echten Treuhandverhältnissen ist gemeinsam, dass dem Treuhänder auf der dinglichen Ebene Vermögensrechte vom Treugeber zu vollem Recht übertragen werden[522]. Die dingliche Rechtsänderung im Wege einer Verfügung ist ein konstituierendes Merkmal zur Bewertung eines Vermögensrechtes als Treuhandeigentum. Beschränkt sich der Eigentümer gegenüber einem Dritten dem entgegen nur schuldrechtlich im Gebrauch, ohne dass eine dingliche Rechtsänderung eintritt, fehlt es an der erforderlichen unbeschränkten Rechtsübertragung[523].

Die Ausübung dieser Rechtsmacht gegenüber Dritten ist jedoch nach Maßgabe der schuldrechtlichen Treuhandabrede zwischen Treuhänder und Treugeber beschränkt. Nach außen ist dem Treuhänder folglich ein Mehr an Rechten übertragen, als er nach der mit dem Treugeber vereinbarten Treuhandabrede auszuüben berechtigt ist[524]. In diesem Sinne judizierte bereits das Reichsgericht[525] in einer Entscheidung, welche die Grundlage der deutschen Treuhanddiskussion legte, dass ein Rechtsgeschäft dann als Treuhandverhältnis einzuordnen sei, wenn dem Treuhänder nach außen die Stellung eines Vollberechtigten eingeräumt wird, während er im Innenverhältnis zum Treugeber gehalten ist, über das Treugut nur in bestimmter Weise zu verfügen[526].

a) Unechte Treuhand

Von der echten Treuhand zu unterscheiden sind die fiduziarischen Rechtskonstruktionen, bei denen der Treugeber Vollrechtsinhaber seiner Vermögensgegenstände bleibt (sog. unechte Treuhand). Für unsere rechtsvergleichende Betrachtung unter dem Blickwinkel des angelsächsischen Trusts sind sie daher weniger interessant.

---

[522] Palandt/Bassenge § 903 Rn. 33; Staudinger/Martinek Vorbem. zu §§ 662 ff. Rn. 40; Liebich/Mathews, Treuhand und Treuhänder, S. 31; zu den *gesetzlich* begründeten Treuhandverhältnissen zählen beispielsweise die Testamentsvollstreckung oder die Insolvenzverwaltung, vgl. hierzu allgemein Liebich/Mathews, Treuhand und Treuhänder, S. 327 ff.

[523] BGH DNotZ 2004, 128.

[524] BGH NJW 2004, 1382; Staudinger/Martinek Vorbem. zu §§ 662 ff. Rn. 40 m.w.N.; MüKo/Schramm Vorbem. zu §§ 164 ff. Rn. 28.

[525] RGZ 84, 214, 217.

[526] Vgl. Liebich/Mathews, Treuhand und Treuhänder, S. 21.

Dennoch sollen sie nicht unerwähnt bleiben. Die Differenzierung nach echter und unechter Treuhand wurde mit Rücksicht auf das Aussonderungsproblem des Treugutes im Konkurs (Insolvenz) des Treuhänders (bzw. das Problem der Drittwiderspruchsklage des Treugebers bei der Einzelvollstreckung in das Treugut) eingeführt[527]. Das Unterscheidungskriterium ist das Unmittelbarkeitsprinzip bzw. die Frage, ob eine unmittelbare Übertragung des Treugutes vom Treugeber an den Treuhänder gegeben ist (dann echte Treuhand)[528].

aa) Ermächtigungstreuhand

Bei der Ermächtigungstreuhand[529] ermächtigt der Treugeber unter Beibehaltung seiner vollen Rechtsinhaberschaft den Treuhänder gemäß § 185 BGB zu Verfügungen in eigenem Namen. Die Befugnis des Treugebers über das Treugut selbst zu verfügen, bleibt davon - er ist schließlich Rechtsträger der Vermögensgegenstände - unberührt[530]. Mit Beendigung des Treuhandvertrages erlischt entsprechend § 168 BGB auch die Ermächtigung des Treuhänders[531].

bb) Vollmachttreuhand

Als weitere anerkannte Form der unechten Treuhand ist die Bevollmächtigung des Treuhänders zu Rechtsgeschäften im Namen des Treugebers zu verstehen, auf das die Vertretungsregeln der §§ 164 ff. BGB angewandt werden. Bei dieser sog. Vollmachttreuhand[532] bleibt der Treugeber uneingeschränkter Inhaber seiner Vermögensrechte.

---

[527] Coing, Die Treuhand kraft privaten Rechtsgeschäfts, S. 88; vgl. auch Staudinger/Martinek Vorbem. zu §§ 662 ff. Rn. 41; Staudinger/Wiegand Anh. zu §§ 929-931 Rn. 326 ff.

[528] Coing, Die Treuhand kraft privaten Rechtsgeschäfts, S. 88; Staudinger/Wiegand Anh. zu §§ 929-931 Rn. 327.

[529] BGH NJW 1954, 190; Coing, Die Treuhand kraft privaten Rechtsgeschäfts, S. 183 f.; Liebich/Mathews, Treuhand und Treuhänder, S. 28.

[530] Palandt/Bassenge § 903 Rn. 34.

[531] Palandt/Bassenge § 903 Rn. 34.

[532] BGH WM 1964, 318; Coing, Die Treuhand kraft privaten Rechtsgeschäfts, S. 184; Liebich/Mathews, Treuhand und Treuhänder, S. 33 ff.

b) Eigennützige (Sicherungs-) Treuhand

Wird das Treuhandverhältnis im unmittelbaren Interesse des Treuhandnehmers[533] begründet, sind davon beispielsweise die Fälle der Sicherungsabtretung oder der Sicherungsübereignung erfasst, denen die Treuhand als Organisationsmodell dient[534]. Als fiduziarische, nichtakzessorische Kreditsicherheiten ist ihnen die Vollrechtsübertragung des Sicherungsgutes bzw. der Forderung an den Gläubiger gemeinsam[535]. Sie sind durch die Gemeinsamkeit verbunden, dass der Sicherungsnehmer als Treuhänder die volle Gläubigerstellung erwirbt, im Innenverhältnis zum Sicherungsgeber aber aufgrund der getroffenen Sicherungsabrede beschränkt ist. Sie haben den Zweck, den Treuhänder/Treunehmer regelmäßig dinglich zu sichern; sie werden also unmittelbar zu seinem Nutzen bestellt. Mittelbar nützen sie freilich auch dem Treugeber, der ohne Stellung der Sicherheiten den begehrten Kredit wohl nicht erhalten würde.

c) Fremdnützige (Verwaltungs-) Treuhand

Für die Untersuchung von größerer Bedeutung ist die fremdnützige Verwaltungstreuhand, im Rahmen derer das Treuhandverhältnis im Interesse des Treugebers oder eines Dritten[536] begründet wird. Auch im deutschen Recht sind steuerliche Gründe[537] oder die Absicht, den Gläubigerzugriff auf Vermögensgegenstände des Treugebers zu verhindern[538], das Motiv des Treugebers, seine Vermögenspositionen zu vollem Recht an den Treunehmer zu übertragen. Neben dem Nutzen, den der Treugeber aus der fremden Verwaltung seiner Vermögensrechte ziehen kann, entsteht dem Treuhänder über die Entrichtung eines Entgeltes für die Verwaltung ein mittelbarer Vorteil.

Nur wenn zur Differenzierung nach eigennütziger und fremdnütziger Treuhand daher auf den unmittelbaren Nutzen abgestellt wird, ist eine eindeutige Einordnung möglich. Ansonsten kann eine solche Unterscheidung zwar die Beurteilung der Pflichten im Innenverhältnis be-

---

[533] Dieser ist gewissermaßen Gläubiger, Sicherungsnehmer und Treuhänder in einer Person.

[534] Gernhuber JuS 1988, 355, 356.

[535] Die Sicherungsgrundschuld ist vom Begriff der Sicherungstreuhand ausgenommen, da das Grundeigentum nicht übertragen wird. Die Begründung des beschränkt dinglichen Verwertungsrechts am Grundstück ist dem nicht gleichzusetzen, vgl. Gernhuber JuS 1988, 355, 356; aA Palandt/Bassenge § 903 Rn. 35.

[536] MüKo/Schramm Vorbem. zu §§ 164 ff. Rn. 29.

[537] BGH NJW-RR 1993, 367.

[538] BGH NJW 1993, 2041.

einflussen. Bei der fremdnützigen Verwaltungstreuhand und der eigennützigen Sicherungstreuhand stehen sich jedoch zwei Gegenpositionen gegenüber, bei denen die wirtschaftliche Zuordnung zum Treugebervermögen und der Vorrang seiner Belange vor denen des Treuhänders in gradueller Sicht differieren[539].

2. Die Treuhandabrede

Die konkreten Umstände des Einzelfalls bestimmen die Rechtsbeziehungen im Innenverhältnis zwischen den Parteien[540]. Die Treuhandabrede legt dabei fest, zu welchem Zweck die Übertragung des Treugutes erfolgen soll und begründet zugleich dessen Rechtsgrund[541]. Die Wirkung der Rechtsübertragung ist nach dem im deutschen Recht geltenden Abstraktionsprinzip von der Wirksamkeit und Existenz der fiduziarischen Abrede unabhängig; ist letztere allerdings nichtig, können die übertragenen Vermögensrechte vom Treugeber den allgemeinen bereicherungsrechtlichen Grundsätzen folgend kondiziert werden.

Der Treuhandvertrag kann je nach der individuellen Vertragsabrede als Auftrag oder Geschäftsbesorgungsvertrag, als BGB-Innengesellschaft oder als Sicherungsvertrag ausgestaltet sein[542]. Die verschiedenen gesetzlichen Leitbilder der Vertragstypen gewähren dem Treugeber dabei eine ihrer Intensität nach unterschiedliche Ausgestaltung seiner verbleibenden Rechtsmacht. Bei der fremdnützigen Treuhand hat der Treugeber zu jeder Zeit einen Anspruch auf Rückübertragung des Treugutes[543]. Enthält der Treuhandvertrag die Abrede, dass er mit dem Tode des Treuhänders erlischt, entspricht dies der Auslegungsregel der §§ 673, 675 BGB. Demzufolge wäre er dem Leitbild des Auftragsrechtes bzw. der Geschäftsbesorgung zu unterstellen. Entscheidend ist jedoch die konkrete vertragliche Vereinbarung zwischen den Parteien (§ 311 Abs. 1 BGB).

Wie die Beispiele zeigen, bestehen im Geschäftsbesorgungs- oder Auftragsverhältnis zwischen Treugeber und Treunehmer keine grundsätzlichen Unterschiede zu sonstigen Vertrags-

---

539 Henssler AcP 196, 37, 43.

540 BGH WM 1969, 935.

541 Coing, Die Treuhand kraft privaten Rechtsgeschäfts, S. 108; Gernhuber JuS 1988, 355, 357.

542 Vgl. Palandt/Bassenge § 903 Rn. 36 m.w.N.; Liebich/Mathews, Treuhand und Treuhänder, S. 73 ff.; Staudinger/Martinek Vorbem. zu §§ 662 ff. Rn. 40; BGHZ 5, 292; BGH BB 1953, 366, 369; BGHZ 32, 67, 70.

543 BGH FamRZ 1972, 559.

verhältnissen, die die Betreuung fremder Vermögensinteressen zum Gegenstand haben. Erst die Interferenzen, die das Innenverhältnis über schuldrechtliche Drittwirkungen nach außen entfalten kann, begründen die Unterscheidungsmerkmale der Treuhand von anderen Vertragsverhältnissen. Allerdings hat sich der Pflichtenkatalog im Innenverhältnis daran zu messen, den Schutz des Treugebers gegenüber Dritten im Außenverhältnis zu optimieren[544]. Im Einzelnen erfüllt die Treuhandabrede daher folgende Funktionen:

a) Organisierungs-/ Kompensierungsfunktion

Im Innenverhältnis regelt die Treuhandabrede den grundlegenden Pflichtenkatalog der Parteien und setzt der nach außen uneingeschränkten Verfügungsmacht des Treuhänders über das Treugut eine inter partes wirkende Restriktion des rechtlichen Dürfens entgegen. Da eine erga omnes wirkende Beschränkung mit der Vorschrift des § 137 BGB nicht vereinbar ist, kann die Treuhandabrede das rechtliche Können des Treuhänders nicht beschränken. Im Rahmen der Treuhandabrede soll diese fehlende Rechtsmacht zumindest mit Hilfe der engen fiduziarischen Bindung des Treuhänders an den Treugeber kompensiert werden. Anders formuliert: „Treue Hände bewähren sich als solche nicht allein, sondern vor allem in der korrekten Beachtung aller rechtlichen Schranken“[545].
Darüber hinaus legt der Treuhandvertrag allgemein fest, welche Rechtspositionen Gegenstand der Treuhand sein sollen und regelt die Zweckbindung der Treuhandeinrichtung[546].

b) Steuerungsfunktion

Ferner regelt die Treuhandabrede, wie sich die Parteien bei einer Änderung der Situationen zu verhalten haben. Der Treuhandvertrag kann insoweit auf schuldrechtlichem Wege die erwünschte Flexibilität schaffen, die bei einer Änderung der die Treuhand betreffenden Begleitumstände für das juristische Schicksal des Treugutes von Nöten ist.

---

[544] Henssler AcP 196, 37, 47.

[545] Gernhuber JuS 1988, 355, 357.

[546] Coing, Die Treuhand kraft privaten Rechtsgeschäfts, S. 92; neben den bereits erwähnten Fällen der eigen- und fremdnützigen Treuhand, kann die Treuhand auch im Interesse Dritter errichtet werden, d.h. weder im Interesse des Treuhänders oder Treugebers. So etwa die Versorgungstreuhand, bei der Vermögenswerte einer Bank übertragen werden, die diese im Interesse eines Angehörigen zu verwalten und an diesen die Einkünfte abzuführen hat, vgl. Coing, a.a.O., S. 93.

c) Quasidingliche Wirkungen des Treuhandvertrages?

Als quasidinglich werden Rechtswirkungen bezeichnet, die einem absoluten Recht entsprechen, obwohl ein relatives Recht sie hervorgerufen hat[547].
Um die Rechtsmacht des Treugebers zu erhöhen und im gleichen Zuge die Weite der Verfügungsbefugnis des Treuhänders einzuschränken, versuchen Rspr.[548] und Lit.[549] dem relativen Pflichtenprogramm der Treuhandabrede über das Innenverhältnis hinaus auch gegenüber Dritten eine (quasi-) dingliche Wirkung zu verschaffen[550]. Dies rechtfertige sich aus einer wirtschaftlichen Betrachtung, wonach dem rechtlichen oder formellen Eigentum des Treuhänders eine wirtschaftliche Eigentumsposition mit eigenem Zuordnungsgehalt zugunsten des Treugebers gegenüber steht[551]. Diese Unterscheidung mag zwar dem Parteiinteresse am nächsten kommen, kann sich juristisch aber nur dann durchsetzen, wenn das Gesetz selbst die Durchbrechung seiner rechtlichen Zuordnung durch wirtschaftliche Überlegungen zulässt[552].

Bei Zwangsvollstreckung und Insolvenz[553] ist der besondere Schutz des Treugebers gewohnheitsrechtlich anerkannt[554], obgleich dem Insolvenz- und Zwangsvollstreckungsrecht eine wirtschaftliche Betrachtungsweise aufgrund der damit einhergehenden Unsicherheiten an sich wesenfremd ist[555]. Eine zweckorientierte Verdinglichung relativer Rechte kollidiert allerdings mit dem sachenrechtlichen Numerus Clausus und untergräbt den abstrakten Eigentumsbegriff in unzulässiger Weise[556].

Der sachenrechtliche Typenzwang sowie das in § 137 BGB normierte Verbot dinglicher Verfügungsbeschränkungen lassen die Verwirklichung der Interessen des Treugebers im Ergebnis nicht unberücksichtigt. Zudem ist durch die Vereinbarung einer Resolutivbedingung (§ 158

---

[547] Gernhuber JuS 1988, 355, 358.

[548] Vgl. BGH ZIP 1993, 213.

[549] Canaris, Bankvertragsrecht, Rn. 279.

[550] Henssler AcP 196, 37, 48, 49.

[551] Gernhuber JuS 1988, 355, 358, 359 m.w.N.

[552] Vgl. Henssler AcP 196, 37, 52.

[553] Vgl. gleich unter 7.

[554] BGH NJW 1959, 1223, 1225; Gernhuber JuS 1988, 355, 359; Coing, Die Treuhand kraft privaten Rechtsgeschäfts, S. 44.

[555] Canaris, Bankvertragsrecht, Rn. 279.

[556] Henssler AcP 196, 37, 85 m.w.N.; a.A. wohl Canaris, Bankvertragsrecht, Rn. 279.

Abs. 2 BGB) ein hoher Grad einer Verdinglichung der Treuhandabrede mit Hilfe des bürgerlich-rechtlichen Regelungssystems zu erreichen.

3. Die Vollrechtsübertragung des Treugutes

Wesen der echten Treuhand ist die bereits angesprochene Übertragung des Eigentums am Treugut an den Treuhänder zu vollem Recht. Der Übertragungsakt bemisst sich hierbei nach den für die Sache geltenden allgemeinen Übereignungstatbeständen. Das auf dinglicher Ebene unbeschränkt wirkende Eigentumsrecht des Treuhänders hat dieser zwar nach Maßgabe des Treuhandvertrages auszuüben[557].

Rechtslogische Konsequenz der vollen Rechtsinhaberschaft des Treuhänders ist jedoch, dass selbst der Treuhandabrede zuwiderlaufende Verfügungen dem Dritten gegenüber wirksam sind, da der Treuhänder als dinglich Berechtigter über das Treugut in eigenem Namen verfügt.

Der Treuhänder ist folglich nach außen zur Ausübung der Eigentümerrechte, der zum Treuhandvermögen gehörenden Forderungsrechte sowie der mit dem Treuhandvermögen zusammenhängenden Gestaltungsrechte aktivlegitimiert. Darüber hinaus schließt die Vollrechtsinhaberschaft die Befugnis des Treuhänders mit ein, das Treugut durch Verpflichtungsgeschäfte haftbar zu machen[558].

a) § 137 BGB

Der obligatorisch wirkende Treuhandvertrag kann die Verfügungsbefugnis des Treuhänders als Vollrechtsinhaber nicht mit dinglicher Wirkung beschränken[559]. Eine dessen ungeachtet gleichwohl vereinbarte Verfügungsbeschränkung ist nach § 137 BGB unwirksam.

Etwas anderes muss gelten, wenn Treuhänder und Erwerber kollusiv zum Nachteil des Treugebers zusammenwirken, die vertragswidrige Verfügung also vorsätzlich bzw. in Kenntnis des Dritten erfolgt. Daneben muss nach Ansicht des BGH zusätzlich eine Schädigungsabsicht des Erwerbers hinzukommen[560].

---

[557] BGH NJW 1954, 190.

[558] Vgl. Coing, Die Treuhand kraft privaten Rechtsgeschäfts, S. 169 m.w.N.

[559] BGHZ 11, 43; BGH NJW 1968, 1471, BB 1982, 891; Henssler AcP 196, 66.

[560] BGH NJW 1968, 1471.

b) Kollusion

In diesen Fällen ist die Verfügung gemäß § 134 BGB i.V.m. §§ 266 StGB und 138 BGB unwirksam mit der Konsequenz, dass der Treugeber die zum Treugut gehörenden Vermögensgegenstände vom Erwerber nach § 985 BGB vindizieren[561] und deren Herausgabe auf schuldrechtlichem Wege in Form der Naturalrestitution nach den §§ 823 Abs. 2 BGB, 266 StGB bzw. nach § 826 BGB verlangen kann. Ist dem Erwerber hingegen kein vorsätzliches Handeln vorzuwerfen, sondern handelte er fahrlässig in Unkenntnis der Vertragswidrigkeit der Verfügung, scheiden Ansprüche des Treugebers gegen ihn aus. Die Grundsätze über die fahrlässige Unkenntnis des Vollmachtsmissbrauchs sind nach Ansicht des BGH[562] bei einem Treuhänder, der im eigenen Namen handelt und über ein eigenes Recht verfügt, nicht anwendbar[563]. Der der rechtsgeschäftlichen Stellvertretung innewohnende Repräsentations- und Offenkundigkeitsgedanke, der diese Grundsätze prägt, liegt der echten Treuhand schließlich strukturell gar nicht zu Grunde.

c) Erledigung des Treuhandzwecks

Hat sich der Treuhandzweck erledigt, ist der Treuhänder auch ohne entsprechende vertragliche Festsetzung zur Rückübereignung der zum Treugut gehörenden Vermögensrechte verpflichtet[564]. Das gleiche Ergebnis können die Parteien dadurch erzielen, dass sie die anfängliche Übereignung als von der Beendigung des Treuhandverhältnisses auflösend bedingt nach § 158 Abs. 2 BGB vereinbaren[565].

d) Motivationslage auf Treugeberseite

Die Übertragung seiner Vermögensrechte an den Treuhänder zu vollem Recht, entspricht im Regelfall nicht dem Interesse des Treugebers, der sich damit seiner dinglichen Schutzrechte entledigt. Obgleich sein Interesse eher auf die Einräumung eines Minus gegenüber der Voll-

---

561 Huber JZ 1968, 791.

562 BGH NJW 1968, 1471.

563 Palandt/Heinrichs § 164 Rn. 14a; Coing, Die Treuhand kraft privaten Rechtsgeschäfts, S. 164 ff.

564 BGH NJW 1994, 726.

565 BGH NJW 1962, 1200.

rechtsstellung gerichtet wäre, ist die Vollrechtsübertragung zur Verwirklichung des Treuhandzwecks notwendig, da eine fiduziarische Konstruktion, die dem Trust ähnlich ist, im deutschen Recht nicht zulässig ist[566]. Mit anderen Worten: die Übertragung zu vollem Recht wird dem Treugeber aufgrund des Fehlens anderweitiger Aktstypen im deutschen Zivilrecht mehr oder weniger aufgezwungen.

4. Handeln und Haftung des Treuhänders im Außenverhältnis

Die ihm anvertrauten Vermögensrechte sind vom Treuhänder grundsätzlich selbständig zu verwalten. Begrenzt wird dies durch den in der Treuhandabrede vorgegebenen Treuhandzweck und die zu seiner Realisierung notwendigen Verwaltungshandlungen.
Für aus der Rechtsinhaberschaft am Treugut folgende Pflichten und für in eigenem Namen über das Treugut geschlossene Verträge, trägt der Treuhänder als juristischer Eigentümer nach außen die volle Verantwortung[567]. Dies gilt auch dann, wenn er seine Treuhänderstellung offen legt, ohne im Namen des Treugebers zu handeln[568]. Der unbeschränkte Haftungsgedanke entspricht dem hohen Erwartungshorizont, dem sich der Treuhänder seiner Funktion und seiner Bezeichnung nach zu stellen hat[569].

5. Handeln und Haftung des Treugebers im Außenverhältnis

Mit der vollständigen Übertragung der zum Treugut gehörenden Vermögensrechte an den Treuhänder geht die grundsätzliche Haftungs- und Pflichtenfreistellung des Treugebers bezüglich des Treugutes einher[570]. Eine Eigenhaftung des Treugebers kann gegebenenfalls unter den Voraussetzungen des § 831 BGB[571] dann durchschlagen, wenn der Treuhänder als Verrichtungsgehilfe im Sinne der Vorschrift zu qualifizieren ist.

---

[566] Vgl. Henssler AcP 196, 37, 45.
[567] Liebich/Mathews, Treuhand und Treuhänder, S. 140/141; Henssler AcP 196, 37, 72.
[568] Vgl. Liebich/Mathews, Treuhand und Treuhänder, S. 141.
[569] Vgl. Henssler AcP 196, 37, 74.
[570] Henssler AcP 196, 37, 78.
[571] Liebich/Mathews, Treuhand und Treuhänder, S. 146.

Darüber hinaus kommt eine Außenhaftung in den engen Grenzen der Grundsätze der Drittwirkung von Schuldverhältnissen in Betracht[572].

6. Handeln und Haftung im Innenverhältnis

Der Treuhandvertrag verpflichtet den Treuhänder, die ihm übertragenen Rechte „in Treue" auszuüben. An dieser Kardinalpflicht hat sich das sonstige Pflichtenspektrum zu orientieren und zu messen. So ist der Treuhänder grundsätzlich zur persönlichen Wahrnehmung der Treuhandgeschäfte verpflichtet und darf infolgedessen keinen Dritten mit der selbständigen Wahrnehmung der Treugeberinteressen beauftragen; den Einsatz von Erfüllungsgehilfen schließt dies indes nicht aus[573]. Daneben hat der Treuhänder dafür Sorge zu tragen, dass das Treugut von seinem Eigenvermögen getrennt ist und bleibt. Damit dies praktisch verwirklicht wird und der Treuhänder seinen gegenüber dem Treugeber bestehenden Auskunftspflichten effektiv nachkommen kann, ist der Treuhänder dazu verpflichtet, über das Treugut ein Verzeichnis aufzustellen und dieses ordnungsgemäß zu führen[574].
Ist für die Übernahme der treuhänderischen Pflichten ein Entgelt vereinbart, hat der Treuhänder einen Anspruch auf die vereinbarte Vergütung; ist dies nicht der Fall, kann er aus der durch Geschäftsbesorgungsrecht geprägten Auftragsbeziehung zum Treugeber einen Anspruch auf Aufwendungsersatz geltend machen.
Der Treuhänder hat das Treugut bei Beendigung des Treuhandverhältnisses nach den für die Sache geltenden allgemeinen Übereignungstatbeständen an den Treugeber zurück zu übertragen. Er haftet dem Treugeber nach den allgemeinen Grundsätzen für jede vorsätzlich oder fahrlässig begangene Pflichtverletzung, sowie für von seiner Seite eingesetzte Erfüllungsgehilfen[575].

7. Das Treuhandeigentum in Insolvenz und Zwangsvollstreckung

In der Zwangsvollstreckung und Insolvenz ist gewohnheitsrechtlich anerkannt, dass das Treugut wirtschaftlich zum Treugebervermögen und nicht zum Vermögen des Treuhänders gehört.

---

[572] Henssler AcP 196, 37, 78.; ausführlich Grundmann, Der Treuhandvertrag, S. 296 ff. Vgl. hierzu etwa die Drittwirkung nach den Grundsätzen der „Verträge mit Schutzwirkung zugunsten Dritter".

[573] Vgl. Coing, Die Treuhand kraft privaten Rechtsgeschäfts, S. 142.

[574] Vgl. Coing, Die Treuhand kraft privaten Rechtsgeschäfts, S. 143 ff. m.w.N.

[575] Vgl. zur Pflichtenstruktur im Innenverhältnis ausführlich Grundmann, Der Treuhandvertrag, S. 133 ff.

Die Treuhandabrede entfaltet in diesem Zusammenhang folglich Wirkungen, die den Normzweck des Zwangsvollstreckungs- und Insolvenzrechtes systemkonform verwirklichen sollen[576]. Dieser besteht darin, vom Gesetzgeber als vorrangig bewertete Interessen bestimmter Rechtsinhaber entsprechend zu realisieren[577]. Ob dies *methodologisch* im Wege der Verdinglichung der Treuhandabrede begründet werden kann, ist fraglich[578]. Die Frage wäre indessen redundant, falls sich der Schutz des Treugebers bereits aus den normativen vollstreckungsrechtlichen Wertungen *teleologisch* erschließen ließe.

a) Insolvenz und Zwangsvollstreckung auf Treuhänderseite

Die Stellung des Treugebers ist nach Abwägung seiner Interessen gegenüber den Interessen des Treuhänders und der übrigen Gläubiger mit denjenigen eines Eigentümers bzw. Forderungsgläubigers durchaus vergleichbar[579]. Die Ausklammerung von Gegenständen aus dem Insolvenzverfahren, die nicht zum Vermögen des Gemeinschuldners gehören, liegt dem Rechtsgedanken des § 47 InsO zugrunde. Das dem Treugeber bei der fremdnützigen Treuhand gewährte Aussonderungsrecht nach § 47 InsO[580] stellt demzufolge einen am Normzweck orientierten Analogieschluss[581] dar, der einen interessengerechten Ausgleich zwischen der Vollrechtsübertragung und der fiduziarischen Bindung im Innenverhältnis bewerkstelligt. Der Sicherungstreuhänder ist hingegen zur Geltendmachung des Absonderungsrechtes gemäß § 49 InsO berechtigt.

Betreiben die Gläubiger des Treuhänders die Einzelvollstreckung in das Treugut, hat der Treugeber bei der fremdnützigen Treuhand auch ohne Offenkundigkeit des Treuhandverhältnisses das Recht der Drittwiderspruchsklage aus § 771 ZPO als Korrelat zum insolvenzrecht-

---

576 Vgl. BGH NJW 1959, 1223, 1225; Henssler AcP 196, 37, 50 ff.

577 Henssler AcP 196, 37, 52.

578 Vgl. Gernhuber JuS 1988, 355, 359, der die quasidinglichen Wirkungen der Treuhandabrede im Konkurs und in der Einzelvollstreckung zum „gesicherten Rechtsgut" zählt.

579 Henssler AcP 196, 37, 54.

580 BGH DNotZ 1993, 384; bei Insolvenz des Sicherungstreuhänders ist das Aussonderungsrecht von der Erledigung des Sicherungszwecks, in der Regel die Erfüllung der gesicherten Schuld, abhängig. Zuvor gehört die Forderung als nichtakzessorisch gesichertes Recht zur Insolvenzmasse, vgl. Gernhuber Jus 1988, 355, 359 Fn. 41.

581 Henssler AcP 196, 37, 54.

lichen Aussonderungsrecht[582]; dem Absonderungsrecht entspricht hingegen die Klage auf vorzugsweise Befriedigung nach § 805 ZPO[583].

aa) Unmittelbarkeitsprinzip

Um die nachteiligen Wirkungen für die Gläubiger des Treuhänders zu begrenzen, sind deren Interessen dahingehend zu berücksichtigen, dass Ihnen die Verwertung des Treugutes nur dann verwehrt bleiben soll, wenn es dem Treuhänder unmittelbar aus dem Vermögen des Treugebers übertragen wurde[584] („Unmittelbarkeitsprinzip"). Was der Treuhänder hingegen von einem Dritten auf Rechnung des Treugebers erwirbt, gehört nicht zum aussonderungsfähigen Treugut und unterliegt infolgedessen der Insolvenzmasse bzw. dem Vollstreckungszugriff der Gläubiger.

Wie bereits festgestellt, geht das Schweizerische Recht beim Konkurs den entgegengesetzten Weg: Art. 401 OR beschränkt die Aussonderung gerade auf Rechte, die der Treuhänder von einem Dritten erworben hat.

Ob die Unmittelbarkeit ein sachgerechtes Differenzierungskriterium zur Verwirklichung der normativen vollstreckungsrechtlichen Wertungen darstellt, ist - wie das gegenläufige schweizerische Modell zeigt - fraglich[585]. Auch oder gerade zur Verwirklichung des Schutzes der Gläubiger (sowie des Treugebers) ist es irrelevant, ob die fraglichen Vermögensrechte unmittelbar vom Treugeber übertragen wurden oder aber beispielsweise von einem Schuldner des Treugebers (Dritten) stammen. Letzterer Übertragungsakt ähnelt wirtschaftlich (sic!) einer unmittelbaren Übertragung, da der Dritte in diesem Fall aufgrund seiner Schuldnerstellung gegenüber dem Treugeber leistet. Schließlich ist die Übertragung von Gegenständen aus dem Vermögen des Treugebers in das Vermögen des Treuhänders an sich indifferent, da hierbei die Restzuordnung zum Treugebervermögen nicht erkennbar ist. Erst aus der Kenntnisnahme der Treuhandabrede folgt die Erkennbarkeit, ob Rechtspositionen fiduziarisch gebunden sind und damit vom Treugeber ausgesondert werden können[586].

---

582 BGH NJW 1993, 2622; NJW 1996, 1543.

583 Gernhuber JuS 1988, 355, 359.

584 RGZ 84, 214, 215; 91, 12; 127, 340, 344; BGH NJW 1959, 1223; Palandt/Bassenge § 903 Rn. 41; gegen das Unmittelbarkeitsprinzip Kötz, Trust und Treuhand, S. 132, 136; ders., The Modern Development of Trust Law in Germany, S. 62; Henssler AcP 196, 37, 55.

585 Vgl. Coing, FS Heinsius, 79, 84; Henssler AcP, 37, 55; Grundmann, Der Treuhandvertrag, S. 312 ff.; Kötz, Trust und Treuhand, S. 132.

586 Gernhuber JuS 1988, 355, 361.

In einer neueren Entscheidung des BGH[587] lassen sich *obiter dictum* Anhaltspunkte für eine stillschweigende Abwendung vom Unmittelbarkeitsprinzip erkennen. An angegebener Stelle wird der Treuhandbegriff auf die Fälle beschränkt, in denen der Treuhänder das Treugut vom Treugeber (sog. Übertragungstreuhand[588] als Form der echten Treuhand) oder von Dritten bzw. im Wege der Surrogation (sog. Erwerbstreuhand als eigentlicher Fall der unechten Treuhand[589]) erlangt hat. Allein die Konstellation, in welcher der Treuhänder hinsichtlich eines bisher in seinem Vermögen befindlichen Gegenstand mit dem Treugeber vereinbart, dass erster den Gegenstand nunmehr als Treugut innehat („Vereinbarungstreuhand"[590]), wird vom BGH aus dem Spektrum des Treuhandbegriffes herausgenommen[591]. Mit der Subordination der Erwerbstreuhand, im Rahmen derer das Treugut von Dritten erlangt wird, unter den Treuhandbegriff wird das Unmittelbarkeitsprinzip höchstrichterlich –wenn auch nur mittelbar- verworfen[592].

bb) Fallgruppen

An der Unmittelbarkeit der Vermögensübertragung fehlt es nach dem Stand der bisherigen Rspr., wenn der Treuhänder das Treugut im eigenen Namen für Rechnung und im Interesse des Treugebers von einem Dritten erwarb[593]. Gleiches soll für Rechtspositionen gelten, die der Treuhänder als Surrogat für die Zerstörung, Beschädigung oder Enteignung des Treugutes mit Mitteln des Treugutes oder durch ein sich auf das Treugut beziehendes Rechtsgeschäft erworben hat[594]. Eine dingliche Surrogation ist daher der bisherigen Rspr. nach ebenso ausgeschlossen. Inwieweit das eben angesprochene neuere Urteil des BGH[595] Auswirkungen auf diese Fallgruppen bzw. deren Rechtsanwendung haben wird, bleibt abzuwarten.

---

[587] BGH DZWIR 2003, 510.

[588] Staudinger/Wiegand Anh. zu §§ 929-931 Rn. 327.

[589] Staudinger/Wiegand Anh. zu §§ 929-931 Rn. 327.

[590] Staudinger/Wiegand Anh. zu §§ 929-931 Rn. 327.

[591] BGH DZWIR 2003, 510.

[592] So Staudinger/Wiegand Anh. zu §§ 929-931 Rn. 327 a.E.

[593] BGH DNotZ 1991, 377.

[594] Palandt/Bassenge § 903 Rn. 41; RG 153, 366.

[595] BGH DZWIR 2003, 510.

b) Zwangsvollstreckung und Insolvenz auf Treugeberseite

Betreiben Gläubiger des Treugebers die Zwangsvollstreckung in das Treugut, stehen dem Treuhänder keine Rechte aus den §§ 771, 805 ZPO zu[596]. Befinden sich die Rechtspositionen allerdings in seinem unmittelbaren Besitz, kann der Treuhänder nach §§ 766, 809 ZPO vorgehen; der Gläubiger muss dann in den Rückübereignungsanspruch des Treugebers vollstrecken[597]. Wird über das Vermögen des Treugebers das Insolvenzverfahren eröffnet, ist dem Treuhänder die Geltendmachung eines Aussonderungs- oder Absonderungsrechtes verwehrt[598]. Der Insolvenzverwalter kann insoweit die Herausgabe des Treugutes verlangen.

III. Numerus Clausus der Sachenrechte - Schranken der fiduziarischen Gestaltungsfreiheit

Das deutsche bürgerliche Recht stellt den oft heterogenen Bedürfnissen der an einem fiduziarischen Rechtsverhältnis beteiligten Parteien nur ungenügende Rechtsvehikel zur Disposition. Zur Verwirklichung des Treuhandzwecks ist die Übertragung der Vermögensrechte zu vollem Recht daher mehr oder weniger vom sachenrechtlichen Typenzwang oktroyiert und - aus Sicht des Treugebers - an sich unerwünscht. Der Verwirklichung seiner Interessen näher käme ein Minus gegenüber der Einräumung der Vollrechtsstellung[599] oder eine dem Trust ähnliche Treuhand[600]. Deren faktischer Umsetzung steht bekannterweise der sachenrechtliche Numerus Clausus bzw. der diesem entnommene Typenzwang entgegen[601]. In dessen Spektrum absoluter Rechte an Sachen auf der einen, und beschränkt dinglicher Rechte an Sachen auf der anderen Seite findet der Trust kein strukturidentisches Pendant.

---

[596] BGHZ 11, 37.

[597] Palandt/Bassenge § 903 Rn. 42

[598] BGH NJW 1962, 1200.

[599] Henssler AcP 196, 37, 45.

[600] In diesem Fall hätte der Settlor, sofern er sich als Beneficiary einsetzt, aufgrund seines *legal title* eigene Ansprüche gegen den Trustee.

[601] Vgl. auch Killius, Developments for Germany, S. 77.

IV. Überblick inländischer funktionsäquivalenter Rechtsinstitute des Trusts

Dennoch lassen sich die Strukturelemente des Trusts im Überblick grob mit inländischen funktionsverwandten Rechtsinstituten vergleichen[602]:

- Einem *inter vivos Trust* entspricht funktionell die deutsche Verwaltungstreuhand bzw. ein zwischen dem Settlor und dem Trustee geschlossener Geschäftsbesorgungsvertrag zugunsten Dritter[603]. Beiden ist eine uneigennützige Vermögensverwaltung gemeinsam[604]. Da deren Begründung mittels einseitigen Rechtsgeschäfts nach deutschem Recht aber nicht möglich ist, ist die Errichtung eines Trusts unter Lebenden als ein an den Treuhänder gerichtetes Angebot auf Abschluss des Treuhandvertrages zu qualifizieren.

- Die Umdeutung eines *Testamentary Trust* hat im Lichte der dem Trustee übertragenen Aufgaben und der vom Settlor intendierten Intensität der dem Beneficiary zufallenden Rechtsmacht zu erfolgen. Je nach dem Inhalt der Trusturkunde können der Trustee als dauerhaft eingesetzter Verwaltungstestamentsvollstrecker nach § 2209 BGB und die Beneficiaries als Erben anzusehen sein[605]. Soll das Trustvermögen an mehrere Beneficiaries sukzessive ausgeschüttet werden, entspricht dies in der Rechtsfolge einer Vor- und Nacherbfolge nach den §§ 2100 ff. BGB. Steht hingegen ein besonderer Zweck im Vordergrund der Vermögenszuwendung, ist an eine Umdeutung in Form einer Erb- oder Vermächtniseinsetzung unter Auflage begründete unselbständige Stiftung zu denken[606].

---

602 Ausführlich: Kötz, Trust und Treuhand, S. 97 ff; vgl. auch Killius, Developments in Germany, S. 75/76; zum Testamentary Trust: Klein, ZVglRWiss 101 (2002), 175 ff.; Kötz, Trust und Treuhand, S. 43.

603 Staudinger/Stoll, IntSachenR, Rn. 176; vgl. auch Graue, Trust-Like devices under German Law, S. 65.

604 Klein, ZVglRWiss 101 (2002), 175, 188.

605 Vgl. Coing, FS Heinsius, 79, 82; Killius, Developments in Germany, S. 81; Klein, ZVglRWiss 101 (2002), 175, 189; Graue, Trust-Like devices under German Law, S. 66 ff.

606 Vgl. Coing, FS Heinsius, 79, 82; zur Stiftung vgl. auch Graue, Trust-Like devices under German Law, S. 67; Kötz, Trust und Treuhand, S. 117 ff.; die Umdeutung in eine selbständige Stiftung ist insoweit problematisch, als das diese im Gegensatz zum Trust und somit auch zur unselbständigen Stiftung über eine eigene Rechtspersönlichkeit verfügt; vgl. Palandt/Heinrichs, Vorb. v. § 80 Rn. 10 m.w.N. Solch eine „juristische Personifizierung" des Zweckvermögens ist dem Common Law indes vollkommen fremd, vgl. Kötz, Trust und Treuhand, S. 117.

- In dinglicher Hinsicht bildet der sachenrechtliche Typenzwang regelmäßig ein unüberwindbares Hindernis zur Transformation in funktionsäquivalente Rechtskategorien. Obgleich das Treuhandeigentum an inländischen Rechtsgütern dem Trusteigentum strukturell entspricht, kann dessen Übertragung an den Trustee/Treuhänder nur im Wege eines dinglichen Vertrages (§§ 929 ff., 873 BGB) und nicht mittels unilateralem Übertragungsakt wie beim Trust, erfolgen.

Zusammengefasst lässt sich sagen, dass die aufgeführten Rechtserscheinungen den Trust in seiner *funktionellen* Äquivalenz abzubilden versuchen, obgleich sie ihm ***strukturell*** gerade nicht entsprechen. Dies berücksichtigt freilich auch die dem deutschen Kollisionsrecht maßgeblich zugrund liegende „funktionale Qualifikationsmethode“[607].

V. Der Trust im deutschen Internationalen Privatrecht

1. Allgemeines

Obgleich der Trust dem deutschen Sachrecht unbekannt ist, sehen sich die deutschen Gerichte mit seinen Rechtsfragen über die „internationalprivatrechtliche Hintertür“ konfrontiert. Neben dem maßgeblichen Statut sind daher Regeln zu finden, wie ein dem deutschen Recht unterstehender Trust auf der Sachrechtsebene in die eben im Überblick dargestellten deutschen Rechtskategorien umgedeutet bzw. substituiert werden kann.

2. Qualifikation

Mit Hilfe der funktionalen Qualifikation[608] ist zunächst zu ermitteln, welche Rechtserscheinung des deutschen Rechts vergleichbare Funktionen wahrnimmt wie der Trust in dessen Heimatrechtsordnung[609]. Das dies bei einem hybriden Rechtsinstitut wie dem Trust nicht einfach zu ermitteln ist, liegt auf der Hand.

---

[607] Vgl. dazu die unmittelbar folgenden Ausführungen.

[608] BGHZ 47, 324, 332; allgemein zur Qualifikationsmethodik beim Trust: Czermak, Express Trust, S. 99 ff.

[609] Dörner, Le trust en droit international privé, S. 74; Staudinger/Dörner Art. 25 EGBGB Rn. 409.

Die rechtlichen Wirkungen des Trusts betreffen neben dem schuldrechtlichen Verhältnis zwischen Trustee und Begünstigten auch die dinglichen Wirkungen und Rechte des Trustees und der Beneficiaries am Trustgut[610]. Davon getrennt beurteilt sich kollisionsrechtlich wiederum das Verhältnis des Settlors zum Begünstigten.

Um den Trust unter die betreffenden Anknüpfungsgegenstände subsumieren zu können, ist vorab zu klären, ob der Trust als Instrument der testamentarischen Erbfolge von Todes wegen als Testamentary Trust oder durch Rechtsgeschäft unter Lebenden als inter vivos Trust begründet worden ist. Die Begründung des Trusts setzt in beiden Fällen neben der Errichtungserklärung, die in einem einseitigen Rechtsgeschäft inter vivos oder von Todes wegen erfolgt, einen Übertragungsakt der in der Trusturkunde präzisierten Vermögensgegenstände voraus[611]. Errichtungserklärung und Übertragungsakt sind daher auseinander zu halten, wobei die Qualifikation der Errichtungserklärung und der Verwaltung beim inter vivos und beim Testamentary Trust differiert, der Übertragungsakt des Trustgutes hingegen in beiden Fällen einheitlich erfolgt.

a) Errichtung und Verwaltung des Trusts unter Lebenden (inter vivos Trust)

Die Anknüpfung eines Trusts unter Lebenden kann gesellschaftsrechtlich oder schuldrechtlich erfolgen.

aa) Gesellschaftsrechtliche Qualifikation

Für die gesellschaftsrechtliche Qualifikation spricht, dass der Trust ein hinreichend organisiertes Sondervermögen ist und sich nicht auf die bloße Übertragung einzelner Vermögensgegenstände beschränkt[612]. Diese Qualifikation gleicht derjenigen des schweizerischen Rechts, die den Trust als organisierte Vermögenseinheit im Sinne des Art. 150 IPRG ansieht[613]. Nach den ungeschriebenen gesellschaftsrechtlichen Kollisionsnormen des deutschen IPR wäre demzufolge auf den Trust das Recht des Staates anzuwenden, in dem er bzw. der Trustee der

---

610 Vgl. Dörner, Le trust en droit international privé, S. 74.

611 Wittuhn, IPR des Trusts, S. 10 ff. ; Dörner, Le trust en droit international privé, S. 74.

612 Staudinger/Großfeld, IntGesR, Rn. 779; Dörner, Le trust en droit international privé, S. 75; vgl. hierzu auch Wittuhn, IPR des Trusts, S. 103 ff.; Czermak, Express Trust, S. 195 ff.

613 Vgl. oben Erster Teil, B. II. 3. a) aa) aaa); infolge des In-Kraft-Tretens des HTÜ in der Schweiz wird diese Qualifikationsmethode zugunsten der einheitlichen Kollisionsnorm des Art. 7 HTÜ redundant.

Sitztheorie zufolge seinen effektiven Verwaltungssitz hat[614]. In der Praxis ist die Feststellung, ob ein Trust im konkreten Fall den Organisationsgrad eines selbständigen Sondervermögens hat oder nicht, freilich mit Unsicherheiten verbunden.

bb) Schuldrechtliche Qualifikation

Flexibler und im Ergebnis dem internationalen Entscheidungseinklang dienend, ist die Qualifikation des Trusts nach den Artt. 27 ff. EGBGB[615]. Dafür spricht dessen funktionelle Vergleichbarkeit zum Vertrag über die Errichtung einer fremdnützigen Verwaltungstreuhand[616]. Maßgeblich ist demzufolge zunächst das vom Settlor gewählte Recht (Art. 27 Abs. 1 EGBGB). Wurde keine Rechtswahl getroffen, ist das Recht des Staates anzuwenden, mit dem der Trust gemäß Art. 28 Abs. 1 S. 1 EGBGB die engste Verbindung aufweist. Dies ist in der Regel der Staat, in dem der Trustee, der mit der Verwaltung des Trusts die vertragscharakteristische Hauptleistung im Sinne des Art. 28 Abs. 2 S. 1 EGBGB erbringt, seinen gewöhnlichen Aufenthalt bzw. seine Hauptverwaltung hat.

Für die schuldrechtliche Qualifikation sprechen zunächst die angesprochenen Unsicherheiten, die eine gesellschaftsrechtliche Qualifikation mit sich bringt. Darüber hinaus kongruieren die in den Artt. 27 ff. EGBGB normierten Anknüpfungsmomente weitgehend mit denen der Haager Trustkonvention (Artt. 6 Abs. 1 und 7 Abs. 1 HTÜ)[617].
Gegen die schuldrechtliche Qualifikation ist schließlich der Umstand anzuführen, dass der Trusterrichtung kein Rechtsgeschäft, sondern ein unilateraler Errichtungsakt zugrunde liegt.

Auch Art. 5 Nr. 6 EuGVO, der eine internationale Entscheidungszuständigkeit am Sitz des Trusts begründet, rechtfertigt keine abweichende Beurteilung zugunsten einer gesellschaftsrechtlichen Qualifikation. Das jeweils angerufene Gericht hat nach Art. 60 Abs. 3 EuGVO nach seinem IPR zu entscheiden, wo ein Trust seinen Sitz hat. Der Vorschrift des Art. 5 Nr. 6

---

[614] Staudinger/Stoll, IntSachenR, Rn. 174.

[615] Staudinger/Magnus, EGBGB/IPR, Art. 27-33 EGBGB, Art. 28, Rn. 354; Coing, Die Treuhand kraft privaten Rechtsgeschäfts, S. 209; Wittuhn, IPR des Trusts, S. 120; Kötz, IPRax 1985, 205, 206.

[616] Dörner, Le trust en droit international privé, S. 76.

[617] Vgl. Dörner, Le trust en droit international privé, S. 79.

EuGVO kann daher keine Gleichstellung des Trusts mit anderen juristischen Personen oder Gesellschaften entnommen werden[618].

In der Praxis ist die Frage nach der schuldrechtlichen oder gesellschaftsrechtlichen Qualifikation weit weniger bedeutend, da -wie bereits die Beispiele zeigen- in der Regel der Ort der Trustverwaltung das maßgebliche Recht bestimmt. Unterschiede ergeben sich nur im Umfang der Verweisung, da das deutsche internationale Schuldrecht gemäß Art. 35 EGBGB auf die jeweiligen Sachvorschriften verweist, das internationale Gesellschaftsrecht hingegen gemäß dem Grundsatz des Art. 4 Abs.1 S. 1 EGBGB eine Gesamtverweisung zugunsten der ausländischen Kollisionsvorschriften ausspricht.

b) Errichtung und Verwaltung eines Trusts von Todes wegen (Testamentary Trust)

Im Gegensatz zum inter vivos Trust ist die erbrechtliche Qualifikation eines Testamentary Trusts unumstritten, da ein solcher funktional einer Verfügung von Todes wegen gleichsteht[619]. Nach Art. 25 Abs. 1 EGBGB unterliegen seine Rechtswirkungen dem Heimatrecht des Erblassers, sofern dieses keinen renvoi oder eine Weiterverweisung anordnet[620]. Vom Erbstatut gemäß Art. 3 Abs. 3 EGBGB ausgenommen ist allerdings ein vorrangiges Belegenheitsstatut zugunsten der Erbfolge von Immobilien, die ihren situs außerhalb der von Art. 25 Abs. 1 EGBGB anzuwendenden Rechtsordnung haben[621].

Zur Frage der Formgültigkeit eines Testamentary Trusts sind vorab das Haager Übereinkommen über das auf die Form letztwilliger Verfügungen anzuwendende Recht[622] bzw. Art. 26 Abs. 1 bis 4 EGBGB heranzuziehen. Ob der errichtete Trust auch materiell gültig ist, ist hingegen nach dem hypothetischen Erbstatut des Settlors, also nach der Rechtsordnung zu beurteilen, die im Zeitpunkt der Verfügung/der Trusterrichtung auf die Rechtsnachfolge von Todes wegen anzuwenden wäre, Art. 26 Abs. 5 S. 1 EGBGB.

---

618 Dörner, Le trust en droit international privé, S. 78.

619 OLG Frankfurt, DNotZ 1972, 543; Staudinger/Dörner Art. 25 EGBGB, Rn. 410; Wittuhn, IPR des Trusts, S. 95.

620 Vgl. Dörner, Le trust en droit international privé, S. 81.

621 Vgl. Palandt/Heldrich, Art. 3 EGBGB, Rn. 15.

622 BGBl. 1965 II 1145.

Ist dies deutsches Recht, steht einer wirksamen *Trusterrichtung* an einem inländischen Nachlass der in § 137 BGB abgesicherte Grundsatz des sachenrechtlichen Numerus Clausus entgegen mit der Folge, dass die Bestellung eines Trustee als solche unwirksam ist[623].
Anstelle der *Einsetzung des Trustees* kommt aber möglicherweise eine Umdeutung in die Einsetzung eines Treuhänders[624] oder eines (Dauer-) Testamentvollstreckers[625] in Betracht. Im Ergebnis weicht die Anknüpfung nach Art. 25 EGBGB somit entscheidend von den Normen des HTÜ ab, die gleichermaßen auf den Trust unter Lebenden und den Trust von Todes wegen anzuwenden sind[626].

c) Der Übertragungsakt des Trustvermögens

Die Qualifikation des Übertragungstatbestandes des Trustgutes richtet sich nach den Voraussetzungen, welche die jeweilige Rechtsordnung diesen auferlegt. Bei beweglichen und unbeweglichen Sachen ist dies die lex rei sitae, bei Forderungen das Forderungsstatut, sowie bei Gesellschaftsanteilen das Gesellschaftsstatut[627]. Formfragen sind einem gesonderten Formstatut zu unterstellen, sodass beispielsweise bei der Übertragung von dinglichen Rechten auf den Trustee die Formerfordernisse des Belegenheitsortes erfüllt sein müssen (Art. 11 Abs. 5 EGBGB).

d) Rechtsverhältnis zwischen Settlor und Beneficiary

Beim Testamentary Trust ist die mittelbare Vermögenszuwendung des Settlors an den Beneficiary aufgrund ihres erbrechtlichen Charakters dem einheitlichen Erbstatut zu unterstellen[628]. Beim inter vivos Trust ist das Rechtsverhältnis zwischen dem Settlor und Beneficiary hingegen gesondert anzuknüpfen, da die Vermögenszuwendung an den Beneficiary beim Trust unter Lebenden höchst unterschiedlichen Rechtsverhältnissen entspringen kann. Neben

---

623 Staudinger/Dörner Art. 25 EGBGB, Rn. 412.

624 BGH IPRax 1985, 223, 224: Nochmals zur Verdeutlichung: diese Umdeutung betrifft nur das obligatorische Rechtsgeschäft der Einsetzung des Trustees. Der Trusterrichtung selbst steht der sachenrechtliche Numerus Clausus entgegen, sie kann daher auch nicht umgedeutet werden.

625 Vgl. Czermak, Express Trust, S. 294 ff.

626 Als Ausnahme gilt hierbei Art. 4 HTÜ für erbrechtliche Vorfragen.

627 Vgl. Czermak, Express Trust, S. 232 ff.; Dörner, Le trust en droit international privé, S. 83.

628 Dörner, Le trust en droit international privé, S. 85.

einer Schenkung (Artt. 27 ff. EGBGB), kann die Zuwendung beispielsweise auch güterrechtlich (Art. 15 EGBGB) oder unterhaltsrechtlich (Art. 18 EGBGB) begründet sein.

3. Deutsches Recht als Truststatut

Führt eine Rechtswahl zu deutschem Recht als Truststatut, geht die Errichtung eines Trusts ins Leere, da der deutschen Rechtsordnung ein entsprechender „Aktstyp Trust" fehlt[629].
Die Rechtswahl ist dennoch – entgegen der Rechtslage von Art. 6 Abs. 2 HTÜ - nicht unwirksam. Das wirksam gewählte deutsche Sachrecht (Art. 35 EGBGB) hat die vom Settlor beabsichtigten Rechtswirkungen vielmehr durch Umdeutung in den Katalog seiner Rechtsinstitute zu überführen[630], indem es eine aus dem deutschen Blickwinkel fehlgeschlagene Trusterrichtung in funktionsäquivalente Rechtsinstitute des deutschen Rechts transformiert[631].

4. Anerkennung ausländischer Trusts im Inland

Grundsätzlich ist ein nach dem Truststatut wirksam im Ausland errichteter Trust in Deutschland zwar anzuerkennen. Seine Wirkungen werden jedoch –wie die obigen Ausführungen zum sachenrechtlichen Numerus Clausus zeigen – beschränkt.
Die Grundsätze zum Gläubigerzugriff bei der deutschen Treuhand, die das Treugut wirtschaftlich der Treugebersphäre zurechnen, sind insoweit auch auf einen Trust mit Inlandsberührung anzuwenden. Für die Vollstreckung durch Gläubiger des Trustees gelten daher die oben beschriebenen Zugriffsvoraussetzungen, die nach der Unmittelbarkeit der Vermögensübertragung differenzieren. Demzufolge kann nur in solche Vermögensrechte vollstreckt werden, die der Trustee im eigenen Namen von Dritten erworben hat; in inländisches Trustvermögen, welches dem Trustee unmittelbar vom Settlor übertragen wurde, bleibt die Vollstreckung verwehrt[632]. Sinngemäß haben die Beneficiaries bei Insolvenz des Trustees einen Anspruch auf Aussonderung, wenn die Vermögenspositionen des Trustvermögens unmittelbar

[629] Dörner, Le trust en droit international privé, S. 86.

[630] Dörner, Le trust en droit international privé, S. 79 ; Czermak, Express Trust, S. 286 ; BGH IPRax 1985, 221, 224.

[631] Vgl. BGH IPRax 1985, 221; zu den deutschen funktionsäquivalenten Rechtsinstituten vgl. oben IV.

[632] „Unmittelbarkeitsprinzip", BGH NJW 1959, 1223; Palandt/Bassenge § 903 Rn. 41; vgl. auch oben 7., ebs. Dörner, Le trust en droit international privé, S. 89.

vom Settlor übertragen wurden, da diese nicht in die Insolvenzmasse fallen[633]. Sowohl bei Insolvenz und Einzelvollstreckung auf Seite des Trustees entspricht die Behandlung damit den in Art. 11 Abs. 3 lit. a) und b) HTÜ vorgesehenen Anerkennungswirkungen, jedoch mit der angesprochenen Einschränkung der Unmittelbarkeit der Vermögensübertragung.

B. Mögliche Integrationsmodi

Wie die Vergleichsrechtsordnungen gezeigt haben, kann der Trust auf höchst unterschiedlichem Wege unterschiedlich intensiv seinen Platz innerhalb des bestehenden Normengefüges finden. Als Modus einer Integration in das deutsche Rechtssystem stünden daher verschiedene rechtstechnische Möglichkeiten zur Auswahl.

I. Rezeption des Trusts

Die Rezeptionsfrage des Trusts beschäftigte die deutsche Literatur schon früher[634]. Von der Faszination der Gestaltungsmöglichkeiten des Trusts begeistert, wurden derartige Vorschläge wiederholt aufgeworfen, im Resultat allerdings jedes Mal verworfen[635]. Bereits früh wurde dabei herausgestellt, dass eine Rezeption weniger an systematischen Bedenken scheitern würde[636]. Eine Rezeption des Trusts würde zwar dogmatisch die Schaffung eines besitzlosen absoluten Rechts bedeuten. Die Prinzipien des deutschen Sachenrechts stellen dabei aber keine zwingenden Rechtsnormen in dem Sinne dar, dass es dem Gesetzgeber verwehrt wäre, neue Formen und Typen dinglicher Rechte zu kreieren[637]. Vielmehr konnte bereits damals kein hinreichendes Bedürfnis für eine Rezeption festgestellt werden[638].

Für eine legislative Totalrezeption besteht auch heutzutage weder ein Bedürfnis noch würde eine solche einen juristisch messbaren Mehrwert für unsere Rechtsordnung bedeuten, da das deutsche Recht und dessen funktionsäquivalente- bzw. funktionsverwandte Rechtsinstitute

---

633 Vgl. BGHZ 155, 227, 231; BGH DNotZ 1993, 384, 385.

634 Kötz, Trust und Treuhand, S. 157 m.w.N.

635 Kötz, Trust und Treuhand, S. 163 ff. m.w.N.; ders., The Modern Development of Trust Law in Germany, S. 62.

636 Kötz, Trust und Treuhand, S. 167 ff.

637 In diesem Sinne Kötz, Trust und Treuhand, S. 168.

638 Kötz, Trust und Treuhand, S. 163 ff.

das Funktionsspektrum des Trusts im großen und ganzen abdecken und damit die Bedürfnisse der Rechtsanwender hinreichend zu befriedigen vermögen[639]. Im Bereich der Vermögensnachfolge von Todes wegen entspricht das deutsche Recht mit den Möglichkeiten der Anordnung einer Vor- und Nacherbfolge und der Einsetzung eines Testamentsvollstreckers durch den Erblasser in weiten Bereichen den Rechtsfolgen, welche im Common Law mit Hilfe des Trusts erreicht werden können. Die Flexibilität der zu generierenden Rechtsfolgen ist hierbei größer, als man zunächst vermuten könnte: So lassen sich beispielsweise selbst vermeintliche Trustspezifika wie die „rule against perpetuities" über die Anordnung einer Nacherbschaft erreichen, welche nach § 2109 BGB eine Höchstdauer von 30 Jahren nicht überschreiten darf bzw. nach Ablauf dieser Frist unwirksam wird.

Dass eine Rezeption, sofern sich das Bedürfnis danach einmal festigen würde, zumindest für dogmatische Klarheit sorgt, ist nicht gesagt. Hierfür ist auch die noch 80 Jahre nach der Rezeption (!) anhaltende Diskussion in Liechtenstein ein Beispiel.

II. Kodifikation des Treuhandrechts

Weiter wäre, dem französischen Vorbild folgend, an die Kodifizierung der anerkannten Grundsätze unserer fiduziarischen Treuhand zu denken[640]. Von der Frage eines Integrationsmodus des Trusts wäre dies freilich losgelöst.

In die Überlegung ist der Faktor einzubeziehen, dass die dogmatische Entwicklung der heutigen deutschen Treuhanddogmatik trotz vereinzelter inhaltlicher Kritikpunkte maßgeblich der Flexibilität zu verdanken ist, im Rahmen derer sich die Rechtsanwender und die Gerichte infolge des Fehlens kodifikatorischer Wortlautgrenzen innerhalb der Schranken des sachenrechtlichen Typenzwangs privatautonom bewegen konnten. Dieser Prozess kann jedoch mittlerweile als weitgehend abgeschlossen und gefestigt angesehen werden, sodass durchschlagende Argumente, welche gegen eine legislative Einbettung der deutschen Treuhandlehre sprechen, nicht ersichtlich sind. Ob ein derartiges Unterfangen allerdings wirklich erforderlich und gewinnbringend wäre, ist eine andere Frage. Schließlich wird der Fülle denkbarer Treuhandkonstruktionen ein flexibler juristischer Rahmen am adäquatesten gerecht[641].

---

[639] So schon damals Kötz, Trust und Treuhand, S. 163; diese Ansicht vertritt Kötz auch noch über 30 Jahre später, indem er weiter keine Notwendigkeit für eine Rezeption des Trusts in Deutschland sieht vgl. Kötz, The Modern Development of Trust Law in Germany, S. 62; ebs. Coing, FS Heinsius, S. 87.

[640] Vgl. hierzu die Darstellung bei Grundmann, Der Treuhandvertrag, S. 28 m.w.N.

[641] Vgl. Grundmann, Der Treuhandvertrag, S. 28 m.w.N.

Der Gesetzgeber hätte insbesondere dabei die Möglichkeit, das von der Rechtsprechung erarbeitete und von der Rechtslehre stark kritisierte Unmittelbarkeitsprinzip zu verwerfen. Die Judikatur ist von diesem trotz intensiver Diskussion bis dato nicht ausdrücklich abgewichen. Die oben angesprochene Entscheidung[642] lässt aber hoffen, dass sich die Vorzeichen der Diskussion insoweit geändert haben, als dass die das Unmittelbarkeitsprinzip als sachwidrig erscheinend lassenden Bedenken mittlerweile auch beim BGH im Ansatz Gehör gefunden haben.

Wie beispielsweise die unlängst im Rahmen der Schuldrechtsreform vollzogene Normierung der über Jahrzehnte richterrechtlich erarbeiteten und anerkannten Grundsätze über den Wegfall der Geschäftsgrundlage[643] zeigt, ist der deutsche Gesetzgeber derartigen Vorhaben durchaus zugänglich. Entscheidend wird daher eher sein, wann wieder einmal ein geeigneter Anlass bestehen wird, eine mögliche Kodifizierung innerhalb eines künftigen zivilrechtlichen Reformvorhabens sachlich unterzubringen.

III. Ratifizierung des HTÜ

Nach dem Vorbild der Schweiz könnte sich Deutschland entgegen seiner bisherigen Haltung doch noch motiviert sehen, dem Haager Trustübereinkommen beizutreten. Ob ein solches Vorhaben in der näheren Zukunft parlamentarische Mehrheiten finden würde, erscheint angesichts der Vielzahl sonstiger struktureller Probleme eher unwahrscheinlich. Sollte sich aber die Rolle des Trusts als Rechtsinstitut zur Allokation von Vermögenswerten jedweder Art im internationalen Rechtsverkehr noch weiter als bisher durchsetzen, könnte sich die Motivationslage in Deutschland ändern.

Wie in der Schweiz geschehen, würde sich das Ratifizierungsbedürfnis sukzessive erhöhen, je häufiger Trusts die Grenzen der deutschen Rechtsordnung berühren oder überschreiten[644] und dieser faktischen Realität von Trusts aus Gründen der Rechtssicherheit ein normativer Rahmen gegeben werden müsste. Gleiches müsste auch dann gelten, wenn sich der Wettbewerbsnachteil vergrößert, der unserer Wirtschaft dadurch entsteht, dass ausländische Unternehmen

[642] BGH DZWIR 2003, 510.

[643] Jetzt: "Störung der Geschäftsgrundlage", § 313 BGB.

[644] Kötz, Trusts in Prime Jurisdictions, S. 12.

die Durchführung ihrer Finanzgeschäfte aus Deutschland in eine Trustjurisdiktion auslagern oder umgekehrt inländische Unternehmen ins Ausland ausweichen, wo ihnen eine größere Bandbreite bedarfsgerechter Rechtsvehikel zur Verfügung steht.

Noch einmal sei erwähnt, dass die Trustkonvention zu keiner unmittelbaren Integration des Trusts in die Rechtsordnung des Ratifizierungsstaates führt, sondern allein Kollisionsregeln für die nationalen Gerichte und Rechtsanwender aufstellt. Freilich ist dies mit der Verpflichtung verbunden, einem Trust gewisse Mindestwirkungen im Inland zukommen zu lassen.

1. Der Trustbegriff des HTÜ und die deutsche Treuhand

Zunächst stellt sich die Frage, ob sich der Trustbegriff des HTÜ mit dem der deutschen fiduziarischen Treuhand vereinbaren ließe. Wie gezeigt, steht das HTÜ auch dem Trust entsprechenden Rechtsinstitutionen als Integrationsvehikel offen. Die Treuhand nach deutschem Recht wird rechtsgeschäftlich dadurch begründet, dass Vermögenspositionen von einem Treugeber zu Gunsten eines Begünstigten einem Treuhänder „zur Kontrolle unterstellt" werden. Sie lässt sich dementsprechend unter Art. 2 Abs. 1 HTÜ subsumieren. Die Rechte in Bezug auf das Treuhandvermögen lauten auf den Namen des Treuhänders (Art. 2 Abs. 2 lit. b HTÜ) und die Treuhandabrede gewährt dem Treuhänder „die Befugnis und die Verpflichtung, über die er Rechenschaft abzulegen hat, das Vermögen in Übereinstimmung mit den *trust*-Bedingungen und den ihm durch das Recht auferlegten besonderen Verpflichtungen zu verwalten, zu verwenden oder darüber zu verfügen", vgl. Art. 2 Abs. 2 lit. c HTÜ.

Wie schon bei der schweizerischen Treuhand (sowie wohl bei allen kontinentalen fiduziarischen Treuhandkonstruktionen) ist somit entscheidend, ob das Treuhandvermögen ein getrenntes Sondervermögen darstellt und dabei nicht Bestandteil des persönlichen Vermögens des Treuhänders ist (vgl. Artt. 2 Abs. 2 lit. a sowie Art. 11 Abs. 2 HTÜ). Die deutsche Treuhanddogmatik erkennt den Schutz des Treuhandvermögens als Sondervermögen zwar an. Dies gilt aber nur partiell und nur beim Vollstreckungszugriff von Gläubigern des Treuhänders für unmittelbar vom Treugeber an den Treuhänder übertragene Rechtspositionen. Dies steht dem unbedingten Begriff des Sondervermögens des HTÜ insoweit entgegen[645].

---

[645] So auch Wolter, Treuhandrecht im Umbruch, S. 231.

Das in der Rechtslehre stark kritisierte[646] Unmittelbarkeitsprinzip ist freilich alles andere als eine dogmatische unüberwindbare Barriere einer möglichen Unterzeichnung des HTÜ. Wie das Beispiel der Schweiz zeigt, ließ der dortige Gesetzgeber die unter bestimmten Voraussetzungen anerkannte und somit entgegen dem HTÜ gerade nicht unbedingte Qualifikation des Treuhandvermögens als Sondervermögen bei der „Kompatibilitätsprüfung" der eigenen Rechtsprinzipien mit der Konvention genügen.

2. Schutz des Treugutes in der Zwangsvollstreckung

Das geltende Unmittelbarkeitsprinzip ist im Rahmen der Zwangsvollstreckung entwickelt worden, um die Unbilligkeiten und Folgen einer formalen Betrachtung des Treuhänders als Vollrechtsinhaber des Treugutes zugunsten einer wirtschaftlichen Betrachtungsweise zu korrigieren. Insoweit wird der vom HTÜ geforderte Schutz des Treuhandvermögens nach Art. 11 Abs. 3 litt. a und b zwar generiert, wiederum bedingt durch die Grenzen der Unmittelbarkeit. Diese Schranken beträfen ohnehin nur die deutsche Treuhänderschaft. Wie die Schweiz wäre Deutschland bei einem unterstellten Beitritt gezwungen, im Ausland errichtete Trusts ohne Einschränkungen anzuerkennen. Das daraus entstehende Konfliktpotential zur anfangs dieser Arbeit zitierten BGH-Rspr. liegt auf der Hand.

3. Gutgläubiger Erwerb nach treuwidrigen Verfügungen, Art. 11 Abs. 3 lit. d HTÜ

Die von der deutschen Rspr. entwickelten Voraussetzungen eines gutgläubigen Erwerbs veräußerter Rechtspositionen des Treuhandvermögens im Falle treuwidriger Verfügungen durch den Treuhänders würden auch bei einer Unterzeichnung zur Anwendung gelangen, vgl. Art. 11 Abs. 3 lit. d S. 2 HTÜ. Dies gilt jedoch nur im Verhältnis zum Dritterwerber.

4. Registerfähigkeit, Art. 12 HTÜ

Schließlich wären deutsche öffentliche und private Register verpflichtet, ausländischen Trustees eine entsprechende Eintragungsmöglichkeit einzuräumen. Dies beträfe vor allem die deutschen Grundbücher, welche durch diese Verpflichtung jedoch vor Schwierigkeiten gestellt würden, da sie nicht in der Lage sind bzw. ihnen aufgrund ihres uneingeschränkten

---

[646] Vgl. oben A. II. 7. a) aa).

Kongruenzgebotes zum materiellen Sachenrecht vielmehr untersagt ist, die Eigentumsdualität des Trusts in Form einer Eintragung zu berücksichtigen.

Nach Art. 12 HTÜ hat der Vertragsstaat dafür Sorge zu tragen, dass die Eigenschaft des Trustees zumindest anderweitig aus dem Verzeichnis hervorgeht, falls das inländische Recht die Eintragungsfähigkeit eines Trustees verneint. Ist der Trustee Eigentümer eines Grundstückes kann er nach § 13 GBO zwar in das Grundbuch als ein solcher eingetragen werden. Die ihm auferlegten dinglichen Beschränkungen gehen aus dieser Eintragung indes nicht hervor bzw. wären wegen § 137 BGB unwirksam[647]. Die gleiche Rechtsfolge ergäbe sich für obligatorisch wirkende Beschränkungen, welche überhaupt nicht in das Grundbuch eintragbar sind[648].

IV. Internationalprivatrechtliche Lösung im Kollisionsrecht

1. Kodifizierung einer einheitlichen Kollisionsnorm

a) Autonomes deutsches Kollisionsrecht

Als integrationsschwächster Lösungsweg käme schließlich die Verlagerung auf die Ebene des Kollisionsrechts durch die Schaffung einer einheitlichen Kollisionsnorm in Betracht. In praktischer Hinsicht würden damit vor allem die aus deutscher Sicht angeführten Unsicherheiten der Qualifikation eines Trusts unter Lebenden vermieden werden. Die Normierung eines Regelungstatbestandes eines der eigenen Sachrechtsordnung fremden Rechtsinstitutes auf der kollisionsrechtlichen Ebene, ist jedoch problematisch, wenn nicht gar dogmatisch unmöglich. Wie jede Kodifizierung bedeutet auch die Schaffung einer internationalprivatrechtlichen Norm eine Starrheit in der Rechtsanwendung, welche zwar im konkreten Fall der Rechtssicherheit und dem internationalen Entscheidungsgleichklang gegenüber Common Law Staaten dienen würde. Dies darf jedoch nicht zu Lasten des deutschen Rechts bzw. des internen Entscheidungseinklangs und der internationalprivatrechtlichen Einzelfallgerechtigkeit[649] geschehen.

---

[647] Steinebach RIW 1996, 1, 3; Wolter, Treuhandrecht im Umbruch, S. 226; Kötz, RabelsZ 50 (1986), 562, 583.

[648] Vgl. Wolter, Treuhandrecht im Umbruch, S. 226; Kötz, RabelsZ 50 (1986), 562, 583 m.w.N.

[649] Czermak, Express Trust, S. 117.

Eine Kollisionsnorm orientiert sich trotz ihres Charakters als vom materiellen Recht abstrahierte Zuweisungsnorm[650] regelmäßig an den Kategorien des eigenen Sachrechts. Unter Zugrundelegung der herrschenden Qualifikationsmethode nach den Vorstellungen des materiellen Rechts des Forumstaates[651] (lex fori) bildet das Kollisionsrecht daher mittelbar die verschieden Aktstypen des bestehenden Sachrechts ab. Ein einheitliches Truststatut könnte dieser Aufgabe, wie die Ausführungen zur Qualifikation gezeigt haben, im deutschen Recht jedoch nicht ansatzweise gerecht werden.

Die diversifizierte Subsumtion unter die bestehenden Anknüpfungsgegenstände ermöglicht gerade eine einzelfallbezogene Qualifikation des Trusts. Eine einheitliche Kollisionsnorm würde deswegen eine Einheitlichkeit des Trusts suggerieren, die rechtsfaktisch nicht besteht[652].

b) Grünbuch „Erb- und Testamentsrecht" der Europäischen Kommission

Interessant in diesem Zusammenhang ist schließlich die progressive Vereinheitlichung des europäischen Erb- und Erbprozressrechtes, welche den Trust nicht unberücksichtigt lässt. Die zunehmende Mobilität innerhalb des Binnenmarktes sowie die steigende Zahl familiärer Bindungen zwischen EU-Bürgern aus verschiedenen Mitgliedstaaten, die häufig mit dem Erwerb von in mehreren EU-Mitgliedstaaten belegenen Gütern die Abwicklung von Erbschaften beträchtlich erschweren[653], führte dazu, dass die Europäische Kommission in ihrem Grünbuch „Erb- und Testamentsrecht"[654] die Schaffung einer Kollisionsnorm für zur Erbfolge errichteter Trusts („Erbschaftstrusts") anregte. Obgleich der Trust bekanntermaßen den meisten Rechtsordnungen fremd ist, wird in mehreren Mitgliedstaaten nach Ansicht der Kommission[655] dennoch von diesem Rechtsinstitut Gebraucht gemacht.

Der tatsächliche Inspirationsanstoß durch das Grünbuch in den Mitgliedstaaten blieb allerdings eher gering. Gleichwohl ist es ein Zeichen für die Volatilität des Integrationsgedankens.

---

[650] Die Zuweisung betrifft die Festlegung der auf den Sachverhalt anzuwendenden Rechtsordnung bzw. sofern sie eine Sachnormverweisung ausspricht, das jeweilige Sachrecht.

[651] Vgl. zur Qualifikation lege fori und den anderen vertretenen Qualifikationsmethoden Rauscher, IPR, S. 100.

[652] So auch bereits Czermak, Express Trust, S. 117.

[653] Vgl. hierzu KOM (2005) 65 endg., S. 3.

[654] KOM (2005) 65 endg., abrufbar unter:
http://eurlex.europa.eu/LexUriServ/site/de/com/2005/com2005_0065de01.pdf.

[655] KOM (2005) 65 endg., S. 4.

2. Ungeschriebene einheitliche Kollisionsnorm

Abseits des Kodifikationsgedankens könnte schließlich die Entwicklung einer einheitlichen ungeschriebenen Kollisionsnorm -entsprechend dem Vorbild der ungeschriebenen Grundsätze des deutschen Internationalen Gesellschaftsrechts- zu favorisieren sein. Die gegen eine kodifizierte Kollisionsnorm angeführte Kritik gilt indes auch in diesem Fall. Eine Voraussetzung für eine in die genante Richtung gehende *opinio iuris* wäre, dass dem deutschen Sachrecht ein Rechtsinstitut zugeordnet werden kann, welches alle Voraussetzungen des Trusts erfüllt[656]. Trotz einiger funktioneller Gemeinsamkeiten ist dieses mangels strukturellen Pendants im Ergebnis nicht zuzuordnen.

Für eine einheitliche Qualifikation des Trusts spricht durchaus dessen Verselbständigungsgrad[657] nach seiner Begründung. Unabhängig davon, ob der Trust inter vivos oder mortis causa errichtet wurde, hat er den Zweck, die Verwaltung und die Nutznießung am Trustgut zu trennen sowie eine langfristige Vermögensbindung zu generieren[658]. Der einzige Unterschied zwischen beiden Formen besteht formal darin, dass der Trust von Todes wegen testamentarisch eingebunden ist[659]. Dies spricht durchaus für ein einheitliches Truststatut. Gleichwohl kann diese einheitliche Betrachtungsweise beim Trust nicht aufrechterhalten werden, da das deutsche Kollisionsrecht ihm nur dadurch gerecht werden kann, indem es ihn nach seinen Funktionen, die er im konkreten Einzelfall erfüllt, erfasst. Seiner Struktur nach kann er als ganzes im deutschen Recht hingegen keine Anerkennung finden[660].

Eine kollisionsrechtliche Gleichbehandlung von Testamentary Trust und Inter Vivos Trust wird in der Literatur gar nicht erst diskutiert, was ein Indiz für die stillschweigende Negierung dieser Lösungsmöglichkeit ist[661]. Schritte zur Rechtsvereinheitlichung sind zwar erstrebenswert, dürfen allerdings nicht zu juristischer Konturenlosigkeit führen.

---

[656] Vgl. Czermak, Express Trust, S. 107, 118.

[657] Dies gilt unabhängig davon, dass der Trust selbst keine Rechtspersönlichkeit hat, vgl. Hayton, The Law of Trusts, S. 3.

[658] Wittuhn, IPR des Trusts, S. 88.

[659] Wittuhn, IPR des Trusts, S. 88/89.

[660] Coing, FS Heinsius, S. 88.

[661] Vgl. schon Wittuhn, IPR des Trusts, S. 87.

V. Zusammenfassung der Integrationsmodi und Ausblick

Die Diskussion über die Integrationskompatibilität des Trusts in kontinentaleuropäische Rechtsordnungen bzw. konkret in das das deutsche Privatrechtssystem wurde und wird auch in Zukunft unterschiedlich intensiv geführt werden. Einer Ratifizierung des Haager Trustübereinkommens wäre – obgleich sich derartige Bestrebungen aus dem deutschen Umfeld derzeit nicht erkennen lassen - dabei aus meiner Sicht der Vorzug zu geben. Sie würde dabei einerseits den Balanceakt zwischen der ökonomischen Zielsetzung, im Wege von Trusts gebundene ausländische Kapital- und Vermögenswerte im Inland anzusiedeln, schaffen und andererseits über den Vorbehalt des Art. 15 HTÜ die aus deutscher Sicht zwingenden zivilrechtlichen Kernnormen hinreichend berücksichtigen. Infolge der zunehmenden Häufigkeit trustrechtlich determinierter Interferenzen bzw. Streitigkeiten, könnte sich auf diesem Wege das Bewusstsein für den im deutschen Recht meines Erachtens noch immer nicht hinreichend verwirklichten Abstraktionsgrad des Treuhandvermögens in Abkehr vom bisher praktizierten Unmittelbarkeitsprinzip schärfen. Weitergehende Integrationsstufen des Trusts, etwa über eine legislative Rezeption, sind auch oder gerade in Anbetracht der Ergebnisse de lege ferenda nicht zu befürworten. Der Gewinn für Deutschland als Integrationsnehmer stünde in keinem Verhältnis zu den mit einer Rezeption dargestellten Schwierigkeiten mit der derzeitigen sachenrechtlichen Ordnung.

Es bleibt abzuwarten, was der europäische Integrationsmotor für die Europäisierung des Trusts noch zu leisten vermag. Dabei ist ein restriktiver Erwartungshorizont nicht unangebracht. Das Primärziel des die Rechtsvereinheitlichung und Rechtsangleichung bezweckenden Europäischen Sekundärrechts sollte schließlich sein, zunächst eine juristische Schnittmenge des mitgliedsstaatlichen status quo in den jeweiligen gemeinschaftsrechtlichen Rechtsakt zu projizieren. Als ein Integrationsvehikel des Trusts ist dieses somit an sich bereits definitorisch ungeeignet, da eine solche Schnittmenge faktisch nicht existiert. Der autonome Weg über eine mögliche innerstaatliche Ratifizierung des Haager Trustübereinkommens korreliert dabei eher mit dem trustrechtlichen oder trustähnlichen Besitzstand. In diesem Zusammenhang ist stets auch Art. 295 EGV zu berücksichtigen, wonach die Eigentumsordnung in den einzelnen Mitgliedsstaaten unberührbar ist. Denkbare sekundärrechtliche Instrumentarien könnten somit an diesem Punkt nach dem derzeitigen Stand ohnehin nicht ansetzen und sollten dies auch zukünftig nicht tun.

Der insbesondere durch den Trustbegriff des HTÜ unternommene Versuch, den Trust einer vom sachenrechtlichen Standpunkt abstrahierten Betrachtungsweise zu unterziehen, flexibilisiert zwar einerseits die kontinentalrechtliche Trustdiskussion. Andererseits birgt dieser Weg die Gefahr eines zu großen dogmatischen Verlusts innerhalb des jeweiligen sachenrechtlichen Normengefüges aufgrund bloßer ökonomischer Praktikabilitätserwägungen.

Anlage: Loi instituant la fiducie vom 19. Februar 2007

LOI n° 2007-211 du 19 février 2007 instituant la fiducie (1)

L'Assemblée nationale et le Sénat ont adopté,

Le Président de la République promulgue la loi dont la teneur suit :

Chapitre Ier

Dispositions générales

Article 1

Dans le livre III du code civil, il est rétabli un titre XIV ainsi rédigé :

« TITRE XIV

« DE LA FIDUCIE

« Art. 2011. - La fiducie est l'opération par laquelle un ou plusieurs constituants transfèrent des biens, des droits ou des sûretés, ou un ensemble de biens, de droits ou de sûretés, présents ou futurs, à un ou plusieurs fiduciaires qui, les tenant séparés de leur patrimoine propre, agissent dans un but déterminé au profit d'un ou plusieurs bénéficiaires.

« Art. 2012. - La fiducie est établie par la loi ou par contrat. Elle doit être expresse.

« Art. 2013. - Le contrat de fiducie est nul s'il procède d'une intention libérale au profit du bénéficiaire. Cette nullité est d'ordre public.

« Art. 2014. - Seules peuvent être constituants les personnes morales soumises de plein droit ou sur option à l'impôt sur les sociétés. Les droits du constituant au titre de la fiducie ne sont ni transmissibles à titre gratuit, ni cessibles à titre onéreux à des personnes autres que des personnes morales soumises à l'impôt sur les sociétés.

« Art. 2015. - Seuls peuvent avoir la qualité de fiduciaires les établissements de crédit mentionnés à l'article L. 511-1 du code monétaire et financier, les institutions et services énumérés à l'article L. 518-1 du même code, les entreprises d'investissement mentionnées à l'article L. 531-4 du même code ainsi que les entreprises d'assurance régies par l'article L. 310-1 du code des assurances.

« Art. 2016. - Le constituant ou le fiduciaire peut être le bénéficiaire ou l'un des bénéficiaires du contrat de fiducie.

« Art. 2017. - Sauf stipulation contraire du contrat de fiducie, le constituant peut, à tout moment, désigner un tiers chargé de s'assurer de la préservation de ses intérêts dans le cadre de l'exécution du contrat et qui peut disposer des pouvoirs que la loi accorde au constituant.

« Art. 2018. - Le contrat de fiducie détermine, à peine de nullité :

« 1° Les biens, droits ou sûretés transférés. S'ils sont futurs, ils doivent être déterminables ;

« 2° La durée du transfert, qui ne peut excéder trente-trois ans à compter de la signature du contrat ;

« 3° L'identité du ou des constituants ;

« 4° L'identité du ou des fiduciaires ;

« 5° L'identité du ou des bénéficiaires ou, à défaut, les règles permettant leur désignation ;

« 6° La mission du ou des fiduciaires et l'étendue de leurs pouvoirs d'administration et de disposition.

»

« Art. 2019. - A peine de nullité, le contrat de fiducie et ses avenants sont enregistrés dans le délai d'un mois à compter de leur date au service des impôts du siège du fiduciaire ou au service des impôts des non-résidents si le fiduciaire n'est pas domicilié en France.

« Lorsqu'ils portent sur des immeubles ou des droits réels immobiliers, ils sont, sous la même sanction, publiés dans les conditions prévues aux articles 647 et 657 du code général des impôts.

« La transmission des droits résultant du contrat de fiducie et, si le bénéficiaire n'est pas désigné dans le contrat de fiducie, sa désignation ultérieure doivent, à peine de nullité, donner lieu à un acte écrit enregistré dans les mêmes conditions.

« Art. 2020. - Un registre national des fiducies est constitué selon des modalités précisées par décret en Conseil d'Etat.

« Art. 2021. - Lorsque le fiduciaire agit pour le compte de la fiducie, il doit en faire expressément mention.

« De même, lorsque le patrimoine fiduciaire comprend des biens ou des droits dont la mutation est soumise à publicité, celle-ci doit mentionner le nom du fiduciaire ès qualités.

« Art. 2022. - Le contrat de fiducie définit les conditions dans lesquelles le fiduciaire rend compte de sa mission au constituant. Le fiduciaire rend compte de sa mission au bénéficiaire et au tiers désigné en application de l'article 2017, à leur demande, selon une périodicité fixée par le contrat.

« Art. 2023. - Dans ses rapports avec les tiers, le fiduciaire est réputé disposer des pouvoirs les plus étendus sur le patrimoine fiduciaire, à moins qu'il ne soit démontré que les tiers avaient connaissance de la limitation de ses pouvoirs.

« Art. 2024. - L'ouverture d'une procédure de sauvegarde, de redressement judiciaire ou de liquidation judiciaire au profit du fiduciaire n'affecte pas le patrimoine fiduciaire.

Art. 2025. - Sans préjudice des droits des créanciers du constituant titulaires d'un droit de suite attaché à une sûreté publiée antérieurement au contrat de fiducie et hors les cas de fraude aux droits des créanciers du constituant, le patrimoine fiduciaire ne peut être saisi que par les titulaires de créances nées de la conservation ou de la gestion de ce patrimoine.

« En cas d'insuffisance du patrimoine fiduciaire, le patrimoine du constituant constitue le gage commun de ces créanciers, sauf stipulation contraire du contrat de fiducie mettant tout ou partie du passif à la charge du fiduciaire.

« Le contrat de fiducie peut également limiter l'obligation au passif fiduciaire au seul patrimoine fiduciaire. Une telle clause n'est opposable qu'aux créanciers qui l'ont expressément acceptée.

« Art. 2026. - Le fiduciaire est responsable, sur son patrimoine propre, des fautes qu'il commet dans l'exercice de sa mission.

« Art. 2027. - Si le fiduciaire manque à ses devoirs ou met en péril les intérêts qui lui sont confiés, le constituant, le bénéficiaire ou le tiers désigné en application de l'article 2017 peut demander en justice la nomination d'un fiduciaire provisoire ou solliciter le remplacement du fiduciaire. La décision judiciaire faisant droit à la demande emporte de plein droit dessaisissement du fiduciaire.

« Art. 2028. - Le contrat de fiducie peut être révoqué par le constituant tant qu'il n'a pas été accepté par le bénéficiaire.

« Après acceptation par le bénéficiaire, le contrat ne peut être modifié ou révoqué qu'avec son accord ou par décision de justice.

« Art. 2029. - Le contrat de fiducie prend fin par la survenance du terme, par la réalisation du but poursuivi quand celle-ci a lieu avant le terme ou en cas de révocation par le constituant de l'option pour l'impôt sur les sociétés.

« Il prend également fin de plein droit si le contrat le prévoit ou, à défaut, par une décision de justice, si, en l'absence de stipulations prévoyant les conditions dans lesquelles le contrat se poursuit, la totalité des bénéficiaires renonce à la fiducie. Il en va de même si le fiduciaire fait l'objet d'une liquidation judiciaire ou d'une dissolution, ou disparaît par suite d'une cession ou d'une absorption.

« Art. 2030. - Lorsque le contrat de fiducie prend fin en l'absence de bénéficiaire, les droits, biens ou sûretés présents dans le patrimoine fiduciaire font de plein droit retour au constituant.

« Art. 2031. - En cas de dissolution du constituant, lorsque les ayants droit ne sont pas des personnes morales soumises à l'impôt sur les sociétés, le patrimoine fiduciaire ne peut être attribué à ces ayants droit ès qualités avant la date à laquelle le contrat de fiducie prend fin. Dans cette situation, les droits des ayants droit au titre de la fiducie ne sont pas transmissibles à titre gratuit entre vifs ni cessibles à titre onéreux. »

Peter Lang · Internationaler Verlag der Wissenschaften

Bernhard Lippsmeier

Whole Business Securitisation als Refinanzierungsmethode und Exit-Alternative

Frankfurt am Main, Berlin, Bern, Bruxelles, New York, Oxford, Wien, 2009.
XXI, 329 S., 17 Abb.
Europäische Hochschulschriften: Reihe 2, Rechtswissenschaft. Bd. 4790
ISBN 978-3-631-58346-3 · br. € 56.50*

Whole Business Securitisation (WBS) ist ein aus dem angelsächsischen Rechtsraum entstammendes Finanzierungskonzept, bei dem die gesamten oder zumindest die signifikanten Zahlungsströme eines Unternehmens in Wertpapiere umgewandelt und am Kapitalmarkt platziert werden. Es erlaubt eine im Vergleich zu herkömmlichen Finanzierungsmaßnahmen höhere Fremdkapitalaufnahme mit gleichzeitig niedrigeren Kapitalkosten. Für Private Equity Fonds bietet es eine Alternative, die ursprüngliche Akquisitionsfinanzierung zu refinanzieren und vorzeitig eine fremdkapitalgestützte Dividende auszuschütten (Teil-Exit). Mittels einer Kombination aus rechtlichen und ökonomischen Überlegungen erfolgt eine umfassende Analyse, ob eine Arbitrage dieser Methode nach Deutschland gelingen kann. Außerdem wird WBS ausgewählten Refinanzierungsmaßnahmen wie etwa High Yield Bonds oder Second Lien Financing gegenübergestellt. Ein Vergleich von WBS zu den traditionellen Exit-Kanälen IPO, Trade Sale und Secondary Buy-Out runden die Arbeit ab.

Aus dem Inhalt: Grundlagen für WBS-Transaktionen · Angelsächsische Strukturelemente Floating Charge und Administrative Receiver · Rechtsordnungsübergreifende Elemente, insbesondere Covenants · Rolle der Ratingagenturen · WBS in Deutschland: Besicherung, gesellschaftsrechtliche, insolvenzrechtliche und bilanzielle Aspekte · Alternative Strukturen · Abgrenzung zu anderen Instrumenten zur Refinanzierung der ursprünglichen Akquisitionsfinanzierung, insbesondere zu High Yield Bonds · WBS als Exit-Alternative

Frankfurt am Main · Berlin · Bern · Bruxelles · New York · Oxford · Wien
Auslieferung: Verlag Peter Lang AG
Moosstr. 1, CH-2542 Pieterlen
Telefax 0041 (0)32/376 17 27

*inklusive der in Deutschland gültigen Mehrwertsteuer
Preisänderungen vorbehalten

Homepage http://www.peterlang.de

www.ingramcontent.com/pod-product-compliance
Ingram Content Group UK Ltd.
Pitfield, Milton Keynes, MK11 3LW, UK
UKHW021904290926
8980IPUK00015B/1048

9 783631 591079